前　言

　　应用文写作是每一个专业人员必备的基本素质和职业技能，因此中高职学校的学生应把应用文写作放在一个重要的位置来对待。二〇〇九年教育部颁布的中等职业学校语文教学大纲要求，教学内容由基础模块、专业模块和拓展模块组成。笔者认为，应用文写作训练应该是专业模块和拓展模块中很重要的一项内容，而且它是语文基础知识迅速转换成语文运用能力的捷径。

　　进入二十一世纪，市场经济在我国有了很大的发展。在市场经济活动中，各种文种被广泛地使用，当然，有些文书有了一定的变动和发展，也有一些文书、文种开始"赋闲"，加上电脑的使用和网络的传递，整个文书运用系统变得似乎更加复杂。但是，万变不离其宗，有着近六千年文明的中国，其文化的精髓不但被完整地传承，而且随时代的变迁而不断发展，在沿革过程中更加深了积淀。因此，先传承再发扬是本书编写的指导思想。

　　本书的编写，力图从中高职院校教育教学的实际出发，既满足在校中职学生学习训练的需求，也顾及参加高职考试、文秘岗位资格考试及公务员考试的需要。换言之，本书是教学一线的教师近二十年的教学经验结晶，是经过各种学训、拓展、应用等实践所检验了的行之有效的教学内容。

　　参加本书编写者的分工是：第一、二、三章由黄虹编写；第四章由翁秋菊编写；第五章由李云编写。李云任主编，黄虹、翁秋菊任副主编，陈一凡任主审。

　　本书还存在一定不足，敬请读者批评指正。

编　者

中等职业教育"十一五"规划教材

应用文写作基础与实训

李 云 主 编

黄 虹 翁秋菊 副主编

陈一凡 主 审

科学出版社

北 京

内 容 简 介

应用文写作的教学，是中等职业学校语文教学中专业模块和拓展模块很重要的一项内容，它是将语文基础知识转换成语文运用能力的实践课程。

本书是教学一线的教师，在总结20余年教学经验的基础上编写而成的。全书共 5 章，分别为书信、公启与条据及新闻与调查、事务文书、行政公文、专用文书，附录提供了党政机关公文的处理办法、条例和公文格式等。

本书可作为中等职业院校的教材，也可供从事文秘等工作的读者参考阅读。

图书在版编目（CIP）数据

应用文写作基础与实训/李云主编. —北京：科学出版社，2010
（中等职业教育"十一五"规划教材）
ISBN 978-7-03-024917-3

Ⅰ . ①应… Ⅱ . ①李… Ⅲ . ①汉语-应用文-写作 Ⅳ . H152.3

中国版本图书馆 CIP 数据核字（2009）第 110020 号

责任编辑：王淑兰 孙 杰 毕光跃 / 责任校对：耿 耘
责任印制：吕春珉 / 封面设计：多边数字媒体

科 学 出 版 社 出版
北京东黄城根北街 16 号
邮政编码：100717
http://www.sciencep.com

双 青 印 刷 厂 印刷
科学出版社发行 各地新华书店经销

*

2010 年 8 月第 一 版 开本：787 × 1092 1/16
2014 年 1 月第三次印刷 印张：17 1/2
字数：420 000

定价：28.00 元
（如有印装质量问题，我社负责调换〈双青〉）
销售部电话 010-62134988 编辑部电话 010-62130750

目 录

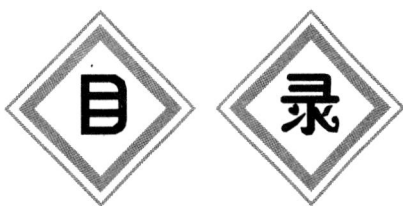

第一章

书信、公启与条据

第一节 书 信

一、书信的基本知识

书信是人们在生活、学习和工作中普遍使用的，以个人或单位名义向对方致以问候、传达信息、联系事宜、讨论问题、表明态度的一种应用文体。书信的种类繁多，涉及内容广泛，目前尚无明确的归类标准。一般情况下，将单位间行政事务的书信来往归类于公文中的"函"，将意向书、契约书等归类于合同，剩下的基本归类于书信。

书信的用途大致可分为以下四类：一类用于个人的私事交往，如个人信件，称为一般书信；第二类可用于宣传张贴，如表扬信，感谢信、慰问信、决心书、倡议书等；第三类可用于人事往来，如介绍信、推荐信、聘请书、邀请书等；第四类可用于处理上下级或各单位之间的业务联系，如建议书、申请书、公证书等。后面这三类我们通常统称为专用书信。

二、一般书信的写作格式

一般书信多指私人之间来往的信件，它使用频率高，应用范围广，是人们常用、熟悉的应用文体。在电子邮件成为人们普遍的沟通渠道之后，一般书信一度受到了冷落。但随着人们对互联时代的某些弊端认识的加深，现在有些人提出：用电子邮件书写传统格式的书信。我们可以把这看成是传统文化的一种回归。

一般书信的格式通常由称呼、问候语、正文、结尾、具名、日期和附言等七部分构成。

1. 称呼

对收信人的称呼应写在第一行顶格，其后加冒号。

信上怎么称呼，要看写信者与收信者之间的关系。称呼要注意礼貌，尤其对师长，为了表示尊敬，可以在称呼前加上"敬爱的"、"尊敬的"之类的词语。对年高德勋的长辈，也可以在姓之后加上"老"字。

2. 问候语

问候语要写在称呼的下一行，空两格书写，也可单独成段。

问候语要有针对性，既要注意辈分之分，又要切合写信的环境因素。如以"节日愉快"表示节日问候。常见的是用"你（您）好"。

3. 正文

正文是主要表达的内容，语言上要做到达意、简洁、通俗和礼貌。如果是写回信，最好先写明"来信收悉"，再提及对方来信中的疑问，给予回复。

4. 结尾语

结尾语也叫致敬语，写在正文之后。

在格式上，结尾语中的"此致"、"祝"、"敬祝"等，要另起一行空两格书写，后面的祝颂语"敬礼"、"好"、"安好"等则另起一行顶格书写。结尾语后一般不加标点。

5. 具名

信写完后，在致敬语下空两行右下方具上写信者的姓名。

6. 日期

日期写在具名的下一行。

7. 附言

不少人写完信后又有事要补充陈述，这些文字可在信末补上，即附言。通常先在日期下一行顶格写"附"字，然后写上要说的事情。写完后加上"又及"二字。

三、专用书信的一般格式与写法

专用书信，是在特定场合为着某种需要而使用的书信。

专用书信的格式要求和写法要求基本是一致的。一般由称谓、主体、结束语，具名、日期等五个部分组成。

1. 标题

通常有标明性质的标题，写在第一行中间。例如"感谢信"、"证明"等。

2. 称谓

称谓写在首行顶格的位置上，以示对收信人（或单位）的尊敬。后面加上冒号，以表示下面有话要说。

有些完整的称谓，由收信人姓名或单位名称、称呼（或单位某范围的人）、修饰语三个部分组成。如"尊敬的（修饰语）公司（单位名称）领导（称呼）"。称谓的得体与否主要表现在称呼上。个人与单位或单位之间的书信来往，一般要注意称呼所限定的范围，要保证称呼的范围与书信内容的统一。

3. 主体

主体另起一行，前空两格。这是书信的主要部分，是对收受书信一方说的话、谈的事。通常是一信一事。

不同用途的专用书信在主体部分有不同的内容要求，这一点会在下面几种主要专用书信的介绍中说明。

4. 结尾

结尾要写上祝颂敬语，以表示礼貌。祝颂敬语在书信中用得较多的"此致敬礼"。在证明信中则通常用"特此证明"以代替。无论何种祝颂语，在格式上一般都要求分成两行书写，先写的（如"此致"、"祝"等）应另起一行空两格书写；后写的（如"敬礼"、"健康"等）应另起一行顶格写。

5. 具名

另起一行或与祝颂敬语隔1～3行,在信的右下方写上写信人的姓名或单位名称。单位具名后要加盖公章。

6．日期

日期在书信的最后标明，写在具名的下一行靠右一点的位置上，一般要求年、月、日三项齐全。

四、几种常用专用书信的写法

1．证明信

证明信一般是党政机关、社会团体、企事业单位或个人用来证明某个人身份、经历、学历，以及某一件事情的事实情况所写的一种书信。

写证明信必须注意以下几点：

1）对被证明的人或事实要了解清楚，如实证明。措词要明晰，不能含混不清。

2）供被证明人随身携带作证件使用的证明信，因为收信单位不固定，所以不必写收信单位的名称。

3）如果需要个人证明某种情况时，可由自己写成证明材料，交组织上签注意见并加盖公章后，转交给要求证明的单位。

4）证明信一般不能涂改，如有涂改，必须在涂改处盖印章才能生效。

5）证明信的结尾一般要写"特此证明"四个字，可以写在正文末，也可以另起一行空两格写。

例文一

证　明　信

兹有我乡×××、×××两位同志，前往山东、河北、北京等省市采购玉米良种。特此证明。

××省××县××乡政府

（公章）

二〇〇七年×月×日

例文二

证　明　信

××县第一职业高中：

你校×月×日来函收到，根据来函要求，现将王××同志的情况介绍如下：

王××同志，一九八八年至一九九七年在我校任教，思想进步，工作积极，善于团结同志，群众关系很好。曾连续三年被评为全市职业教育先进工作者。

特此

证明

××市第二职业高中

（盖章）

一九九八年二月五日

例文三

证 明 信

××省××市电子局研究所：

你所高级工程师刘××同志，原系我厂技术科科长，××××年×月至××××年×月在我厂工作 14 年。该同志思想政治素质好，有较高的业务知识水平，工作认真，刻苦钻研技术，不计报酬，埋头苦干。先后 6 次设计出先进的电子线路，解决了我厂技术工作中的难题，被同志们誉为"电子迷"，曾多次被厂、局评为技术标兵和先进工作者。特此证明。

技术科刘××（个人名章）

一九九〇年×月×日

刘××同志现为我厂副厂长，出具的证明材料经核实真实。

××市无线电一厂（盖章）

一九九〇年×月×日

2. 介绍信

介绍信，是机关团体用来介绍给本单位的人员到其他单位接洽事情、联系工作、参观学习或出席会议等所写的一种书信。目前，大部分单位是按一定的格式事先印好，用时填写，也可以临时用便笺写。介绍信起介绍和证明的双重作用。

写介绍信要注意以下几点：

1）标题可只写"介绍信"三字，写介绍信的单位名称署在正文结束的右下方；也可以把单位名称写在标题内，例如"××市供销社贸易公司介绍信"下方可以加盖公章不署名。如果需要编号，写在标题下面一行的右方。

2）收信单位的名称，可以写在开头，也可以写在结尾。

3）被介绍人的姓名要写清楚，如果需要，还要注明被介绍人的性别、政治面貌、职务、级别等，用以甄别身份。

4）正文中有关联系的事项要写得简明扼要。

5）正文开头的第一个字，习惯上用"今"或"兹"。

6）署名处必须加盖公章方才有效；有的介绍信，要在正文的左下方注明"有效日期"。

例文一

介　绍　信

××县××宾馆：

今介绍我校教务科副科长李××等三位同志前往你处联系 2005 级旅游专业学生毕业实习事宜，请予接洽，并希大力协助。

　　此致

敬礼

××市旅游学校

（公章）

2008 年 3 月 1 日

例文二

××市供销社贸易公司介绍信

兹介绍我公司张××同志（中共党员、经理）前往你厂商讨解决有关××××问题，请予接洽。

　　此致

敬礼

××市××厂

（有效期 30 天）

（公章）

2007 年 10 月 6 日

例文三 表格式介绍信。

介绍信（存根）

　　××字××号　　陈××同志　共2人，事由：×××××

2006 年 7 月 21 日

· · · · · · · · · ××字××号· · · · · · · · · · · · · （盖章）· · · · · · · · · · · · · · ·

介绍信

<u>上海市××公司</u>（单位）

　　兹有我单位<u>陈××</u>　　等<u>　2　</u>人，因<u>×××××</u>前往贵单位，请予以接洽。

　　此致

敬礼

×××公司（盖章）

2006 年 7 月 21 日

---

3. 感谢信

　　感谢信，是对某单位或个人的关怀、帮助、支援表示感谢的信。感谢信有的直接写给被感谢者，有的写给被感谢者所在单位或领导，也有张贴在公共场所或发表在报刊上。感谢信不仅是感谢，还有宣传表扬的作用，因此，写给被感谢者个人的就少了这个意义。

　　写感谢信要注意以下几点：

　　1）在信纸的第一行中间写上"感谢信"三个字（写给个人的则不必写）。至于收信人的名称要看情况（单位或个人）而定。

　　2）感谢信的内容必须扼要叙述所感谢之事，点出事件可贵之处及自己准备以怎样的实际行动来答谢对方的帮助和支援。

　　3）感谢信的内容要热情、诚恳，使感激鸣谢之情洋溢在字里行间。

　　4）感谢信一般直接送给或寄给对方单位领导，也可以用大红纸抄写后贴到对方单位显眼的地方，这样可以使被感谢者得到更多的鼓舞，使广大群众受到教育。

感 谢 信

××医院全体同志：

我以十分激动的心情提笔写信，感谢你院急诊室、手术室和外科病房医生、护士救死扶伤的崇高精神。

我在今年×月×日黄昏，突然腹痛如绞，面色惨白，被送入贵院急诊室后，诊出是胃穿孔，需要立即手术。这时正巧医院备血不多。在这种情况下，贵院的医生、护士纷纷要求为我输血。贵院×××医生不顾家中小孩生病，和××医生一起在手术台前奋战了五个小时，终于把我的生命从死神那里夺了回来。手术后，病房医生和护士又日夜守护，尽心尽力，让我早日恢复了健康。

我今天能重返工作岗位，全靠你们精益求精的医术，极端热忱的工作态度以及对病人极端负责的精神。在这场大病中，我深深感到社会主义祖国大家庭的温暖，我一定要学习这种全心全意为人民服务的精神，干好自己的本职工作以实际行动来感谢你们。

此致

敬礼

××公司×××

4. 表扬信

表扬信与感谢信表面上似乎相同，但根本区别在于：表扬信是以组织名义，对自己属下或兄弟单位的某个人、某集体进行表彰而使用的。

写表扬信要注意：

1）标题写"表扬"（对内）或"表扬信"（对外）。

2）正文上半部分写明表扬的对象和事迹，要求具体明确且简要。

3）正文下半部分写组织对此事的评价及表彰意义或要求等。

表 扬 信

××学校领导：

贵校 97 广告经营策划专业学生李广明、张友善两位同学奋力救助我厂职工林雨轩的事迹在我厂激起极佳反响。

今年四月三日（星期六）晚，我厂业务部经理林雨轩在××路被一辆摩托车撞倒。

当时李、张二位同学刚好经过现场，其中李广明迅速追赶肇事车主，虽没追上，却认清了摩托车牌号；张友善同学则马上前去查看林经理伤情。然后将其送至医院，医生诊断为肋骨断裂。两位同学在医院陪同至林的家属到场才离开。

我们非常钦佩李广明、张友善二位同学的见义勇为、热心相助的高尚精神，也为李广明同学反应敏捷、果断勇敢的行为所感动，正是因为这个牌号使交警迅速查明肇事者。我们更为贵校能培养出这样的学生感到高兴和欣慰。请贵校传达我厂全体职工和林雨轩经理个人的感激之情，并以我厂名义奖励李广明、张友善两位同学各贰佰元。

此致

敬礼

××捷步运动鞋厂

（公章）

一九九七年四月十日

5. 倡议书

倡议书是由个人或集体公开提出建议，希望一定范围内的人响应，以共同完成某种工作任务或开展某种公益活动的专用书信。

写倡议书应注意：

1）标题直接写"倡议书"或加上倡议的内容范围，如"共创校园精神文明的倡议书"。

2）倡议的对象如具体则列出，不太具体可以不列。

3）正文开头写发出倡议的缘由或依据。

4）正文第二部分列出倡议的具体内容（多用条款式）。

5）结尾表示倡议者的决心、希望或号召等。

6）所提倡议不仅要符合本身的身份、地位，还要遵循党和国家的方针路线，符合上级领导的指示精神。

7）所倡议的事项不仅要有积极先进的改革创新精神，又要有实效性和群众性，起到鼓动群众、通过努力就会实现的作用。

例文

全国劳动模范和先进工作者倡议书

全国各行各业、各条战线的同志们：

在欢庆"五一"国际劳动节的时候，我们参加了全国劳动模范和先进工作者表彰大会，心情激动，备受鼓舞，决心遵照党中央、国务院的要求，不辜负人民的期望，谦虚谨慎，再接再厉，争取更大的成绩。当前，我国改革开放和社会主义现代化建设正处在关键时期。"抓住机遇，深化改革，扩大开放，促进发展，保持稳定"是党中央确定的重要方针，是我国工人阶级和各族劳动群众的历史使命。为此，我们向全国各行各业、各条战线的劳动者提出如下倡议：

一、坚定不移地贯彻执行党的路线、方针、政策，以主人翁精神处理好改革、发展和稳定的关系，为建立社会主义市场经济体制，保持国民经济持续、快速、健康发展和促进社会全面进步而努力奋斗。

二、以改革为己任，更加自觉地站在深化改革的前列，在不断探索、实践的过程中，坚持从国家利益和长远利益出发，自觉做到局部和个人利益服从整体利益，眼前利益服从长远利益，努力为国家分忧解难，推动改革顺利进行。

三、以满腔热情投身于经济建设和社会发展的伟大实践，立足本职，艰苦奋斗，开拓进取。在各行各业、各条战线更加广泛深入地开展劳动竞赛和"双增双节"活动，充分发挥劳动者的聪明才智和建设社会主义的积极性、创造性，促使我国各项事业更快更好地发展，夺取更大的胜利。

四、努力维护社会稳定，为改革和发展创造良好的条件。坚持与党和政府同心同德，保持一致；坚持顾全大局，维护国家统一、民族团结，加强各地区、部门、单位和劳动者之间的团结合作；搞好社会治安综合治理，坚决同各种违法犯罪行为作斗争，不断发展安定团结的政治局面。

五、在社会主义精神文明建设中，自觉用邓小平同志建设有中国特色社会主义理论武装头脑，努力学习科学文化知识和社会主义经济知识；自觉树立正确的人生观和价值观，遵纪守法，讲究社会公德和职业道德；自觉抵制各种不正之风，努力做有理想、有道德、有文化、有纪律的社会主义劳动者，促使全社会的精神文明建设取得更大的成效。

让我们在邓小平同志建设有中国特色社会主义理论和党的基本路线指引下，在以江泽民同志为核心的党中央领导下，争做"改革、发展、稳定"的模范，为把我国改革开放和社会主义现代化建设的伟大事业不断推向前进，做出新的更大的贡献。

（选自 1995 年 4 月 29 日《人民日报》）

6. 自荐信

自荐信，又叫"求职信"，它是为了谋取职业而向用人单位介绍自己，以求得赏识聘用而写的一种专用书信。

当前，人才市场拓宽了自主择业的渠道，也大大增加了择业的竞争性，在双向选择的形势下，求职者要想谋到满意的职位，不仅要求自身有良好的思想素质和专业素质，同时还必须积极开展活动，进行自我推销，让用人单位充分了解自己的才能和专长而乐于选用。

求职对毕业的学生而言，是走向生活的第一步，职业的选定将影响到自身的前途和发展。因此，在写求职信以前，首先应对自己作一个全面的实事求是的分析，确认自己的知识储备、技能技巧、兴趣爱好等，从而选定自己的择业方向。其次，还应尽可能地对用人单位的情况有所了解，如人才结构的现状，对所需人才的要求等，以便有的放矢，投其所好。

随自荐信应附上有关材料的复印件，如毕业证书，学习成绩单、技能证书、获奖证书、实践经历证明、科研成果证明等。

写自荐信，要注意以下几点：

1）自荐信与一般书信的格式大体相同，如起首的称呼和末尾的落款等，但自荐信在标题中要注明"自荐信"或"求职信"等字样。

2）内容要开门见山，表明自己的求职意向。这个意向一定要表达得明确、肯定，让人展信一读便知你所为何来，对自己要选择的岗位、职务，则更要具体指明，不可含糊其辞，造成误解。

3）投其所好，介绍自身条件。要有的放矢介绍自己的学历或工作经历，说明自己的专业知识及其结构、技能、特长、经验及兴趣爱好等。若曾经受到奖励或获得科研成果，也应当说明，但情况介绍不要泛泛而谈。若属应聘求职，则更要有针对性、要逐项写明符合招聘的条件。总之，在自荐信中要充分展示自身的优势和实力，表示出高度的自信。当然，这一切都必须是实事求是的，切不可编造材料，胡吹乱侃、虚张声势。

4）态度诚恳，言辞流畅、得体。语言的表达是自身素质和能力的体现。写信时从词语的选择到标点符号的使用都要认真推敲。内容要简洁明了，并且掌握好说话的分寸。要言之有据，又要留有余地，显得既谦虚有礼，又诚实可信。不可以话语之间露出浮躁、狂傲的情绪，给人以夸夸其谈、华而不实之感。另外，在表达请求时可适当选用一些赞扬该单位的话语，如仰慕该单位严谨的管理作风、和谐的人际关系等，末尾还应写上表示期复和祝颂的礼貌用语。更重要的是在末段或落款处写出自己的联系电话和地址。

5）字迹工整、清晰，外表美观。写字、安排行文格式及折信纸、贴邮票等，都应做到尽善尽美。读信的人往往从这些细节中看出写信人的工作作风和处事态度。

6）现在许多人都用电脑打印自荐信或求职信，这时使用表格式，更简明扼要。

例文一

自 荐 信

尊敬的领导：

您好！

作为贵单位的中流砥柱，您一定在忙于业务、运筹帷幄吧！衷心感谢您能在百忙之中阅读我这封自荐信。我非常希望能够成为贵公司的一员，与大家一起开创公司美好的未来。

我是××工业大学外语学院科技经贸英语专业的一名应届毕业生。在四年的大学学习中，我努力学习专业知识，在英语的听、说、读、写、译五个方面都打下了坚实基础。目前，已拿到英语八级资格证书，能够流利地运用英语和外国人进行交流。1998年暑假我曾作为一名地毯厂的翻译，参加了与×国公司的谈判，受到地毯厂领导的好评。另外，我还学习了两年的德语，并且具备一定的阅读和翻译能力。在校学习期间，我的学习成绩一直名列前茅，连续四年获院奖学金。

在大学的课余时间里，我还跟随计算机辅修班学习了计算机专业的绝大部分课程，并通过了计算机国家等级三级笔试，获计算机知识竞赛一等奖。熟悉 Office、VC++、VEP 等工具，初步具备了软件开发的理论基础与实践经验。

在四年的大学学习期间，我还一直担任班里的主要干部，并且很好地处理了与同学们之间的关系。几年当中先后有三次被评为优秀班干部，我相信在以后的工作中，一定能够和同志们和睦相处，共同开创公司辉煌的未来。

祝公司事业蒸蒸日上，全体员工健康进步！

静候佳音。

此致

敬礼

求职人：李成俊

1999 年 1 月 20 日

例文二

某市天堂贸易公司的报纸登出广告，招聘公关部的工作人员。某司法学校一毕业生看到后，有意应聘，于是给该公司经理写了一封求职信。信的内容如下。

求　职　信

赵伟志经理：

　　我欣喜地从报纸上看到贵公司的招聘启事。请原谅我冒昧的提出：我非常渴望能成为贵公司公关部的一员。

　　我是××司法学校97法律专业毕业的学生，女，19岁，南平市人。在校期间，我努力学习，表现良好，曾两次评为校"三好学生"。我的学习成绩名列前茅，所学的各门法律专业课程如刑法、民法、经济法、行政法、诉讼法等，无疑是公关工作所具备的知识。此外，我对英语口才学、公共关系学等特别有兴趣，在课外阅读了许多有关公共关系的理论和实务的书籍，并做了大量的笔记。同时，我也十分注意提高自己的公关素质，培养社交能力，应变能力、口头表达能力，曾在全市"中专生演讲比赛"中获得第二名。

　　我身高162厘米，身材苗条，五官端正，而且性格开朗，热情活泼，口齿清楚，擅长与人交往，平日里朋友众多。我相信自己在公关这方面是有特长的，可以愉快地胜任。

　　总经理先生，我非常渴望能到你领导的贵公司公关部工作。如蒙赏识，感激不尽。热切地盼望能得到你满意的答复。

××司法学校　曾明

1997年7月1日

7．申请书

　　申请书，是个人或单位向上级或有关部门提出某种请求，或申请解决什么问题时写的一种书信。例如要求入党、入团、申请住房等，都要写申请。申请书也可题为"申请报告"。

　　写申请书要注意以下几点：

　　1）开头第一行正中写上"申请书"三字作为标题，也可在"申请书"前面加上表明性质的词语，如"入团申请书"。

　　2）标题以下第一行顶格写接受申请领导的姓名或单位组织名称。

　　3）正文要写明申请什么事、为什么要申请。实事求是地把申请理由和具体要求写清楚，以便接受申请的组织或部门研究。

　　4）申请书的言辞要诚恳，内容既要具体，又要简明扼要，避免篇幅过长。

　　5）最后，写清个人姓名或单位名称，单位要加盖公章。

入党申请书

教工党支部：

我志愿申请加入中国共产党。

中国共产党是工人阶级的先锋队，是社会主义事业的领导核心。党的最终目标是实现共产主义。中国共产党是以马克思列宁主义、毛泽东思想作为自己的行动指南，为全中国各族人民的利益而英勇奋斗的党。没有中国共产党，就没有新中国。是中国共产党领导全国人民，英勇战斗，推翻了三座大山，使人民当家做了主人；又是中国共产党领导全国人民走上了社会主义道路，向着四个现代化迈进；还是中国共产党，指引全国人民进行改革开放，使社会主义事业得到进一步发展，人民生活水平得到进一步提高。事实充分证明，只有跟着中国共产党，才有光明的前途。

我愿意做一名中国共产党党员是为了更进一步地改造和锤炼自己，把党的优良品质和光荣传统学到手，为社会主义的教育事业，为建设更强的社会主义祖国，为实现共产主义而努力奋斗。

我向党组织保证：以党员的条件严格要求自己，全心全意为人民服务；不惜牺牲个人的一切，服从党和人民的利益，吃苦在前，享乐在后，克己奉公。坚决执行党的决议和决定，遵守党的纪律，服从组织分配，积极完成党交给的任务，保守党和国家的机密。努力做好本职工作，在教学、科研中起模范带头作用，为党和国家的教育事业贡献出毕生的精力。

敬爱的党支部，我决心说到做到，以实际行动来填写我的入党志愿书。

申请人：高××

二〇〇七年九月十日

申　请　书

向阳村村民委员会：

我是第一职业高中兽医班毕业生，现打算开办一个兽医门诊部，需要在咱村西头靠大路处建两间房子。为此，特申请一块能建两间房子的宅基地，请村委给予研究解决。

此致

敬礼

申请人：李长勇

2000年10月2日

8. 请柬

请柬也叫请帖或邀请书，它是单位或个人邀请别人出席会议、参加活动所写的一种礼仪性书信。

请柬的使用范围很广泛。在社会活动中，无论是单位或个人常有喜庆之事，如男女婚嫁、奠基、剪彩等。如果要邀请有关方面人士或亲朋好友参加，按惯例不管被邀请者是否在面前，都必须送上书面"请柬"，以示郑重。

为了表示礼仪的隆重，请柬非常重视外观的形式美。常见的有单柬帖（用一张长方形的红纸制作）和双柬（将一张长方形的红纸对折而成）两种样式。帖文应尽量采用横写横排行文，要求简洁庄重、通俗明白。

按礼节惯例，收到请柬以后，不论是接受邀请还是辞谢邀请，均应给邀请者以明确答复（口头或书面均可），同时对喜庆表示祝贺。

下面是写请柬的几点注意事项：

1）标题。单柬帖的标题，写在正文之前一行的中间，用大号字体写上"请柬"两字；双柬帖的标题，是在合并的第一面正中间，用大号字写上"请柬"两字。

2）称谓。在标题的下一行（双柬帖的第二页）的顶格写上被邀请者的姓名称谓或单位称谓。称谓要得体，合乎习惯。一般可称"先生"、"小姐"、"女士"、"同志"或亲属关系等；若有职务、职称，亦可以之称呼，以示尊重。被邀请者若为夫妇时，其姓名一般应并排写。

3）正文。正文简要写明邀请对方在什么时间、什么地方、参加什么活动。时间、地点一定要写得清楚具体。下方的末尾一般写上"敬请光临"、"敬请光临指导"等敬辞。

4）落款。在尾语之后，另起一行偏右下方署上邀请者名字，再加上"谨邀"、"鞠躬"等套语以示尊敬。最后在署名下一行再填上发柬时间。

例文一 会议请柬例文。

请　柬

×××同志：

为庆祝我校二十周年校庆，兹定于十月八日（星期×）上午十时在本校大礼堂举行庆祝大会，并安排文娱活动和午餐。届时敬请光临。

此致

敬礼

××省财贸中等专业学校

一九九九年七月十日

例文二 结婚请柬例文。

> 吴仕明先生偕夫人：
>
> 兹定于一九九八年农历×月×日（星期×）下午×时在××路×路×号福星酒楼为女儿林锦凤与吴杰举行结婚典礼，敬备薄酌，恭候光临。
>
> 林大明
> 李美英　鞠躬
>
> 一九九八年×月×日

例文三 辞谢回柬例文。

××同志：

　　承盛情邀请，非常感谢。但因明日要到上海出差，无法亲临祝贺。深表歉意。
　　谨此恭贺
新婚快乐

×××敬谢
2008 年 4 月 28 日

思考与实训

　　一、××财贸学校派刘海涛、吴洪昌两位老师赴明海市招生。请你代拟一份专用书信，以便携带前往。
　　二、根据下列提供的材料，写介绍信。
　　现有我校郭文等 6 名房产专业的毕业生需要到××市丽景房产开发公司实习，时间是两个月。

三、刘××同学患重病住院，又因家庭拮据，所在 08 会计班同学纷纷伸出温暖之手，解囊相助，共为其捐款 1328 元，使刘同学解除了后顾之忧，安心养病。刘同学康复后决心写一份感谢信。请代拟。

四、1998 年夏季，我国长江流域遭受特大洪灾。派往某地的解放军指战员，连续 25 个昼夜奋战在长江大堤上，加固大堤，排除险情。成功地保住了大堤不决口，保卫了当地人民的生命财产安全。请你代当地的县委县政府写一份表扬信，送给驻守该地的防洪部队××军区某部。

五、写一份入党（团）申请书。是团员的同学写入党申请书，非团员同学写入团申请书。

六、李发光同学家住贫困山区，父亲病故，依靠母亲辛勤耕作养活他与 6 岁的妹妹，家庭年收入不足千元。因此，小李的学费年年拖欠。为此，李发光想向学校申请济困助学金。请你以李发光的名义写这封申请书。

七、大华公司需要一名财会人员，要求中专以上学历，有一定的组织能力，会电脑打字。××经济学校的陈成梅同学打算应聘，请你替她拟一份自荐书。

八、结合自己的专业特长、兴趣爱好等，设计自己的方向，拟写一份求职信。

九、××市经济学校准备在今年 9 月 15 日隆重举行建校 30 年校庆，请你拟写一份请柬。

第二节 公 启

公启是单位、团体或个人有事要提请公众注意，或有什么要求需要他人协助办理而使用的一种陈述性文书。公启的种类主要有启事、告白、海报等。它们一般文字比较简单，大多张贴在公共场所或刊于新闻媒介。

一、公启的特点

公启具有告知性、广泛性、求助性和陈述性的特点。

1）告知性。把事件公布于众，使之家喻户晓，人人皆知。

2）广泛性。告知对象往往不受限制，面向社会。

3）求助性。有事请求他人协助办理。

4）陈述性。以陈述为主要表达手段。

二、公启的写法

（一）启事

启事，机关、团体或个人，为了公开说明某件事，或请求大家协助办理，而张贴在公共场所或刊登在报刊、杂志上的应用短文。

1. 启事的种类

启事的种类很多。从时间上分，有一般启事和紧急启事两大类。从内容上分，有寻物启事、寻人启事、征文启事、招领启事、征订启事、征婚启事、招生启事、招标启事、迁址启事、更名启事等很多种。

2. 启事的写法

写作启事，内容要写得完整周到；文字要开门见山，简明扼要；语言要恳切、中肯、有礼貌。

启事的格式一般由标题、正文、落款三个部分组成。

1）标题。在第一行的中间写上"启事"或"××启事"字样。字体稍大一些，以引起别人的注意。

2）正文。即启事的事项，一般应包括目的、意义、形式、要求等项目。

这是启事的主要部分，要求写得明确、具体、简练。不同的启事，其内容要求也不同。如寻物启事应写明丢东西的时间、地点，写清东西的名称、形状、记号、数量及其他特征。而招领启事则不能写出拾物的形状、特征、数量，只需写出时间、地点、拾物的名称即可。征文启事要写征文的目的、对象、要求、起止时间、评选奖励办法及其他需要告知的事项。要求助于人的启事，在正文后要写上表示感谢、恳求这类的礼貌用语，如"欢迎参加"、"深表感谢"、"当面酬谢"等。有的启事还要在正文后写明联系的方式和地点。

3）落款。要写明启事者的个人姓名或单位名称。时间写在正文的右下方。

例文一

寻 物 启 事

本人不慎于昨天下午五点左右在校篮球场南侧，丢失蓝色西服上衣一件，兜内装有钢笔一支、饭卡一张。如有拾到者，请与九七级电算一班（203）室联系，一定当面酬谢。

九七级电算班　王辉

1998 年 4 月 15 日

例文二

招 领 启 事

我校学生李红艳于 9 月 6 日中午在学校门口附近捡到红色坤包一只，里面装有变色镜、化妆品和人民币若干，望失主前来德州财贸学校办公室认领。

德州财贸学校

2008 年 9 月 7 日

例文三

迁 址 启 事

德州市人事局人才市场从 4 月 1 日开始，从原来的长城饭店院内迁往中原大厦二层办公，望用人单位或求职者前往新址联系。

德州市人事局

2005 年 3 月 15 日

例文四

征 文 启 事

为迎接伟大祖国 55 周年庆典，学校"校报编辑部"决定展开一次征文活动。有关事项如下。

一、要求：

1．以"祖国在我心中"为主题，取材于学校的教学改革、精神文明建设和学生的学习、生活、实践活动。内容真实，并富有时代性。

2．体裁为散文、诗歌。

3．散文每篇不得超过 1500 字，诗歌以 30 行为宜。

二、应征时间：自本日起到 9 月 15 日。

三、应征对象：全校师生员工。

四、评选和奖励办法：由本编辑部聘请校领导、语文老师共五人组成评委会评选，分别评出一等奖一名、二等奖二名、三等奖五名。获奖者按等级发给证书和一定的物质奖励。

××学校校报编辑部

2004 年 7 月 15 日

（二）告白

告白是一种提请大家注意、向公众说明某件事情或提出某项要求时所写的应用文。例如提醒人们注意危险地区、危险桥梁、危险房屋等，不要接近或通过，就可以写一张告白，贴在明显的地方，或写在木牌上，就地插下。

告白的写作比较简便短小。

在第一行居中写上"告白"两个较大的字作为标题。有的不写标题，但要在正文内容之后，另起一行空两格写上"特此告白"或"此白"的字样。

正文，把需要告知大家的事项用简明扼要的文字陈述清楚即可。有的可以写得简单，如"机房重地，谢绝参观！"。

正文右下方写上单位名称或个人姓名，并写上日期。有的告白可以不具名，不写日期。

例文一

告　　白

前路段被水冲垮，请车辆、行人绕行。

××养路段

2006 年 7 月 5 日

例文二

棉田已喷洒农药，请勿拔取田间、地边杂草喂养牲畜。
此白

张村　张太红　启

1997 年 5 月 30 日

（三）海报

海报，机关、团体或主办单位向广大人民群众预告文体、商业等活动情况时所使用的招贴。它也是广告的一种。

1. 海报的格式

一般包括标题、正文和结尾三部分。

1）标题。一般是写在第一行中间，有直接以"海报"、"好消息"作为标题的，也有以海报的主要内容作为标题的，如"×××精彩表演"、"×××学术讲座"、"××比赛"等。

2）正文。写明活动的内容、时间、地点、凭票人场的，要写明票价和售票时间。

3）结尾。写明出海报的单位名称和日期。

2. 制作海报

制作海报应注意以下几点：

1）内容要真实，为了吸引观众，可以适当地使用一些鼓动性的词语加以渲染，但是绝不能夸张失实。

2）文字力求简洁明了，措辞要直截了当。

3）讲究布局，不同字体可配合使用，具体内容还可以配以图案或图画，使海报美观、活泼、醒目。

例文一

海　报

为了活跃学校气氛，学校教工篮球队与学生联队决定在本月 16 日（星期五）下午 4:30，在我校第一篮球场进行篮球友谊比赛。欢迎广大师生到时前往观看。

×× 财贸学校
2007 年 4 月 12 日

例文二

好　消　息

著名歌星××，著名歌唱家×××、×××，著名小品表演艺术家××、×××等于×月×日晚七时举行赈灾义演。

地点：××歌剧院。提前五天在歌剧院门口售票。

票价：×××元（集体购票超过 50 张以上者，可以七折优惠）

×× 市赈灾办
2002 年 7 月 10 日

<table>
<tr><td rowspan="6">一
睹
为
快</td><td colspan="2">彩色立体宽银幕故事片
魔术师的奇遇</td><td rowspan="6">机
会
难
得</td></tr>
<tr><td>画面清晰</td><td>如临其境</td></tr>
<tr><td colspan="2">时间：×月×日至×日</td></tr>
<tr><td colspan="2">地点：湖光电影院</td></tr>
<tr><td colspan="2">票价：叁拾元</td></tr>
</table>

思考与实训

一、根据下面的提示内容，写出相应的公启的标题。

1. 亲人走失，寻求帮助。（　　　）

2. 寻找丢失的物品。（　　　）

3. 单位有空房，希望人来租赁。（　　　）

4. 招人承包食堂。（　　　）

5. 道路中断，告之路人。（　　　）

6. 举办讲座，告之师生。（　　　）

7. 师生篮球赛，告之大家。（　　　）

8. 新建百货大楼准备开业，告之顾客。（　　　）

9. 公司迁往新址，告之顾客。（　　　）

10. 新电影上演，告之市民。（　　　）

二、将下面例文的缺漏部分补充完整。

1. 租赁启事

租　赁　启　事

本公司有20平方米的铺面，地处市区繁华地段——西市街5号，有意者请来洽谈。

×年×月×日

2. 启事

启　事

我于╳日下午在校园内拾到小皮包一个，内有人民币若干元，请失主前来认领。

╳╳年╳月╳日

3. 告白

告　白

前方修路，绕行。

╳月╳日

4. 球讯

球　讯

今天下午，我校篮球队和╳╳学校篮球队在本校篮球场举行友谊赛。

校体育组

╳月╳日

三、写作题。

1. 文武学校决定利用暑假期间举办一期电脑培训班，为期 40 天，请拟一份启事。

2. 学校团委决定举办国庆征文比赛，请你写一份征文启事，内容自拟。

3. 学校房产班与物流班，经学校学生科同意，决定进行一场篮球友谊比赛。请拟一份海报，告之全体师生。

4. 《学习的革命》一书行销世界，中译本 2 月 10 日于教育书店开始发行。请你代该店出具海报。

5. 省直团工委（或市团委）组织各中专校青年志愿者于 5 月 4 日下午在五一广场举行"为民服务"活动，请你制作一副醒目的招贴（服务项目合理假设）。

第三节　条　据

条据是一种最简易的应用文，常用的有借条、领条、收条、欠条、托事条、请假条、留言条等。按作用，这些条据基本可以归成两类，即说明性条据和凭证性条据。说明性条据我们俗称为便条，包括请假条、留言条、托事条等；凭证性条据俗称单据，包括借条、领条、收条、欠条等。

一、条据的基本格式

所有的条据都遵循一种基本格式，只在各自细目有些小区别，即大同小异。
基本格式一般包含以下几个部分：

1）条据名。处于第一行居中。

2）留送对象。处于条据名下一行顶格开始。

3）正文内容。

4）条据套语。即礼貌用语或条据强调、确认的用语，如"此据"。

5）具名和日期。写在套语结束后隔一行的右边。

一般格式如下所示。

条据名称

××××（报送对象）：

    ××（条据套语或礼貌用语引语）

    ××××……（正文）

××（礼貌用语内容）

                    ×××

                ××××年×月×日

一般说来，说明性条据可以不列条据名称（请假条除外）；凭证性条据应列出条据名称，以表示慎重或醒目，另外，它也因契约的性质，形式上还保留着传统的习惯，经常用"兹借到"、"今领到"等作为条据名称。

说明性条据留送对象较重要，而凭证条据一般可不列出。

二、条据书写注意事项

说明性的条据，侧重注意礼貌，应从称谓、正文措词、称谓与自称谓的对应三个方面把握。

凭证性条据侧重注明标的（借、领、欠的物）的名称、数量、单位、规格、型号等，单位要用标准单位，数字要用大写。若是钱，最好还要在数量前标明币种，在单位后加一"整"字。

（一）请假条

例文一 只有一个送达对象的。

请　假　条

张老师：

  我因感冒发烧，需到医院就诊，请假半天（4月23日上午），请批准。

  顺致

礼

学生：李玉梅
1999 年 4 月 23 日

  从上面【例文一】可以知道，请假条应该在正文中点出请假具体原因和请假时间，以及请求批准的要求。

例文二 有两个或两个以上送达对象的。

请　假　条

学生科、张老师：

  本人因家中责任田农活繁忙，需请假三天（3月24～26日）回家帮忙，敬请批准。

  此致

学生　李玉梅
1999 年 3 月 23 日

  从上例可以知道，如果请假条有两个或两个以上的送达对象的，应该在正文之后一一竖排列出。此外，请假时间较长的，应该写出起止时间或具体列出。

（二）借条

例文一

借　条

兹向校广播站借到 VP—660 麦克风贰支，用于证券专业联欢晚会，会后归还。

  此据

经手人　李玉梅
1999 年 5 月 4 日

兹　借　到

　　××市文化馆腰鼓壹拾陆个，腰鼓棒叁拾贰支，绑鼓用红彩带壹拾陆条。借期壹拾贰天。

　　特立此据

××学校团委

2006 年 1 月 5 日

（三）收条

收　条

　　兹收到×市财经书店《秘书基础》（高教出版社）伍拾贰本。

　　特立此条

××学校

经手人：赵东升

2001 年 1 月 20 日

思考与实训

一、修改下列条据。

1. 欠条。

欠　条

　　现先欠保管室铁锹一把，锄头两把（因义务劳动时不慎丢失）。

金工小组

×日

2. 托事条。

托　事　条

秋月：

　　听说你要到武汉出差，烦代购当地产"春蕾"牌女式呢大衣一件。

冬梅

11 月 12 日

3．留言条。

留　言　条

姐：你好，近来身体好吧！

今天上午，妈妈叫我来找你回家商量一件事，碰巧你出外不在家，我又不能在此久等，只好悻悻而归。再见。

祝

好

弟留言

即日

4．领条。

领　　条

今领到：

学校教务科发给班级的教学用品：黑板擦一个，还有鸡毛掸、扫帚、粉笔等。

9715 财会（2）班

××年×月×日

5．收条。

收　　条

收到市商业局捐赠的"校庆"款1000元。深表谢意。此据。

学校财务室（章）

××年×月×日

6．借条。

借　　条

学校总务科：

因校庆文艺晚会需要，今特向贵处借用音响器材壹套，各种色纸 50 张，胶水二瓶，图钉叁盒。

此致

敬礼

校团委

经手人：万凯

即日

二、写作题。

1. 假如你是××市大坎水泥厂的业务员，厂长派你去沈阳市联系业务，临出发前需向厂里暂借 2000 元现金。根据这个情况你给厂里写张借条。

2. 学校举办元旦文艺晚会，由校团委出面向市歌舞团借用舞蹈服装 10 套、彩带 15 条、平鼓 1 只、音响一套。请你拟写一张借条。

3. 暑假期间，你将自家菜地里生产的蔬菜卖给了红星机械厂食堂，其中茄子 50 斤，每斤 3 角；豆角 25 斤，每斤 3 角 5 分；西红柿 20 斤，每斤 4 角。请给该食堂开张单据。

4. 学校发给你班李小珠等 4 位同学困难生活补助费各 400 元，你作为你们班的生活委员代为领回，请你给学校财会科写张领条。

5. 你今天中午到同学张×家，有事同他商量，碰巧他外出不在，你打算晚上七时再来，希望他能在家等候。请你给他写张留言条。

第二章

新闻与调查

第一节　新闻传播及消息写作

一、新闻概说及学习意义

新闻这个概念一般有两个含义：一是指新闻现象，它包括了新闻理论、新闻业务、新闻媒介、传播技术等与新闻工作有关的各范畴；二是指新闻讯息，通过新闻传媒向社会播发的所有讯息。我们平常所说的新闻，更多的是指后者。从新闻写作的角度讲，它还有广狭两义，广义的新闻指通过广播、电视、报刊等各种新闻体裁，向社会公众播发的所有讯息。狭义的新闻则专指消息这种体裁。

中专学生应当在对新闻现象有一定了解的前提下，切实培养通过新闻传播媒介摄取、吸纳、积累、利用和制造信息的能力，为目前的学习、将来的工作，以及个人综合素质的持续发展和提高，打下一个良好的基础。

二、新闻的作用

新闻传播活动之源可以追溯到人类社会活动之初。人类在社会生活和生产劳动中产生了相互间传递信息的需要，通过交流信息了解社会生活中发生的变化。当这种信息的交流越来越具有社会化特点的时候，新闻事业就产生了。人类社会的发展越来越依赖信息的交流，新闻事业对人类社会就产生越来越大的影响。新闻传播活动从原始的口头传播到文字的手抄和印刷传播、无线电广播和电视广播，现在已成为人类生存发展必不可少的社会生活条件。

通过新闻媒介向社会播发新闻主要有以下四个作用：

1）为人们提供各种信息。人的社会属性源于人际的交流沟通，而交流沟通的信息量信息面越大，人的社会属性就越强。属于上层建筑领域的新闻，就是为了满足人们的这种社会需求而传递着信息。从传播学的角度讲，人们获得信息就增加了心理的确定性和稳定性。所以信息量多、面广且传播迅速的新闻媒介才会受到人们的欢迎。

2）社会舆论导向。新闻的舆论导向作用，可从两方面加以理解。一方面，新闻的内容转达或包含了党和国家的方针、政策及社会道德规范等，另一方面，也反映或展现着社会公众对国家治理、经济建设、社会现象等的意见和心理趋向，这二者的总和就是舆论导向。

3）传输知识文化。新闻媒介传播的信息内容的本身，就足以让人广见博闻，"不出门而知天下事"，再加上各种专栏或娱乐节目等形式，起着潜移默化的宣传教育作用。特别是报纸，"才高八斗"的专家和日做夜息的普通劳动者都要阅读。

4）推动市场经济发展。在和平发展时期，新闻媒介传播的主要讯息都是关于生产建设和经济活动的内容，也就是说它提供了大量的市场信息，策动了经济建设各领域的发展。尤其是广告，更直接对商品的产供销起促进作用。

三、几种新闻传播媒介

我国的新闻传播媒介均属文化事业，中央及地方新闻机构绝大多数是事业单位，其业务也大多是综合性质的。随着社会主义市场经济的发展，目前已出现了经济范畴各专门业务的和具有商业（企业）性质的新闻传媒。例如证券、保险、交通、商业等的专业广播电台，还有信息、咨询服务公司等。我们从中专学习和收集信息需要为主的角度出发，介绍几种重要传媒。

1）广播电台。有调幅、调频广播两种。调幅广播便于大范围长距离传送电波的特点，但收播很容易受各种因素干扰；调频广播只能在特定区域范围内传播，但其音质优美（立体声）能吸引听众。从写作的角度看，广播电台用稿必须立足于"让人听清楚"而使用通俗平白的、常用的语言；从做广告角度看，广播电台还属热媒介，费用便宜且播放次数较高。有一定知识文化品位的人没有不听中央人民广播电台《新闻和报纸摘要》节目的。

2）电视台。有微波传送和有线网络两种。中央和各省市的电视台或卫视台是微波传送的，各省市还另有有线传送网络。电视是目前最受欢迎的热媒介，特点是有画面有音响，中央电视台最近以来推出的电视散文的形式和《实话实说》、《焦点访谈》等专栏极受人们喜爱就是例子。从利用电视收集信息的角度出发讲，应该养成定时定台以收看各专栏节目为主的习惯。

3）报纸。从最早诞生的德国《莱比锡报》开始至今，报纸越来越受人们的喜爱，前面说过博士和普通劳动者都要看报纸，其主要原因除给人以信息和知识外，还有一个"白纸黑字"的长处，这是电视、广播所不能比拟的。现代人摄取信息，一是直接翻阅报纸，二是从电视广播中得到线索或梗概再去查阅报纸。作为学生，最该看的是《中国青年报》、各省省委省政府的机关报以及与自己专业相关的报纸。

4）杂志。《读者》、《青年博览》、《航空知识》之类的期刊，其特点是具有信息、知识的针对性和深度，有特定的读者圈子。中专学生可以从自己所学的专业和兴趣爱好两个角度选择，稳定地做某几种杂志的忠实读者，长此以往必有好处。

四、新闻的定义

什么是新闻？不同的文化背景，不同的意识形态，就有不同的回答。美国新闻学者约斯特的说法是："新闻是已经发生或正在发生的事实的报道。"美国《现代新闻报道》的作者华连则认为，新闻就是能唤起读者、唤起人们的关心，进而教诲他们、鼓舞他们并使他们能够得到乐趣的一种对于人们活动的最适时的记录。他们强调了新闻的时效性和社会性。而《纽约太阳报》编辑约翰·B.博加特却这样定义新闻："狗咬人，不是新闻；人咬狗，才是新闻。"表现了西方新闻的猎奇性。新闻定义的纷繁由此可见一斑。

我国是社会主义性质的国家，对新闻的定义，以陆定一同志的阐释最为简练客观，即"新闻是新近发生的事实的报道"。从历史的角度看，这是新闻理论流传最广、最经典的定义。上世纪80年代，中宣部曾经就陆定一的这个定义做了补充诠释，定义为：新闻反映新发生的、重要的、有意义的、能引起广泛兴趣的事实，具有迅速、明了、简短的特点，是一种最有效的宣传形式。

进入新世纪，我们对新闻的认识又有所加深。综合种种看法，我们可以把新闻定义为：新闻是对新近发生或发现的有社会意义的能引起广泛兴趣的事实的传播。这个定义包含了以下要素：

1）新近，即要求新。新闻内容的"新"，指的是人们在社会活动中新产生出来的事实。要做到新，就要求发现新闻线索快、采写快、编发快，这就是新闻界所强调的"时效"。也因此，很多新闻媒体强调：不仅仅是在新闻发生后出现在现场，更要赶在新闻发生时出现在现场，是为"同步"。

2）事实，即要求真。新闻强调事实，不仅仅只指客观发生的事实，更在于这些客观事实所含的准确度和对社会公众的影响面。这就要求新闻工作者在采写编发新闻时，必须以极度负责的精神和踏实认真的工作，准确报道对社会公众有指导促进意义的客观事实。另一方面，新闻工作者应具备正确的世界观、人生观和较高的理论、政策水平，以保证在认识客观事物时尽量不受主观因素的影响；另外，还要认真合理地表现"五要素"（When、Where、What、Who、Why），以之作为真实的前提。

3）报道，即要求客观。这个要素是最重要的。新闻当然强调事实、强调真实，但客观事物还需人去反映它，而人在认识和反映客观事物时又不得不带有哲学的、政治的、阶段的、习惯的种种观念，因而报道新闻就肯定有一定的出发点和选择点。在我国，这个出发点和选择点无疑就是坚持四项基本原则、坚持改革开放、坚持安定团结、维护国家和人民一致的利益，这就是判断客观事实构不构成新闻，以及构成何种新闻的衡量标准。

五、新闻的价值

新闻与商品一样存在着价值问题。凡新闻内容为越多的社会公众所关心、且关心程度越深者价值就越大，反之则小。断定价值的总依据，就是前所言的定义要素中报道的标准。认识新闻的价值有几个具体角度：

1）人物的身份。人物的身份越显赫，与其相关的事越可能有价值。例如美国总统克林顿的绯闻，就在全世界沸沸扬扬一年多；平民百姓骑自行车上班是平常事，而某个市长或省长骑自行车外出就绝对是新闻。

2）事件的远近。新闻事件发生地的距离也直接影响着价值，这应相对一个国家、地域或生活圈子而言。例如南联盟被北约轰炸得一塌糊涂，却比不上人们对本市烟花爆竹工厂发生爆炸关注度高；克林顿绯闻案的结果，我国人们无所谓，而重庆綦江虹桥垮塌案却备受瞩目。

3）事实与受众的接近性。所发生的新闻事实及其中人物，若与某部分某地方某阶层的人有关，则在有关的人群中具有价值甚至大价值。例如假设甲B的厦门远华与陕西国力在比赛，而甲A的大连万达与上海申花也同时在鏖战，则前者对福建和陕西的球迷更有吸引力；同理，某些人唱了几首歌就有单纯幼稚的青少年追他们为"星"，而在有一定经历和学历的人的眼里也不过如此。

4）冲突和反常。冲突出新闻，越激烈则价值越大。像中西非和中亚的动荡，洛杉矶和印尼的骚乱，各项体育比赛，商品的价格、广告竞争，学生会主席竞选，等等，都有不同程度的或相对的较大价值；另外，像厄尔尼诺和拉尼那气候现象、地震洪灾、北半球六月下雪、车祸和某个不念书的人突然考一百分等，都是反常现象，也都具有非同寻常的一定价值。

六、新闻的分类

目前新闻体裁的分类，角度各异、标准不一、名称繁多，就连从事新闻工作极有经验的人，也常有各执己见相持不下的情况。但这并不影响我们学习新闻，先让我们来看影响分类的几个主要因素：

1）描叙事实的体制结构不同。我们拿消息和通讯比较就能很清楚地说明这个问题：首先是标题形式不同；其次是消息多用"倒金字塔式"，而通讯却经常用"金字塔式"、"倒金字塔式"及其二者结合的形式；再次是通讯经常使用划分部分且加小标题的形式。

2）语言及表达方式的运用。很明显，消息和通讯肯定以叙述为主，而新闻评论则以议论为主。通讯和报告文学都用五种表达方式，但语言效果有别。都属于评论类，但社论和杂谈的语言风格一般也很明显不同。

3）时效性的强弱。采、写、编若干则消息花不了多少工夫，但通讯、社论等则需要一定时间；另一方面，有的事实虽已发生过一段或者很久时间了，但对当前还有推动、指导和借鉴的作用，播发出来虽然时效性弱，但它表现了时宜性。

4）社会效用的强弱。新闻内容在社会上产生效果和作用大多数情况下是潜移默化的，受众对新闻不仅有兴趣爱好和关心赞同的一面，还有虽关心但不以为然甚至嗤之以鼻的一面。而有些新闻内容，受众赞成也好反对也好，都得接受，这是指那些有法规性和权威性的新闻内容。

5）记者（作者）的参与度。最显见的是消息和通讯，要求记者不能在写作中自己跳出来说话，而评论则通篇都是记者自己或代表编辑部在发表议论。另外，综述虽然述的是事实，但"综"却包含了记者的立场、观点和编辑意图。

上述五个因素交叉对新闻分类起主要影响作用，或说它是新闻分类的主要依据。一般说来，当前比较适合学校教学的分类是：

1）消息。以简明扼要地叙述为主，适当使用描写为辅的长、中、短（简讯、百字新闻、标题新闻等）篇消息，时效性最强。

2）简讯。运用多种表达方法，详细报道新闻及突出新闻主题或报道目的。有长篇和短小的区别，短小的通常冠以速写、特写、小故事等的名称。有相对的时效性。

3）专访。以报道目的为主，刻意通过表现采访过程，将价值并不一定高的或价值不容易为一般人所认识的新闻内容报道出来，以引导舆论。有人物专访和事件专访之分，但是因事件而访的还是人，所以常以人的神情举止和人所处的现场，及其给记者的感觉体验等，来突出报道主题。标题上多以"访"字以区别通讯的"记"。

4）新闻公告。以新闻形式公布的党和国家或各专项权力机关的法规、条例、公告、通告和各种专项管理治理措施等，这类新闻明显区别于一般新闻，社会效用突出。

5）新闻散文。将那些主要表现为时宜性的，不论为何种体裁的内容都划归此类。例如游记、札记、随笔、资料或常识等。

6）新闻评论。所有以新闻事实（直接或间接）为依据而阐发的文章，有社论、编辑部文章（或特约评论员）和挂牌子（即栏目）的各种调查、背景分析、短评、编者按语等。

7）报告文学。此类文字形象化特征明显。

8）新闻图片。照片、图画等。

七、新闻的采访

新闻采访是新闻重要的有机组成部分。七分采访，三分写作，渲染了新闻采访的重要性。新闻是采出来的，不采访就没有新闻，要有新闻敏感性，认真深刻细致的采访是写出好新闻的重要基础。新闻采访也是调查研究的一种特殊方式，因而调研的所有方法都适用于采访。目前我国采访理论中有具体名称的方式方法有：

1）斯诺法。美国著名记者（中国共产党和中国人民的老朋友）艾德加·斯诺夫人韦尔斯命名的采访方法。主要含义是，投机被采访者或与之建立相应的情感基础，以利采访效果，适用于正面报道和有难点的或细致深入的采访。

2）漂近法。根据美国著名记者肯·梅茨勒在《新闻采访》中的提法定名。主要含义是，通过精心诱导把谈话内容逐渐引向敏感区域，若即若离地实现采访目的。适用于对敏感或有忌讳问题的采访。

3）聊天法。目的在于消除被访者的拘谨、局促或记忆障碍等，以使之进入积极思维状态。

4）激将法。根据对象特点而故意偏激片面、夸大其词、正话反说等，刺激其多谈详谈。

5）点破法。不论在正面、侧面、反面问题的采访中，都可能遇到被采访者在关键处有腼腆害羞或说不到点的，想回避有侥幸心理的，以及有问才说不问则过的各种状况，记者应根据所掌握的确定情况适时适当或不依不饶地点破。

6）迂回法。类似论证中的归谬法，以子之矛攻子之盾。

另外，与采访策略有关的表现形式有明访、暗访、追访、截访等。在教学中增添这些内容，只要学生肯在实践中有意识加以运用，不仅对新闻写作有直接作用，而且对提高人的综合素质有很大的帮助。

新闻采访除了要掌握一定的方法技巧，还要求采访者要"勤"。"勤"体现在新闻是用脚写出来的，要多跑、多问；"勤"还体现在新闻是用心采访出来的，要多用心、多记；"勤"还体现在用头脑去思考，发生什么并不是最重要的，重要的是它意味着什么。

八、消息的写作

在各种新闻体裁中，数量最大、与我们生活工作最密切相关的是消息。我们不难发现，每天报纸上总有很多消息。这是因为在同样篇幅的情况下，消息所载的信息量多面广，而且写作起来要比其他体裁便捷多了。我们中专学习新闻，一方面主要是学会利用新闻媒介摄取信息以提高自己，另一方面要学会消息的写作，以便眼下和将来能把自己工作生活中有用信息反映给社会。

（一）消息的分类

从形式上分，有动态消息、简明消息、综合消息、述评性消息等。

综合消息，也称综合新闻，指的是综合反映带有全局性情况、动向、成就和问题的消息报道。

述评性消息，也称新闻述评，它除具有动态消息的一般特征外，还往往在叙述新闻事实的同时，由作者直接发出一些必要的议论，简明地表示作者的观点。记者述评、时事述评就是其中的两种。

从内容上分，有人物消息、事件消息、工作消息、会议消息、经验消息等。按内容范畴分，有政治消息、军事消息、工农业消息、商业经济消息、科教文卫及体育消息等。

按报道范围分，又有国际消息、国内消息、地方消息等。

其中，动态消息也称动态新闻，这种消息迅速、及时地报道国内国际的重大事件，报道社会主义建设中的新人新事、新气象、新成就、新经验。动态消息中有不少是简讯（短讯、简明新闻），内容更加单一，文字更加精简，常常一事一讯，几行文字。

以上消息，以动态消息较易写作，可以经常练习写一些，从实践中提高新闻写作能力。

（二）消息的写作要求

不论从分类的哪个角度出发来看，消息写作都要做到真、短、快、活、强，这也是消息与其他体裁相比表现出来的突出特征。

真，即真实。"五要素"及引用资料、数据等要准确无误，不添油加醋，不合理想象，要尊重客观，实事求是。

短，短小精悍。在有限的报纸版面上，当然只有简明扼要才能保证信息的量；在屏幕上播音员要是念上半小时的新闻稿，说不定就有人会砸了电视机。

快，就是前面所说的"新近"的保证。只有快才能满足社会各方面的需要，才能使新闻媒介有生命力。具体地说是及时和适时。

活，生动活泼。要从报道角度选择、语言运用、主要读者（听众、观众）的接受习惯等方面考虑。另外，要力求写出特点来。

强，即思想性、指导性、政策性、针对性和趣味性都要强，使新闻在传媒信息的同时起良好的舆论导向作用。

（三）消息的结构

写作消息要设想并回答读者问的问题，这些问题就构成了新闻五要素，即：When（何时）、Where（何地）、Who（何人）、What（何事）、Why（何故）。有的新闻学上补充了一个要素：How（如何）。在五个 W 和一个 H 中，最主要的是 What（何事）、Who（何人）。写作时要认真写好这几个方面的内容。

当我们弄清了"我要说些什么",接下来就是"怎么说这些内容",显然这涉及了如何安排消息的结构。只要我们用心分析一下报刊发表的消息,就会发现,消息的结构比较固定、简单,大多数消息的结构都是"倒金字塔"式的,即:最重要的材料放在开头,次要材料放在后面。消息的结构具体表现为:标题、导语、主体、结尾,并在文中穿插背景材料。

1. 标题

标题是消息的眼睛。人们翻阅报纸,总是"溜"一圈各版各篇的标题,感兴趣则再看下去。因此标题既是吸引人的关键,又是表现报道角度和报道思想的重点。

消息标题一般由引题(也叫眉题)、正题、副题(也叫子题)三部分组成。

1)引题表现新闻内容的性质意义或烘托渲染正题。

2)正题是概括与说明主要事实和思想内容。

3)副题则是对正题的解释或补充,提示报道的事实结果,或作内容提要。

一般较长的消息才用三题俱全的完整式,中等篇幅的消息多用引题加正题或正题加副题的不完整式,短消息多用单标题,即只有正题。应该特别指出的是,消息标题中除了非用不可的引号、书名号外,反对使用标点符号。这也是区别其他新闻体裁的一个标志。

例文一 完整式的标题(正、副、引题俱全)。

省委召开"三讲"教育第一阶段情况通气和征求意见会(引题)
广泛听取各方面意见和建议推动"三讲"教育扎实向前发展(正题)
陈明义主持会议并通报有关情况尚文在会上讲话(副题)

（引自 1999 年 4 月 28 日《福建日报》）

例文二 不完整式的标题(引题加正题)。

墓价 4000 元碑价 1500 元,一亩地年租 350 元能建 200 座墓(引题)
墓园暴利人"死不起"了(正题)

（引自《华商报》2004/03/12）

老师随意缺课学生回家自修家长困惑(引题)
上课咋也"缺斤少两"(正题)

（引自《西安晚报》2004/03/16）

例文三 不完整式的标题（正题加副题）。

高校自主招生政策松绑（正题）

高校自主招生不设5%上限　可少量招收成绩低于一本的特殊才能考生（副题）

（引自《海峡都市报》2008/11/4）

例文四 单标题（正题）。

夜景照明应量"能"而行

（引自《人民日报》2005/7/11）

莫让民工流汗又流泪

（引自《人民日报》2004/2/23）

为使消息标题能抓住读者，起到向读者推荐信息的目的，写作标题时就必须加强文字锤炼。首先应该选择最新鲜、最重要或是最有特点的事实和观点，其次在拟制标题时可以压缩、概括标题中可有可无的内容，删去可有可无的字词。再有可以通过改变叙述方式，适当使用简称使标题简洁，运用修辞手法使标题生动。

2. 导语

导语是消息的第一段或头几句话。"倒金字塔式"要求将新闻内容中最主要最重要或最吸引人的部分写在前面。在这个前提下，导语可以有各种各样的写法，归纳起来主要有三种类型：

叙述型导语。具体有陈述式、概括式和比较式等，点出新闻事实要点、梗概等，起提挈作用。

描写型导语。将新闻中能说明报道主题或能体现新闻价值的场面、气氛或人物表情、动作等简洁地描述出来。

议论型导语。一般有引语（包含引用）式、提问式、评议式和悬念式等，以揭示新闻事实的含义、内核或关键点等。

3. 主体

主体是导语的具体展开，消息的主干部分。它紧接导语之后，对导语作具体全面的阐述，具体展开事实或进一步突出中心，从而写出导语所概括的内容，表现全篇消息的主题思想。除较长新闻外，不论是按新闻事实的时空顺序还是逻辑顺序安排层次，要尽量做到将主要、重要的事实部分列前，依次到不太重要部分。这也是报社编辑删改习惯所决定的。请看例文。

"长虹""康佳"价格战硝烟再起
福日彩电全面降价

【本报讯】 针对长虹等国产彩电厂家相继宣布降价销售的做法,刚刚上网发行股票的福日集团迅速作出反应。该集团董事长唐文合昨天宣布,福日系列彩电即日起将全面下调价格,降幅从 100 元到 1000 元不等。

唐文合表示,根据市场发展情况,对产品价格作一些调整是必要的。福日集团是本着对消费者、投资者和社会负责的态度,遵循有序竞争、永续经营和可持续发展的企业经营原则,在制定合理价格的基础上,更注重技术、品牌和服务,将更多的注意力放在调整产品结构、提高产品技术含量和产品质量上来。福日集团对这场价格战早有准备,"技术的福日"已拓展了产品空间和生存空间。它的万元商品、数万元商品甚至百万元商品已经投放市场,创造了新的利润空间。

(引自 1999 年 4 月 23 日《福州日报》)

这则消息内容原本的逻辑顺序应是:因为别人降价,而我有拓展了大额产品利润的空间,赔得起,所以我也调整结构和降价,降幅从 100 元到 1000 元不等,报道出来后,原来的顺序几乎倒了个儿。

四川绵阳市委规定:县级领导不得配秘书

【本报讯】 据《成都商报》报道,四川省绵阳市委近日发通知规定,县(市、区)党政领导一律不得配备秘书。

众所周知,在县(市、区)党政领导班子成员中,配备秘书已是比较普遍的现象,在一定程度上加大了领导干部的工作成本,同时,对县级领导干部的形象也有一定的不良影响。

为进一步加强各县(市、区)党政领导班子建设,绵阳市委下发通知规定:各县(市、区)党政干部不需要再配备专职秘书负责文字材料等日常工作,党政一把手可由办公室指定一个同志主要负责为其做好服务工作。对已配备的秘书人员安排适合的工作,属于借用、聘用的秘书人员要及时清退。

(引自 2002 年 8 月 31 日《南方都市报》)

本则消息导语先叙述新闻事实中最吸引人的内容——县级党政领导不得配秘书。因为这种规定与人们的普遍认识相悖,必然引起读者的好奇。然后在主体部分解释出台这个规定的原因，其次详细叙述规定的具体内容。这是按照逻辑顺序安排层次的，言简意赅，抓住消息事实核心。

4. 背景

背景指与新闻事实不同时发生，但与之有密切联系的事实状况或资料。

西方新闻学认为背景就是对新闻事件作出的解释。美国新闻学家赖斯特说得很清楚："我看不出新闻背景与解释有什么区别。""解释，在我看来，就是新闻报道的深入化。就是把单一的新闻事件放到一系列的事件中去写"，"就是提供新闻的背景知识，从而使读者能够对新闻事件作出客观的判断。"但是"解释"不是议论，解释本身就是事实，也就是说用事实去解释。所以新闻背景又称为"事实背景"。

背景材料具有说明新闻事件的起因、显示或帮助读者理解新闻事件的重要性以及突出新闻事件的新闻价值等作用。背景材料使用得当可为新闻增色，特别是内容较复杂的新闻。它可以用在导语、主体中的任何地方。像前面所介绍的比较式导语，就多属于用背景的情况。有的消息甚至用很多背景来构成主体部分以解释阐述导语。

5. 结尾

首先应明确消息的结尾可有可无，视报道需要而定，结尾一般有小结式、号召式、展望（希冀）式、启发式、分析或评价式等，且与导语形式错开使用，如陈述式导语就不要用小结式结尾，提问式导语就要对应分析评价式结尾等。

九、新闻信息采集实践要求

我们认为，不关心新闻的人或说不接纳新信息的人，肯定跟不上时代和形势，就做不好自己所承担的工作。中专学生也是如此，不通过新闻传媒了解必要的新信息，就必定是学习锻炼的一种缺憾，或叫读死书或死读书。关心时事、政治和经济、市场各方面的情况，这不仅是增加知识常识的需要，更是一种优良学习习惯的养成。了解了社会、市场，就有了将所学专业知识与实践结合的可能，并能够以此来检验我们的教与学能不能适应社会、经济发展的需要。因此，中专生除了每天要坚持收听中央人民广播电台的《新闻和报纸摘要》和收看中央电视台的《新闻联播》以外，最主要的应当在学校阅览室中专门看几种报纸和杂志，以获取各种信息，把握时代和社会以及专业的脉搏。

也许刚刚开始强迫自己关心新闻时，有不知所措、没有头绪的感觉。但这不要紧，重要的是先花些工夫或精力进行一番"入门"的锻炼，我们吸纳信息就会变得有效。

这就要求我们应该通过查阅资料或向老师前辈们请教，认识我们的国情，特别是建国以来的政治、经济、科教文卫等各领域发展的脉络、梗概和水平等，还要对地理尤其是经济地理有着熟悉的概念，用它们组成我们吸纳信息的"坐标"，或说建成一个分好类别的"仓库"，以使我们涉及的材料能迅速或大致地"对号入座"，达到"哦，这新闻说的是这个"的境界。

在阅报过程中，应当把一些与自己专业相关的和自己感兴趣的东西用卡片摘录下来，特别是与本省本地经济发展、市场变化有关的统计数据。假如是自己订阅的报纸，可以把有用资料剪下来，做几本剪贴簿册，分门别类地粘贴。有条件的还可结合复印件采集资料，没有复印机又没工夫抄录的，可以记下内容概括并做好索引，以便要用时再到图书馆查阅。

遇到陌生的内容或不太懂的词（术语）句等，不要放过它，把它纪录下来，得便时查阅工具书或向别人请教。

通过努力，你"入门"后，就会觉得自己在信息海洋中是多么的悠游自在，在别人面前你将不知不觉地成为"意见领袖"，工作起来将会非常得心应手。只要努力，每个中专生都能成为这样的人！

思考与实训

一、请从下面散乱的十个句子中整理出五则新闻标题。

1. 葛洲坝巍然屹立稳如泰山。

2. 葛洲坝腰斩大江工程揭幕。

3. 沿着《一千零一夜》中辛伯达开辟的航道驶向中国。

4. 在特大洪峰的严峻考验下。

5. 旨在验证《一千零一夜》所载探险故事。

6. 故事集《365夜》深得年轻父母心。

7. 阿曼仿古木船驶抵广东。

8. 幼儿遇良师，家庭添乐趣。

9. 我国水利史上最雄伟的截流工程。

10. 订购信有如雪片飞来，总印数已逾 200 万册。

二、阅读下列消息，然后给它拟写引题和正题。

（   ）（引题）

（   ）（正题）

本报讯（记者董洪亮）我国唯一的教育艺术刊物《教育艺术》杂志日前度过了五周岁生日。冰心老人、贺敬之等知名人士为之题词致贺。

《教育艺术》由中华教育艺术研究会暨中华教育艺术家协会、首都师范大学青年教育艺术研究所共同主办，李燕杰教授担任社长。该刊以"激扬正气，振奋民魂"为办刊宗旨，主要栏目有"名家谈教育艺术"、"时代精神磁场"、"青春思绪"、"教育艺术一千问"等。《教育艺术》杂志被海内外读者誉为"青年的良师，家长的益友，干部的参谋，教师的助手"。

（《中国教育报》1994/11/17）

三、阅读下面消息，回答问题。

今年农历正月廿九日即 3 月 9 日，福州市民将迎来首届"孝顺节"——这个福州人独有的节日。正月廿九是福州传统民俗节日——"拗九节"，又称"孝顺节""送穷节"，这天家家户户都要煮"拗九粥"祭祖，出嫁的女儿还要送拗九粥回娘家孝顺父母。

本次活动由福州市文明办、市老龄委、市妇联、共青团福州市委、市贸发局主办，福州福海文教基金会、市烹协承办。首届孝顺节的活动包括：为老劳模、孤寡老人送拗九粥；资助生活困难的孤寡老人；向市民推出拗九粥、拗九宴；老年人闽剧专场演出等。

1. 给这则消息拟一个标题。

2. 指出这则消息的导语。

3. 结合所学的新闻知识，说说导语和标题之间的关系。

四、用一句话概括下面文字的主要内容（不超过 20 个字）。

新华社北京 5 月 9 日电　对部分农村家庭经济困难的中小学生免费提供教科书的制度自 2001 年试行至今，我国累计约有 1700 万人次的贫困生获得免费提供的教科书。

据教育部有关负责人介绍，2001 年，中央财政安排 1 亿元，为部分农村家庭经济困难的中小学生免费提供教科书。这一款项到 2002 年增加到 2 亿元，2003 年进一步增加到 4 亿元。所资助面只占中西部地区贫困生的 30% 左右。为此，中央和地方各级政府将继续设立并逐渐加大资助力度，努力做到不让一个学生因家庭困难而失学。

五、提取下面消息文段中的关键信息，拟写恰当的消息导语。

（   ）

为了"神舟五号"的发射成功，长征二号 F 型火箭在历时多年的研制过程中始终将可靠性、安全性放在首位。火箭上多个系统采用了"双保险"设计；同时，提高了元件质量等级和筛选标准，提高了发动机的可靠性。由于严格的质量可靠性指标提高到了目前的 0.97，安全性系数更是达到了 0.997，成为目前国内可靠性最高的运载火箭。

六、将下面的简讯改为一句话消息。

据新华社电　中国载人航天工程总设计师王永志透露，"神舟"六号将于 2005 年发射，并将实现多人多天飞行，目前各项研究进展顺利。

王永志说，现在初步考虑，"神舟"六号准备上两个人。飞行 5 天到 7 天，继续考验飞船的实际能力。他还透露，"神舟"六号还将是三人三舱的设计方案，和"神舟"五号基本一致。而与"神舟"五号最大的不同是，两位航天员将首次进入轨道舱，在太空中进行对地观测等多种空间科学实验。同时，"神舟"六号还将继续进行空间科学的搭载实验，这些实验也将首次由两位航天员完成。

七、请将下两条稿件综合改编成一则 800 字左右的消息。

原稿一：

今朝京城英雄多
——首都见义勇为好市民评选巡礼

当一酗酒的醉汉在公共电汽车上殴打一男一女两名外地乘客，女乘客向周围人哭救而车上 30 多人竟无人相助时，身为共产党员的首钢工人杨宏本勇敢地站出来制止歹徒的违法行径。歹徒又持刀对杨宏本大打出手。在邪恶面前，杨宏本一身正气，毫不畏惧，同歹徒展开搏斗，将歹徒的刀打落并踢下车，在群众的协助下，把歹徒制服，扭送公安机关。这是发生在去年 11 月 16 日深夜的事。

42 岁的杨宏本最近获得"首都见义勇为好市民"光荣称号。这次北京市评选出的 20 位"好市民"中，有临危不惧与歹徒勇敢搏斗并抓获歹徒的 8 位，有不畏严寒破冰或深水中救人的 6 位，有不怕牺牲冲进烈火中救人和保护国家、群众财产的 4 位，有处险不乱、挺身而出在列车轮下救儿童和自然灾害中救助多人的 2 位。

因儿时车祸造成肢体残疾的 27 岁的王新文，在去年 6 月 26 日下午，邻居一精神病患者家失火时，他拖着行走不便、右眼视力几乎为零的残疾身体，不顾一切 3 次冲进浓烟滚滚的屋内。当他把一个装满 20 公斤油表面已着火的塑料桶冒险提出门外刚刚扔掉时，塑料桶爆炸起火。王新文忍着大面积烧伤的剧痛，又从火海中救出了病人及财物，并同邻居一起把火扑灭，制止了一场危及周围几十户居民的严重火灾。

北京开展"首都见义勇为好市民"评选活动已届 3 年，至今已经评选出"好市民"61 人，评选出"见义勇为积极分子"129 人；其中年龄最大的 83 岁，最小的只有 9 岁。他们中有工人、农民、学生、干部、教师，还有老红军。年龄最大的张福老人是怀柔县的农民。去年 8 月下旬，他拖着残疾的右腿翻墙冲进烈火浓烟中，救出了邻居家 5 岁儿童，并及时报火警，保护了群众的生命财产安全。年仅 9 岁的小英雄赵金硕，是 1992 年度的"好市民"，他勇敢机智地从火车轮下救出了一名两岁的小孩。

评选"见义勇为好市民"活动受到社会各界的大力支持。目前已有 700 多人和 20 多家单位向这项活动捐款达 60 多万元。保险公司向"好市民"给付了一定数量的保险金，并解决了因见义勇为造成的疾病或伤残的医疗及保险和生活困难问题。北京市向"好市民"颁发了"首都精神文明建设奖章"和奖杯，并号召向他们学习。

这次坐在主席台上披红戴花的英雄中，有一位河北来京务工的"没有户口的北京人"刘国忠。他在去年 12 月，从结冰的湖水中救出了两名儿童。

有关方面介绍，这三届"好市民"的评选中，北京市各区县、各行各业都评选推荐了大量的候选人，仅今年的候选人就有 63 人。记者从候选人的感人事迹中，看到了首都人民群众弘扬正气，见义勇为的精神风貌。

这次获"好市民"称号的农民个体经营者王德山对记者说："政府和人民给了我这么高的荣誉感到很激动，我觉得在别人遇到危难时，出于良心大家都应该伸出援助之手。事情让我赶上了，不这样做我在良心上会受到谴责。"王德山是在冰水中一下救出 3 名儿童的英雄。

原稿二：

北京有 20 名市民获"见义勇为市民"称号

北京近日评选出 20 位"见义勇为好市民"。同时有 43 人被评为"见义勇为积极分子"。

这是继北京自 1992 年开始评选"1991 年度首都见义勇为好市民"活动以来，第三次评选。至今，已有 61 人获此殊荣。

今年的 20 名"好市民"中，年纪最大的 83 岁，最小的 16 岁。他们中，临危不惧与歹徒搏斗的有 8 人，在冰水中救人者有 6 位，救火者 4 位，在列车轮下和自然灾害中救人的 2 位。

北京"见义勇为好市民"的评选，是在全市各区县、各行业广泛推荐、评选的基础上，以无记名投票方式产生的。

获"好市民"称号的勇敢者，北京市政府授予其"首都精神文明建设奖章"和奖杯，并大力予以表彰，奖励"21 寸彩电"1 台；保险公司给每人上了人身意外保险，并给其中因见义勇为造成的疾病或伤残者及生活困难者一次性经济补偿；对个别伤残较重者投了养老保险。

北京对"好市民"广为宣传，鼓励人们争当"好市民"。据了解，这项活动受到社会各界大力支持与捐助，今后将继续开展"见义勇为好市民"评选活动。

八、培养做资料卡片的习惯，要求在学期结束前采集 100 张卡片资料，并做好分类。

第二节　调查报告及其写作

一、调查研究的目的、意义和作用

调查研究是人们深入现场进行考察，以探求客观事物的真相、性质和发展规律的活动。它是认识世界和改造世界的基本手段之一。在社会主义市场经济体制不断发展和完善的今天，面对"信息爆炸"、世界变成"地球村"的形势。没有认识调查研究的意义作用，没有把握调查研究的方式方法，将寸步难行以至被社会淘汰。作为中等专业的学生，在步入社会工作岗位之前，学习、掌握和运用调查研究的知识和能力，是一项极其重要的综合素质培养。可以说，只有具备了进行调查研究的素质能力，才是一个合格的中专毕业生。

调查研究的重要性和基本作用表现在两大方面。

1. 调查研究是做好一切工作的前提

"知己知彼、百战不殆"是大家再熟悉不过的成语，为了现今的学习和成长，为了将来的工作和生活，我们都要"知彼"。这个彼，就是我们所处的社会环境，就是我们工作的范围和对象，就是我们所从事的专业或业务。只有认识了它，了解了它，熟悉了它，我们才能有一个驾驭自己工作和学习的自由境界。

2. 调查研究是自身提高自我完善的需要

哪怕学历再高的人，也要"活到老学到老"，否则就是"逆水行舟"。而这个"学"，不单是有机会再深造、坐在教室里听老师教，更是在工作生活的实践中不断认识新东西，不断深入深层面，不断思考疑难点。有了调研的习惯，就可以较容易地"处处留心皆学问"，个人的经历、资历就变得无比丰厚。

二、常用的调查方法与技术

研究的前提是调查。没有通过调查获得的资料，研究就流于空谈。要获得详尽、真实、准确的研究材料，正确地运用各种调查方法和技术是关键。运用正确的调查方法，提高中专生调查研究的能力，是本单元实训的重点。

（一）调查方法

1. 搜集第二手资料的方法

调查、搜集第二手材料的方法称文献调查法，也叫案头调查。一般来说，当所需的第一手资料有限而相应的文字资料已经存在时，案头调查往往是比较有效的调查方法。案头调查主要采取查阅资料的方式。

任何调查对象都或多或少地具有既成资料或相关的背景材料。通过搜集、阅览和研究，了解调查对象与其他事物的关系和联系，为具体的调查打下良好基础。这是任何一项调查必不可少的方法。

2. 搜集第一手资料的方法

搜集第一手资料的方法通常称实地调查，它包括访问调查法、观察调查法和实验调查法。

（1）访问调查法

访问法也称询问法，是把调查人员事先拟定的调查项目或问题以某种方式向被调查对象提出，要求被调查对象回答，以此获得信息资料。主要包括：

1）座谈访问。调查人员直接询问被调查对象，以获取信息资料。有个别访谈和开座谈会两种常用方式。

开座谈会即通过组织关系召集调查对象的若干重点或中心人物，进行集体访谈。座谈前应准备好调查访问提纲，并在座谈中把握气氛、情绪等，随时调查、补充提纲。还可瞄准关键人物，改场合进行个别访谈。

针对敏感问题或关键知情者，宜讲究时间、场合，以及对若干个人分别进行单独访谈，以做到"兼听"。

2）电话访问。由调查人员根据抽样的要求，在样本范围内通过电话询问的形式向被调查对象询问预先拟定的内容而获取信息的方法。运用这种调查法可以在短时期内调查较多的对象，能以统一的格式进行询问，获得资料也便于统计处理。

3）邮寄访问。将事先设计好的问卷或调查表，通过邮件的形式寄给被调查对象，让其填好后按规定的时间邮寄回来。最大优点是选择调查的范围不受限制，被调查者有充裕时间考虑如何答复问题，使获得的信息较为客观真实。缺点也很突出：时间周期长，回收率很低。

4）留置问卷访问。即由调查人员将事先设计好的问卷或调查表当面发给被调查对象，说明要求，留给被调查对象自行填写，再由调查人员在规定时间收回。

5）计算机访问。也就是网络调查法。在网上建立交互式计算机终端，让被调查对象根据屏幕显示的问题，键入他的回答。在现代社会条件下，越来越多的人喜欢这种用间接方式吐露真实动机的访问方式。

特别说明的是，以上五种访问调查法一般都以问卷或调查表为基础，在选择被调查对象时，都存在抽样调查或是普遍调查的问题，因而就涉及问卷设计和抽样技术的技巧。这在后面再加以详细说明。

（2）观察调查法

观察法是由调查人员直接或通过仪器在现场观察被调查对象的行为并加以记录而获取信息资料的一种方法。特点在于调查人员不向被调查对象提出问题，也无需对方回答问题，只是侧面观察被调查对象的行为和表现，以获得第一手信息。主要包括：

1）现场观察。在调查对象所处的具体环境中，进行观察、了解。在市场调查中，良好的人际沟通、敏锐的观察、细致的分辨比较，是个人素质锻炼和比照的最佳环境。

2）亲自经历。调查人员亲自参加到某种活动中去，以收集有关资料。

3）痕迹观察。不是直接观察被调查对象，而是观察被调查对象留下的实际痕迹。例如电视节目收视率调查。

（3）实验调查法

实验法源于自然科学中的实验求证方式，它通过小规模范围的实验，记录事件的发展和结果，收集和分析第一手资料。一般来说，它要求调查人员事先将实验对象分组，然后将其置于一种特殊的环境中，做到有控制地观察。它包括实验室实验、现场实验和模拟实验三种常用形式。对在校学生来说，这种调查法的实际可操作性比较小。

（二）调查技术

1. 问卷设计

将所需要调查的问题具体化，科学地设计调查问卷。使调查者能够顺利获取必要的信息资料，并便于统计分析。

（1）问卷的基本结构

不同的调查问卷在具体的结构、题型、措辞、版式等设计上有所差别，但一般由以下部分构成：

1）标题。是对问卷调查内容的概括，通过问卷的标题可以反映出调查的主题。

2）开头。一般包括问候语、填表说明和问卷编号基本内容。

3）甄别。也称过滤，它是先对被调查者进行过滤，筛掉不合适的被调查对象，然后针对符合要求的被调查者进行调查。

4）主体。是调查问卷的核心内容，它包括了所需要调查的全部内容，主要由问题和答案组成。

5）背景。关于被调查者的一些背景资料。如性别、年龄、收入和被调查者配合状况等。

6）结束语。

（2）设计调查问卷程序

要设计一份好的问卷，应按照一定程序进行，同时要考虑：是否能够提供必要的策划信息？是否考虑被调查者的情况？是否满足编辑和数据处理的要求？一般由以下几个步骤构成：

1）准备阶段。即调查人员根据研究的目的，对所要了解信息资料进行归类，列出问卷所需要收集的信息清单。

2）拟定初稿。初步设计问卷内容及形式。

3）试答和修改。即需要将初步设计出来的问卷在小范围内进行试验性调查，以便弄清楚问卷本身存在语句、顺序、配合等方面的问题，以利于修改。

4）定稿。即确定最后的问卷形式和内容，并交付打印。

2．抽样技术

抽样调查就是从调查对象总体中选取具有代表性的部分个体或样本进行调查，并根据样本的调查结果去推断总体。它是访问调查中不可少的一个技术。抽样调查分随机抽样和非随机抽样。随机抽样是客观的抽样方法，非随机抽样则是主观的抽样。不管是随机还是非随机，抽样调查都要从调查的主要目的出发，注意选择的代表性和典型性，避免"极端"，以达到由局部推知整体的结果。

三、分析方法

从调查伊始到写成报告的全过程，都贯串着分析，因此，分析方法运用如何至关重要。

1．分析的形式

分析有两种形式。

（1）个别分析或分阶段分析

这是指在自调查至写成报告的全过程中，随时或分阶段地对既得材料的分析。目的是为了辨别材料真伪，断定材料的价值，对材料加以取舍选择以及判定是否有待深入等。

（2）全面或综合的分析

这是指在调查材料基本完备后进行的分析。一般分两步，先是各纲目（或分工小组）的分析，得出各部分的有关结论，再是总成分析，理清各部分关系，归结出调查对象的特征、联系及规律等。

2．分析的方法

分析方法主要有以下几种。

（1）比较分析法

有比较才有鉴别。纵比（同一事物不同时间段的比较）、横比（同一时间段同类事物不同空间的比较），以及正比、反比、类比等。

（2）因果分析法

有果必有因，有因必有果；此因引出彼果，此果又成为它因。事物发生发展及变化是诸多因素相辅相成和相制相克的，或主观因素，或客观因素；或内在因素，或外在因素；或主要因素，或次要因素等。理清因果联系及其规律或特征，就认清了事物。

（3）实例分析法

抓住有典型性或代表性的实例，做"解剖麻雀"的工作，进而理清该例与全事物的关系，由"点"而认识"面"，点面结合。

（4）统计分析法

调查结果重实例重数据，并据此得出结论或以此证明结论。这就要用各种统计方法（简单的用百分比，复杂的用专门统计公式）来认识事物的质与量的关系。尤其是经济活动中的调查报告更注重数据的统计分析。

分析方法总是综合运用的，分析的目的在于"去粗取精，去伪存真，由此及彼，由表及里"，把握事物的发展规律及其本质。

四、分析的依据及应注意的问题

调查研究，就是通过运用各种调查方法而获得材料，通过对这些材料进行分析，并得出结论。分析是一个从芜杂的材料中得出概括性规律性结论的思维过程，也是个复杂的由主观到客观的认识过程。为了保证正确认识事物，我们在分析中必须坚持辩证唯物主义的思想方法，运用对立统一的观点，在详尽占有材料的基础上，具体情况具体分析，实事求是，通过分析事物产生的背景、环境、历史条件，事物发展的全过程，事物的内部联系和外部联系，从而抓住事物的实质。对调查来的材料反复验证，全面分析，区别真相和假相、现象和本质、个别与一般、支流和主流、偶然和必然，才能得出正确的结论和观点。

在分析时应该注意以下几点：

1）坚持"一分为二"（对立统一规律）地看待一切事物。

2）要有不畏艰辛、不怕阻挠、"打破砂锅问（纹）到底"的思想准备。

3）把现状分析与历史分析结合起来。

4）把微观分析与宏观分析结合起来。

5）把本单位分析与外单位、外系统、外省市，甚至国外的分析结合起来。

五、调查研究过程的组织

稍具规模的调查总有多人参加，为顺利完成任务，可参照如下步骤组织安排。

第一步，根据调查目的和任务，调配人员建立组织，进行分工并确定小组负责人及总负责人。应当把分工看作是提高调查前半程效率的手段，既分工又合作，相互沟通相互留意。尤其是在调查的后半程，在各纲目分析及总成分析的阶段更应是一个协调完整的工作关系。

第二步，组织参加调查的人员进行学习讨论或培训，以统一思想、明确任务、把握时限及技术要求等。特别是在范围较广的市场普查和专业要求较高的专项业务调查时，学习和培训就是必不可少的。

第三步，在出发调查前，尽可能地设计周到细致的方案或计划，与人交往多的调查，还应列出采访交谈的提纲，以做到有条不紊、按部就班地达到调查目的。在调查中要注重做好记录，养成用卡片"每点（例）一卡"的记录习惯，以利讨论、整理、组合，节约抄写时间和构思精力。

六、调查报告的写作

进行了调查和分析之后，调查报告的写作就相对容易了，在分析所得到的材料基础上，依调查目的或主题的要求，按照一定的分析顺序进行表达。反映情况的调查报告多侧重陈述；典型经验的调查报告多用分析、概括，并辅以典型事例印证；揭示问题的调查报告，则以问题的产生、发展及特征的介绍为基础，重在评议问题的代表性、影响面及对其的认识态度、解决措施等。一句话，写调查报告就是用文字把分析过程和结果简明扼要地表达出来。

调查报告一般有如下格式。

1. 标题

常见的有两种形式：

1）单标题。标题有直接标示内容和范围的，例如《希望为残疾人工作创造条件》；也有公文式的，通常由调查对象或调查内容加文种组成，如《关于下岗人员隐性就业的调查》；还有提问式的，如《连锁商场怎么连锁》。

2）复标题。即正副标题结合式，正题一般揭示文章中心，副题标明调查对象或范围，如《冲击国税堤坝的暗流——×省个体工商业户税收状况调查》。

2. 前言

前言说明调查缘由、时间、地点、范围、对象、方法、基本情况等。这部分是全文的开端，要求朴实，明快，起到导读的作用。常用叙述式、议论式、提问式和结论式的开头。

3. 主体

主体部分详述调查研究的基本情况、做法、经验，以及分析调查研究所得到的材料中所产生的各种具体认识、观点和基本结论，是调查分析结果的集中反映。主要特征是以叙述事实为前提，侧重评议阐述，体现观点和材料的统一。在行文中，有的先观点后材料，有的先材料后观点，也有的边叙边议；在表达上，叙述、说明、议论结合使用；结构上，纵式、横式、横式和纵式结合均可使用；容量大的将调查得来的材料筛选整理后，归纳为几个方面，用小标题形式分条逐项地撰写，各部分亦可采用加序码分项列出，可使文章眉目清楚。

4. 结论

结论写法较多。可以提出解决问题的方法、对策或下一步改进工作的建议；或总结全文的主要观点，进一步深化主题；或提出问题，引发人们的进一步思考；或展望前景，发出鼓舞和号召。当然也有自然收尾的，主体部分将问题阐述完，就不再缀以结束语。

5. 署名

一般署名为调查者（个人、集体、组织）名称，以及调查报告成文时间，亦可据特定情况不标署名或移至标题下方。

七、撰写调查报告的要求

写作调查报告值得注意的要点是写作中应该持有的态度。应该注意以下几点要求：

1）确立自己的观点、看法，但必须在尊重事实的基础上进行理性判断。

2）实事求是，不夸张、不隐瞒实情，如实将调查到的情况写出来，注意突出重点，不必面面俱到。

3）重点在于客观分析，在掌握的事实基础上分析，揭示其本质、规律。

4）讲求实效，贵在及时。

例文一

当前出口商品包装存在哪些问题

去年，北京市包装改进办公室曾组织赴天津新港现场调查北京出口商品包装情况。在现场调研、座谈中，天津海关、商检局、卫生检疫局的同志以大量实例指出出口商品包装存在的问题，分析了原因，提出改进建议。

海关在负责监管工作中，发现出口商品包装存在以下几类问题，值得引起有关单位注意：

1．一些纺织品包装箱上不标明产地，不利于执行纺织品出口配额管理。

2．在普通中成药、药材包装箱上写虎骨、犀角等字样，根据"世界珍稀动物保护公约"是不能放行的。但有时竟是误用包装箱。

3．有些化工产品、危险品因包装不良出现泄漏。海关抽查时，只要查到一次，该公司再出口报关将受到严格查验。

4．出口文物的包装很粗糙，价值十几万元的文物竟用废报纸填充装箱，到港口报关检查时已有损坏。

商检局负责的进出口商品五项法定检验中，包装检验占其中一项。所有出口商品包装容器都需经商检部门检验认定后，在容器上标明检验号，才可使用。有些省市的出口包装容器未经商检部门认定，未标有检验号或有意伪造检验号。有的包装容器因材质差而质量下降，再加上补垫不良、打腰不紧、运输捆扎不合理等原因，在产地装箱时，商检部门查验时完好，运达港口时，箱体已变形、破损。

卫生检疫局负责按《世界卫生条例》和我国有关法规，对进出口商品的卫生实施监督检查。表面上看，卫生检疫与商品包装无关，工作中已发现以下问题都与商品包装有很大关系：

1．出口粮食多用麻袋包装。装船时曾发现麻袋中有老鼠，立即停止装船，才避免了事故。经调查，这批大米在农村社队仓库里存放时间很久，老鼠钻进了麻袋。

2．化工产品多有气味，似乎不会出现卫生问题，但实际上也曾发生包装上附着病菌，包装内有昆虫的事例。

3．木箱、纸箱外观不清洁的问题仍很普遍，这与贮存、运输等环节卫生条件差有关。

4．对出口食品国外要求出示"卫生证书"，严禁旧麻袋、旧纸箱用于食品包装。我国在这方面还需按国际惯例严格把关。

动植物检疫查出，我国出口商品在包装物使用方面存在如下问题：

1．澳洲、南美洲诸多国家规定，凡带有植物性材料的包装物，进境前需经熏蒸处理。带树皮的木箱多数国家不允许进境。因为在树皮与本木缝隙间最容易寄生害虫。有的未按此规定执行。制箱企业为降低成本也不执行木箱技术标准，在港口检验时仍发现带树皮木箱。

2．出口干果包装不良，出口谷物使用旧麻袋造成每年多批次检出害虫。松子、核桃、板栗等干果包装，应采用真空吸塑小包装、充氮包装或吸氧复合包装。绿豆、葵花籽等易感染虫害的出口商品，因批量大，很难绝对要求只能使用一次性麻袋。建议使用第二次、第三次麻袋前，先做麻袋熏蒸处理。

3. 对动植物检疫规定不了解、不重视。国外近年更多采用"非关税壁垒"措施限制进口，尤以动植物检疫、卫生检疫、稀有动物保护、安全规章和包装规则为重点。我出口商品生产经营单位对此应予以高度重视。

（引自1995年1月9日《国际商报》，作者　张一平）

例文二

中国动漫行业人才及薪酬调研报告

动漫行业人才现状及需求情况

目前中国动漫企业约有6000多家，从企业规模及性质来看，以小型的民营企业居多。动漫从业人员大约为6万人左右，主要集中在中后期制作环节上，动画前期规划和创作人才缺口非常大，即从事编剧、导演、造型、美术设计的人才十分紧缺。

A. 从地域上看，动漫人才主要集中在北京、上海、深圳、长沙、杭州、苏州。

B. 从学历上看，大学本科学历者是从业人员的主体力量，大约为60%，大专学历约占为34%，显示出动漫企业在用人时并不简单地唯学历化，更关注实际能力，但随着教育水平的提高和行业的快速发展，动漫行业高学历人才比例将不断增加。

C. 从相关从业经验上看，由于动漫行业是一个新兴行业，从业人员行业经验普遍偏少。从业年限2年以下的达到约占60%。

D. 从职位类别来看，从事设计类、策划类和编辑类等职位类别的人员居多，分别为45.4%、19.4%、18.5%，三者之和达到了79.3%，而财务、管理、行政等非专业类职位所占比例较低，仅为20.7%，这和动漫行业更强调专业化的发展方向密切相关。

动漫行业的人才需求层次非常丰富，表现在原创动漫项目策划、导演、美术设计、故事剧本创作、市场营销、经营管理、衍生产品开发人员等环节。人才需求的金字塔底层是运营、支持、服务人才；中间是设计、开发、技术、绘制人才；高端则是策划、编导、管理。目前动漫行业的人才需求量约为10万人左右，紧缺人才可分为以下六类：故事原创人才、动画软件开发人才、三维动画制作人才、动画产品设计人才、游戏开发人才和动画游戏营销人才。

动漫人才流动性状况

动漫行业以"无形资产"和"知识产权"作为其主要特点，并且职业技能专业人才相对缺乏。"互挖墙脚"成了这个行业目前人才流动的重要方式。有着丰富工作经验和职业技能的创作人才、市场人才，经常会被同行企业挖走，带来人才的不稳定性，而这种迁移会有诱导性，从而带来更多的人才流动。

目前动漫行业的人才流动率约为10%左右，流动性相对较小，这主要是受到了产业发展不成熟处于初级阶段和缺少市场化人才流动平台的影响，但是有加速流动的趋势。

1）高管层。动漫企业核心管理团队很稳定。高层管理人员流失率在3%以内的企业约占87%，高管流失率在3%~5%的企业占8%。

2）中层管理人员。除了少数企业中层换血频繁以外，绝大部分企业的中层管理人员稳定性非常高。中层管理人员流动率在10%以内的企业近90%；流动率为10%~20%的企业占5%。

3）一般员工。一般员工流失率在10%以内的企业约为72%，流失率为10%~20%的企业约占18.3%，超过20%的企业为一成左右。

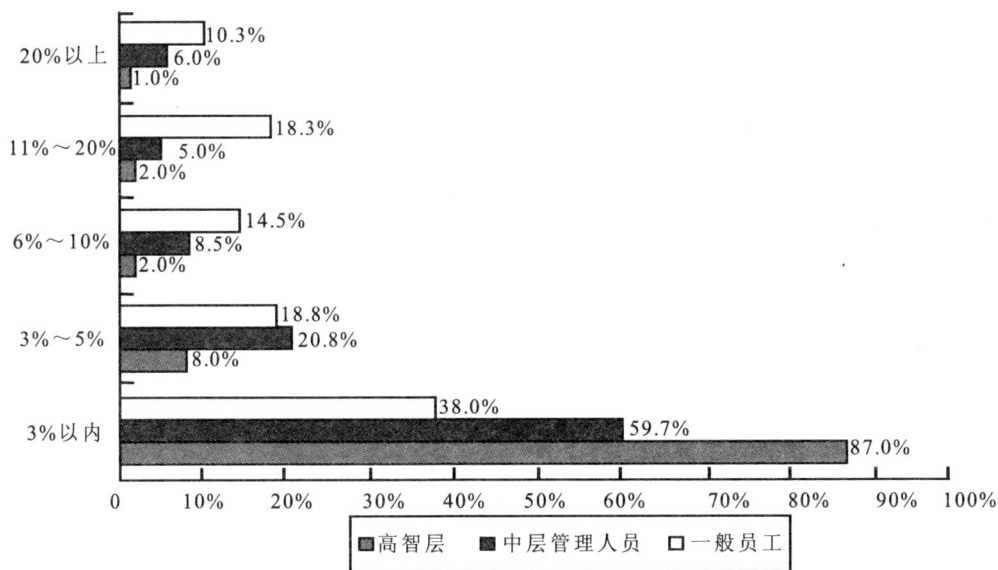

动漫人才流动率分布图

正常的人才流动会促进产业发展，并将技术、理念、渠道等进行合理化传播，然而高速流动的人才也会带走产品和项目。动漫行业人才流动有以下两种情况：

1）团队跳槽。也称为"开发小组跳槽"。由于游戏开发的系统性复杂，团队合作意识较强，这种跳槽在本行业内屡见不鲜。很多情况下，它让项目变化了身份或者名称后进入另一家公司继续开发。

2）个别跳槽。如果主要制作人员或者市场人员离职（分别离职），他们所参与制作的项目虽然会保留在原来的公司，但却陷入缺少制作人员的窘境。公司只能重新招聘人员，一切从头启动。不少好的策划就这样不断提出、又不断流产。

动漫行业的薪酬发展状况

第一，薪酬竞争力水平较低。

2007 年动漫行业从业人员的平均年薪为 5.98 万元，在参与调查的各行业中居于下游水平。

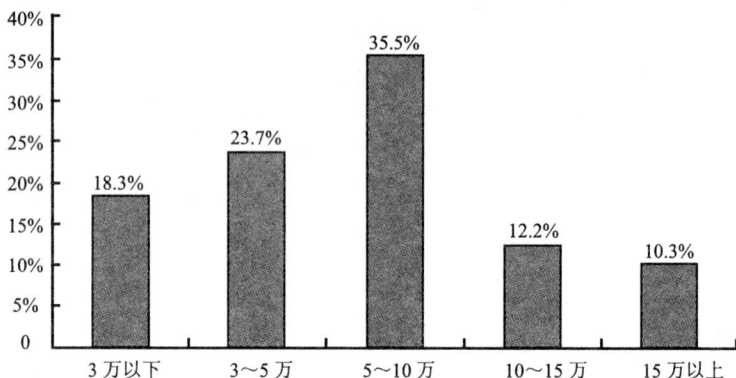

动漫行业薪酬区间分布

动漫人才的薪酬区间分布显示，年度薪酬在 5 万以上的人数达到 58%，其中薪酬水平在 5 万～10 万元范围内的员工人数占到 35.5%，薪酬水平在 10 万～15 万元的员工人数为 12.2%，而 10.3% 的人年薪高达 15 万元以上，只有 42% 的员工年薪在 5 万元以内，其中年薪不足 3 万元的只有 18.3%。

第二，薪酬差距较大。

动漫行业的薪酬差距很大，主要原因是动漫行业作为文化创意产业的重要部分，创意人才是其核心资源以及向前发展的驱动力。他们通过自己的创意、分析、判断、综合、设计来创造产品的附加价值，工作时间及业绩一般不能明确地预先判定。为了发挥创意人才的主观能动性，薪酬设计不以学历、资历为主要评价指标，而职位、个人能力与工作量大小的不同使得薪酬差距较大。

1）薪酬按职位逐级上涨。动漫行业的职位有上色、中间画、原画、分镜、造型、编剧、导演等，按照顺序越往后越高级，对从业人员的专业要求也越高，收入逐级上涨。低级别岗位如上色、中间画，月收入只有 1000～3000 元，而造型岗位月薪就可达上万元，高级别的导演月收入可达 3 万元。

2）创意人员的收入和工作量成正比。例如，动画原创和制作人员的计酬方式是按量计酬，即完成多少时间的动画给多少钱，所以具体每月能有多少收入，取决于从业人员的个人能力和勤奋程度，不过总的来说还属于高收入族。

第三，不同岗位员工的薪酬结构存在较大的差异性。

动漫行业人员主要分为三大类：专业人员（设计、策划、编辑类）、销售人员、职能管理人员（行政、管理、财务类）。

分析得出：

1）为有效激励员工，绩效工资已经成为员工薪酬结构中的重要部分，充分体现着薪酬的激励作用。目前，动漫行业中有 **75%** 的企业实行绩效工资制，年度绩效工资支付范围在 5000～300 000 元之间。

2）企业对营销类人员一般都实行低基薪，高绩效的工资激励办法，所以不同企业间乃至同一企业内的销售人员薪酬差异性都会很大。

3）企业支付给一般员工的补贴占其总薪酬的 **14.3%**，年度补贴的支付范围在 2000～40 000 元。

4）总监层的薪酬结构重点在年度变动收入，是其总薪酬的 **30.2%**，职位越高，层级越高，变动收入的部分所占比例越大，这正好符合了"责任越大，回报越高"的规则。

5）企业在支付补贴性薪酬时，体现了不同的薪酬支付偏好：有的企业将补贴当作职务消费，比如通讯补贴、交通补贴、岗位津贴等都体现了职务高，补贴高这一特点；有的企业将补贴作为福利性收入，全员发放，不同人员差距不大；而有的企业不发放补贴性薪酬，薪酬结构中包括基本薪酬和绩效工资，确定基薪时考虑了岗位的价值，其他的都由绩效来体现。

动漫行业福利应用状况

动漫行业由于处于初级发展阶段，并且以小型企业为主，福利类项目采纳的比例较低，有 **18%** 的企业仅采用工资和奖金等直接激励的薪酬模式。年薪制、股权激励制等形式在本行业的应用也非常少，**90%** 的企业缺乏长期激励机制。

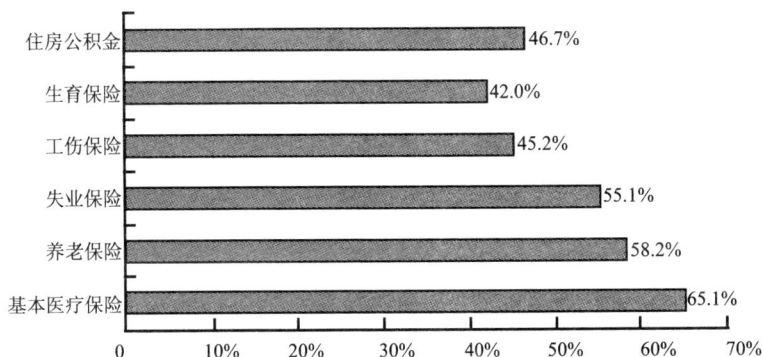

2007 年动漫行业国家规定的福利应用情况

动漫行业薪酬福利发展趋势

第一，行业的整体薪酬水平将较快增长。赛迪顾问预测，未来五年，我国动漫行业整体薪酬水平保持持续增长势头，到 2012 年，行业的年均薪酬水平有望超过 9.1 万元。

第二，薪酬与绩效管理挂钩更加紧密。单纯的高薪并不能完全起到激励作用，只有与绩效紧密结合的薪酬才能够充分调动员工的积极性。而从薪酬结构上看，绩效工资的出现丰富了薪酬的内涵，过去的那种单一的僵死的薪酬制度已经越来越少，取而代之的是与个人绩效和团队绩效紧密挂钩的灵活的薪酬体系。同时，增加激励成分，如：加大绩效工资（奖金）和福利的比例、加大涨幅工资（浮动工资）的比例、灵活的弹性工时制度、把员工作为企业经营的合作者、以技能和绩效作为计酬的基础而不是工作量。这种趋势将在动漫行业，尤其是创意人员身上体现更加明显。

第三，福利应用更加完善。随着整个行业的发展成熟，企业规模加大，动漫企业在福利应用上将更加规范。国家规定的住房公积金、各类保险等应用进一步普及，其他非法定福利也将变得更加丰富。

例文三

未成年人思想道德建设状况调查报告

在《中共中央国务院关于进一步加强和改进未成年人思想道德建设的若干意见》（下称《意见》）颁布一年后，中国青少年研究中心"青少年社会热点问题课题组"对未成年人思想道德建设落实情况进行了调查。调查的主要目的是客观反映《意见》发布一年来，未成年人思想道德建设的落实情况和存在的主要问题，为进一步深入推进未成年人思想道德建设提供对策建议。

在调查中，我们以中央精神文明建设指导委员会关于《贯彻落实〈中共中央国务院关于进一步加强和改进未成年人思想道德建设的若干意见〉的目标任务分工》的落实情况为重点调查内容。调查采用问卷和访谈两种方式，在全国 10 个省（市）的 46 个区（县）中的 92 所小学和 92 所初中进行。调查的样本量共计 2760 个（其中小学生 1380 名，初中生 1380 名；农村学生占 66%，城市学生占 34%；年级分布为小学四、五、六年级和初中一、二、三年级；年龄范围为 8～14 岁）。同时，我们还以访谈和座谈会等形式调查了 20 多名基层从事未成年人教育工作的人员。

就调查的结果看，在进一步深化未成年人思想道德建设中，要处理好以下几个方面的问题。

一、牢固树立科学发展观，把未成年人思想道德建设纳入构建和谐社会的整体发展规划，融入党政日常工作运行系统，建立健全长效机制，推动未成年人思想道德建设持续发展

从各级党委政府落实《意见》的情况看，《意见》下发后，各地大都认真广泛地学习了《意见》精神，统一了思想，明确了职责，并出台了一系列重大举措推动《意见》的落实，关心未成年人健康成长的社会氛围正在逐步形成，未成年人思想道德建设取得一定成效。这些成效主要体现在：未成年人思想道德建设被摆在了更加突出的位置，列入了重要议事日程；党委统一领导、党政群齐抓共管、文明委组织协调、有关部门各负其责、全社会积极参与的领导体制和工作机制基本建立起来；宣传、教育等部门，共青团和工会、妇联等组织，大都纷纷行动起来，发挥各自优势，明确职责，密切配合，开展了丰富多彩的未成年人思想道德建设活动；其他社会组织和机构也都按照《意见》要求采取了一些行动来支持未成年人思想道德建设。

有的地方还根据实际情况制定了未成年人思想道德建设的中长期规划。比如，上海市在××××年底在广泛征求社会各界意见的基础上，制定了《上海青少年发展规划（2004—2010）》。该规划立足于上海经济社会发展和上海青少年及青少年工作的具体实际，以促进青少年的全面发展为目标，对上海青少年的成长发展进行跟踪评价和测定，以推动青少年工作的规范化、整体化发展。

但是，在各地落实《意见》精神的过程中，"两张皮"、"一阵风"、"搞运动"等问题和现象还不同程度地存在。

在某些地方，由于种种原因，《意见》没有得到有效贯彻，缺乏规划，缺少实际措施，缺少实际的支持和投入，长期以来的"两张皮"现象依然存在。这主要表现在，满足于以"开会议"、"发文件"等形式落实《意见》精神，没有切实可行的具体措施。在某些地方，"一阵风"、"搞运动"等问题和现象突出，未成年人思想道德建设被作为一项形象工程来开展。用一些基层工作者的话说，就是"三步走"模式，即：先"开几个会议，发几个文件"，然后"搞几次活动"，最后媒体广泛宣传报道以"掀起高潮"，高潮过后"风平浪静，涛声依旧"；有的甚至停留在"发文件、开会议、作宣传"的层次上，采取的具体落实措施很少。

在一些地方，未成年人思想道德建设具有明显的"跟风"或"迎上"的特点。一些基层工作者认为，未成年人思想道德建设有些"人为"或"炒作"之嫌，"雷声大，雨点小"，领导重视的时候就搞得热热闹闹，没人管的时候就冷冷清清。

有的地方片面地、机械地，甚至生硬地进行分工，却没有建立起相应的统筹协调机制，导致了实际工作中"各自为战"的现象，一些部门和机构，只注重管好自己的"一亩三分地"，只要能应付检查，不出事就行，缺乏开展工作的主动性和积极性。这

种状况，不仅不利于资源和力量的整合，而且还可能使未成年人思想道德建设出现某些"盲区"。

在大部分地区还缺乏调动社会各方积极参与未成年人思想道德建设的激励机制。在实施贯彻《意见》中，基本是从落实"红头文件"的角度，用比较单一的行政命令式手段去推动落实。这既不利于有关职能部门积极性的发挥，也不利于调动社会组织参与的积极性，因而未能有效地形成一种全社会都来关心未成年人成长的社会氛围。

在座谈中，大家认为，这些问题和现象的存在归根结底在于：一方面没有把未成年人思想道德建设纳入当地政府的经济社会发展的整体规划，没有纳入党政工作的日常运行系统，使未成年人思想道德建设出现了某种程度的"游离"状态，未能与当地整体社会经济发展系统同步协调运行，导致未成年人思想道德建设没有形成规范化和制度化；另一方面缺乏长效机制建设，导致未成年人思想道德建设不能稳定、持续地开展。究其思想根源，在于对科学发展观的认识、理解和贯彻没有完全到位，没有从加强党的执政能力的高度和构建社会主义和谐社会的需要出发，把未成年人思想道德建设作为一项系统工程，纳入经济社会发展的整体规划之中，融于社会日常运行系统之中，存在临时性、应付性的思想和做法。

未成年人思想道德建设是一项需要全社会都来参与的综合性、长期性的社会系统工程，而不仅仅是一项重要的工作。作为社会主义公民道德建设的一个子系统，未成年人思想道德建设客观上需要完全地与整个社会发展运行系统有机地融为一体，而不是"游离"于社会日常运行系统之外。这项系统工程需要融入到更大的社会经济发展系统中去，才能根植于社会发展的沃土，随着社会整体发展而不断发展完善，未成年人思想道德建设才能真正成为社会主义精神文明建设系统工程中的一项基础性工程。

为此我们建议，从落实科学发展观和实施可持续发展战略的高度出发，从构建社会主义和谐社会的需要出发，把未成年人思想道德建设作为社会主义精神文明建设的子系统，纳入社会经济发展的整体规划，融于社会日常运行系统之中，从立法上和制度上予以保证，从而改变单纯依赖于领导人的讲话或指示去推动未成年人思想道德建设的状况，避免"头痛医头，脚痛医脚"。

此外，还应把各级党委政府在未成年人思想道德建设实践中对不同机构、组织和各种资源的统筹协调能力，作为加强执政能力建设的一项重要标准，改变某些机构和组织的被动参与，甚至应付的状况。更多地综合运用政策、行政、宣传等多种形式和手段形成的导向作用，激励社会各方面的积极参与和投入；进一步完善未成年人思想道德建设的各个环节，以建立健全未成年人思想道德建设的长效机制。

二、进一步整合教育资源，理顺不同教育主体之间的关系，构建未成年人思想道德

教育体系，推动未成年人思想道德建设在学校教育、家庭教育和社区教育中充分落实

从《意见》在中小学校、家庭和社区的落实情况看，《意见》发布后，学校、家庭和社区针对未成年人的思想道德教育均有所加强和改善。

首先，从总体上看，中小学思想品德课包含的内容覆盖面更加广泛，重点突出，对爱国主义、理想信念、传统美德、革命传统、民主法制、心理健康、生活常识、安全知识等均有涉及；同时突出了思想道德教育、爱国主义教育、中华传统美德教育、民主法制教育和心理健康教育等；不同年龄阶段教学内容各有侧重，小学阶段更重视生活常识教育、革命传统教育和行为习惯的养成教育，而初中阶段则更注重法制教育、心理健康教育和理想信念教育。

第二，中小学思想品德课的教学形式更为丰富多样。在强调教师讲解的基础上，学生的主动参与受到了相当程度的重视，学生主体性受到尊重，主动性得到较好发挥。以教师的课堂灌输和说服教育为主的单一教学方式得到一定程度的改善，体现了贴近未成年人的原则；常见的教学形式也比较适合学生的年龄特点，在初中阶段，教师的课堂讲解和同学间进行辩论这样的形式更为常见和常用，而在小学阶段，做游戏、听讲座和演讲等形式更常见和常用。

第三，除了专门的思想品德教职人员外，中小学德育工作队伍得到了扩大和充实。许多地方配备了心理健康教师和校外教育人员或志愿者，法制教育、心理健康教育得到了加强。调查显示，超过30%的城市中小学和超过20%的农村中小学有专职的心理健康教师，超过50%的中小学有法制副校长或法制辅导员和校外辅导员或志愿者。

第四，无论是城市还是农村，与学生思想道德教育和文体活动关系密切的主要设施和场所的配备有所改善，教育信息化程度进一步提高。调查显示，近80%的中小学有图书馆，超过70%的中小学有广播台，超过50%的中小学有多媒体教室，近20%中小学有学生活动中心（室）。

第五，针对未成年人专项保护的主题教育活动开展比较普遍，养成教育、心理健康教育和自护教育受到了一定程度的重视。在本次调查的中小学生中，有44.1%参加过养成良好行为习惯教育，有35.7%参加过防范意外伤害与自我保护教育，有33.7%参加过心理健康教育；有58.6%参与过"珍惜生命，远离毒品"教育活动，有46.1%参与过"反对迷信和邪教"教育活动，有44.1%参与过预防违法犯罪教育活动，有35.9%表示参与过安全知识教育，有30.1%表示参与过戒除网瘾教育。

调查显示，学校与家庭之间的配合与沟通有所改进。这主要表现在，学校与家庭之间的联系形式更为多样化，学校与家庭的沟通更为畅通。在本次调查的中小学生中，有78.7%表示学校与家庭之间有"家校联系电话"，有74.1%表示学校"开过家长会"，有43.0%表示有过"教师家访"，有17.1%的表示有"家校联系册（卡）"，还有3.6%

的表示学校和家庭之间通过"网络或电子邮件"了解学生情况。

此外，学校对家长的要求也更为合理，通过多种形式帮助家长提高教育素质和能力。在本次调查的中小学生中，有60.3%表示学校要求家长辅导孩子学习；有57.3%表示学校要求家长"严格要求孩子，做孩子的榜样"，有35.4%表示学校要求家长尊重孩子，有18.9%表示学校向家长推荐阅读家庭教育类文章，有15.6%表示学校要求家长参加家长学校学习，有12.9%表示学校组织过家庭教育经验交流会，有11.8%表示学校建议家长参加家长委员会。

调查显示，大多数未成年人在家中经常受到父母和其他长辈的教育。在本次调查的中小学生中，有77.4%表示"父母的表扬与鼓励"对自己的教育帮助最大，有60.1%表示"父母的言行"对自己的教育帮助最大；有86.4%表示"母亲"对自己进行过思想道德方面的教育，有83.3%表示"父亲"对自己进行过思想道德方面的教育，有55.1%表示"爷爷、奶奶等长辈"对自己进行过思想道德方面的教育，有30.7%表示"兄弟姐妹"对自己进行过思想道德方面的教育。

调查显示，相对薄弱的社区教育也得到一定程度的改善，社区与家庭之间的配合有所增强。在本次调查的中小学生中，有14.3%表示生活的社区（街道）或乡村有家庭教育指导委员会，有13.6%表示生活的社区（街道）或乡村有家庭教育指导中心，有13.0%表示生活的社区（街道）或乡村有社区青少年志愿者小队，有11.1%表示生活的社区（街道）或乡村有老干部、老军人等组成的"五老"队伍。此外，有40%左右的未成年人参加过社区组织的慰问孤寡老人、社区劳动和爱绿护绿等活动，有20%左右的未成年人参加过社区文化活动和志愿者活动。

调查结果表明，《意见》发布一年来，学校、家庭和社区对未成年人思想道德建设的认识明显提高了，自觉性显著增强。但接下来"怎么做"的问题就凸显出来。在座谈中大家认为，当前的主要问题是怎样做的问题。一年多来该做的似乎都做了，会做的都做了，能用的招儿差不多都用了。但这样零打碎敲、紧一阵松一阵也不是个长久的办法。学校相对还好一些，家长和社区就更不知怎么做了。

现在的问题是：在实际工作中，既没有全国（或地区）统一的、一以贯之的、具体可操作的未成年人思想道德建设大纲，总是跟着上边跑，也没有形成一个党政统筹、学校、家庭、社区一体互动、相互区别又相互衔接的教育体系，不同教育主体之间的关系不明确。在未成年人思想道德建设中，学校应当具体做什么，家长应当具体做什么，社区应当做什么，各自承担什么责任，也是不够明确的；更缺少具有约束力的运行机制。满足于原则性的、抽象的宣传教育，真正到了学校、家庭和社区这一层往往不知该怎么做了。

比如，社区教育虽然有一定改善，但基本都是"搞搞活动"，应付性和形式的东西较多，针对未成年人的日常教育比较少，在社区建设规划中往往缺乏对未成年人活动场所和设施的关注。一位基层教育行政官员这样描述当地的社区教育："我们教育局采取了一个强制的措施，就是要求小学生在寒假和暑假必须参加社区活动，开学的时候必须把社区活动登记本拿到学校去，并让社区证明签字。但是据我们了解到的情况，有的社区组织的比较好，很多社区指导的不太好，因为社区干部大多不具备这个方面的组织能力和教育能力，孩子在假期里面偶尔去社区报个到，最后开学前社区干部给孩子签个字，应付了事"。

家庭教育与学校教育、社区教育之间的一致性和相互配合、分工合作、分层实施的良性互动还没有很好地实现。在访谈中，一些基层工作者反映，未成年人思想道德教育中的"五加二等于零"的问题依然不同程度地存在着。所谓"五加二等于零"，就是孩子在一周的前五天在学校接受完教育，周末两天回到家和社区后，下周一来的时候教育效果基本被抵消掉了。这个看法尽管有些偏激，但家庭教育在整个未成年人思想道德教育中的薄弱可见一斑。这些问题归结起来主要是三个方面的原因：

一是学校、家庭、社区和其他社会组织机构虽比以前更加重视对未成年人的教育，也都在做一些力所能及的事情，但是对于如何深入开展未成年人思想道德教育仍然有些茫然无知，即"怎样做"成为一个普遍存在的问题。既无公认的教育指标及相关教材，也没有具体可行的办法措施。在现实中经常可以见到，一说要抓未成年人思想道德建设，就是搞个文艺晚会、组织到公园或什么地方游览一番；社会公共服务部门及青少年校外教育和活动场所等，除了对未成年人减免门票外，还应做点什么并不清楚。目前采取的很多教育措施仍然是形式化的做法，停留在表面，教育不深入，未成年人深刻的体验和触动少，没有深入到他们的内心世界。

二是由于基础教育和家庭教育一直以来深受应试教育的影响，高考仍然是孩子成长的核心指挥棒。尽管在《意见》发布后，家长和教师也想积极为未成年人思想道德建设做些事情，但是学习和升学的压力摆在那里，家家都要面对，人人都要过关，谁也摆脱不了这个指挥棒。面对这种情况，家长和教师也不知道该依据什么来对孩子进行教育。因此，家长和教师平常对学生的要求和期望，仍然集中在孩子的学习和升学上。应当指出的是，以升学而不是以做人为核心取向的应试教育，是当前和今后未成年人思想道德建设面临的主要问题。这个问题不解决，未成年人思想道德建设难有根本的转变。

三是不同教育主体的责任还不十分明确，相互之间还没有形成一个完善的教育体系和网络。家庭、学校和社区作为未成年人思想道德教育最直接的实施主体，以及党政、群团和其他社会组织等间接实施主体的职责仍然不十分清楚；直接实施主体和间接实施主体之间如何分工配合，彼此应如何支持等也不十分明了。从教育规律上看，一个完整的教育体系和网络，才能保证各种教育影响的完整性、一致性和连续性。

为此，我们建议，进一步理清各种教育主体之间的关系，尤其是学校、家庭和社区，明确不同教育实施主体的地位和责任，分工明细，加强沟通和联系，构建起一个立体的具有整体性的教育体系和网络，以整合教育资源，保证教育的一致性和连贯性。

在操作上，建议动员和组织社会各方面力量，构建包括学校教育、家庭教育和社会教育在内的，相互区别，同时又相互衔接的未成年人思想道德教育体系。这个体系主要应该包括以中央权威部门下发的"教育纲要"和社会各方面的职责界定，以及各省市针对实际情况制定的实施细则。

三、进一步加强社会教育资源的整合力度，建立一个运转良好的未成年人思想道德建设社会支持系统，构筑起未成年人参与道德实践活动所必需的社会化平台，惠及全体未成年人

从社会其他组织和机构为落实《意见》提供的支持看，未成年人思想道德建设的社会支持情况较之以前有一定改善。这主要体现在：

未成年人校外教育基地、校外活动设施和场所数量有所增加，未成年人进行课外、校外活动的条件有所改善。有的地方对原有的青少年活动场所和设施进行了修缮，或者新修了青少年活动场所和设施。

青少年宫、博物馆、图书馆、科技馆、文化馆、纪念馆和体育场馆等社会重要教育活动场所，增大了对未成年人开放的力度，不少地区实行了免费或半免费。

社会群团组织、未成年人校外教育队伍和志愿者队伍在未成年人思想道德建设中比较活跃。共青团和少先队组织在未成年人思想道德建设中发挥了重要作用，其基层组织建设有了一定改善。在本次调查的中小学生中，有58.4%表示所在的学校有少先队大队部，有52.3%表示学校有学生会，有51.1%表示学校有学生社团；有29.6%表示生活的社区（街道）或乡村有共青团支部，有25.6%表示生活的社区（街道）或乡村有少先队工作委员会，有19.4%表示所在的社区（街道）或乡村有关心下一代工作委员会。

"五老"队伍显得比较活跃，充实了未成年人思想道德建设的校外教育力量和志愿者队伍。在本次调查的中小学生中，有89.0%表示接触过老教师，有42.6%接触过老干部，有17.4%接触过老战士，有12.1%接触过老专家，有11.7%接触过老劳模。

经过近几年的综合治理，中小学周边环境得到了较大改善，有关职能部门对中小学校周边200米范围内不适合未成年人进入的营业性游戏娱乐场所的管理有所加强。

未成年人合法权益的保护受到了社会的普遍重视。在本次调查的中小学生中，有13.7%表示生活的社区（街道）或乡村有青少年权益保护中心（站），有10.2%表示自己生活的社区（街道）或乡村有青少年法律学校。

处于弱势地位的未成年人群体受到了应有的重视。近年来由于人口流动而出现的"城市流动儿童"和"农村留守儿童"等特殊未成年人群体受到了普遍重视，各地采取了一系列有针对性的措施去推动这些群体的思想道德建设。

但是，未成年人思想道德建设的社会支持还是初步的，力度和范围都比较有限，还没有形成一个相对完善的社会支持系统。在农村地区，社会支持的情况要更差一些。这导致社会教育和社区教育成为未成年人思想道德建设中的薄弱环节。

不少地方缺乏未成年人活动场所和设施。有相当多的县级或地市级教育行政部门官员和学校少先队大队辅导员反映，当地几乎没有用于未成年人活动的专门场所和设施，一些已有的场所，如博物馆、纪念馆等免费开放的时间有限或者有附加条件，未成年人真正能去的比较少。

本次调查显示，一年来，未成年人去过免费开放的博物馆、科技馆、纪念馆等课外活动场所或校外教育场所的，总体上平均不超过40%。在本次调查的中小学生中，去过免费或部分免费场所的比例不高，其中去过免费开放的体育馆（场）的最多，也仅占37.0%。另外，有24.3%表示去过免费开放的青少年宫，有23.0%表示去过免费的博物馆，有17.7%表示去过免费的革命纪念馆，有16.9%表示去过免费的文化馆（站），有16.2%表示去过免费的展览馆，有14.5%表示去过免费的科技馆。这一方面可能是本地缺乏这些场所，另一方可能是未成年人没有时间去，还有就是由于种种限制条件未成年人想去也去不了。

去过这些场所的情况还存在较大的年级差异和城乡差异，小学生中去过这些场所的比例普遍高于初中学生，城市学生的比例普遍高于农村，这表明年龄越大的未成年人和农村未成年人去过这些场所的更少。

社会相关组织和机构对未成年人思想道德的参与不够，"热情不足"，不能自觉地利用自身资源为未成年人思想道德建设提供必要的支持。比如，某些地方严重缺乏未成年人活动场所和设施，可是所在地的某些机关、事业单位、企业却拥有大量教育资源或适合未成年人用的场地和设施，可是他们宁愿长期闲置，也不向未成年人开放。

在某些地区，尤其是农村地区，中小学周边环境仍不够好，存在一些赢利性的游戏娱乐场所。一些学校的辅导员反映，在种种利益的驱使下，有些人仍然在学校附近（接近学校周围200米范围内）开设和经营不适合未成年人进入的游戏娱乐场所。在本次调查的中小学生中，有30.4%表示学校周围300米范围内有网吧，有30.0%表示有游戏室（厅），有26.6%表示有台球室。

虽然共青团、少先队、妇联、工委等社会群体组织参与未成年人思想道德建设的程度较高，但其基层组织的覆盖面还不够广泛，有相当多的社区和学校还没有健全的团队组织，需要进一步健全基层组织，增强活力。

一些"五老"队伍的老同志表示他们对现在未成年人身心发展中出现的一些新特点、新情况了解的不够，多是根据自身的经验和经历去教育引导孩子，缺乏专业性和规范性，希望能得到相关专业机构的帮助和支持。

未成年人思想道德建设的"城乡、地区、校际"等差异仍然比较突出。城市和农村之间、不同地区之间、不同学校之间在开展未成年人思想道德建设的硬件环境和软件环境方面均存在较大差异，城市总体上好于农村，东部地区好于西部地区，重点（示范）学校好于普通学校。从某种程度上说，未成年人思想道德建设的成果还没有惠及全体未成年人。

以上这些问题的存在，说到底是我国未成年人思想道德建设所需要的社会支持系统还没有完全建立起来，社会相关组织和机构的作用还没有得到切实发挥。这不仅导致了未成年人社会教育和社区教育的普遍不力和弱化，而且直接影响了未成年人参与实践、参与社会的不便和不畅。一位基层教育官员说："我觉得，未成年人在参与社会方面不如以前。以前我在学校做辅导员的时候，组织旅游、参观什么的都有，每年都组织。现在孩子参加社会活动的很少，成天禁锢在家庭和学校之中。在校外教育基地方面也存在较多问题，有些教育基地吸引力不够，没有根据少年儿童的心理特点来组织。未成年人社会参与有些弱化，相对应的是他们把更多的时间用在网络这样的虚拟的世界中"。

未成年人思想道德建设需要一个完善的社会支持系统。这个系统能够为未成年人的道德实践活动和社会参与提供一个社会化的平台。这个系统的基本组成部分包括未成年人校外教育基地、活动场所和设施、参与各种社会实践的基地、场所和设施以及专门从事未成年人相关工作的志愿者队伍和组织等。

为此，我们建议开展各种形式的合作共建，整合现有的社会教育资源，为未成年人创建一个参与实践的社会化平台；以国家投资为主，广泛吸收社会民间资金和资源，改善和新建一批未成年人课外活动和校外教育的场所和设施，积极鼓励和引导社会组织关心和参与未成年人思想道德建设，充分发挥群团组织和志愿者的作用，构建一个完善的未成年人思想道德建设社会支持系统，以惠及全体未成年人。

四、关注未成年人日常生活状况，重视当前存在的影响未成年人全面发展的突出问题，确保广大未成年人快乐生活、全面发展、健康成长

从未成年人在思想道德建设中的参与、感受、收获与变化看，大多数未成年人在思想道德教育活动和实践活动中有较大收获，在道德品质、心理素质、自信心、自我教育能力、自我保护能力等方面都有明显的进步；在平常的学习和生活中能保持积极的情绪状态，乐观自信，有较高的参与积极性，对自己严格要求。

调查显示，在未成年人平常的学习和生活中，仍然存在一些不利于其身心健康发

展的突出问题。这些问题主要集中在以下几个方面：

1. 未成年人的课业负担仍然比较重

在本次调查的中小学生中，有42.6%表示用于做语文作业的时间跟上学期相当，有32.7%表示比上学期多，只有19.1%表示比上学期少；有41.3%表示用于做数学作业的时间跟上学期相当，有35.5%表示比上学期多，只有20.3%表示比上学期少；有38.4%表示用于做外语作业跟上学期相当，有29.7%表示比上学期多，有20.8%表示比上学期少。

初中学生中表示做语文、外语和数学作业的时间有所增加的百分比远高于小学生。这些数据表明，大多数地方中小学生的课业负担跟以往差不多，某些地方甚至有一定增加，特别是随着年级的增高，课业负担增加的可能性更大。

2. 未成年人参加课外活动和社会实践的时间有所减少，参与实践活动不足，机会不多

在本次调查的中小学生中，有38.5%表示参加课外活动的时间比上学期少，另有31.0%表示跟上学期相当，只有17.7%表示比上学期多。

从中小学的对比看，初中学生中选择参加课外活动时间减少的百分比远高于小学生。这表明，中小学生参加课外活动的平均时间，总体上有所下降；初中学生的课外活动时间减少更为普遍。

在本次调查的中小学生中，有32.5%表示参加社会实践的时间比上学期少，另有28.2%表示跟上学期相当，只有10.3%表示比上学期多。而初中学生中表示参加社会实践的时间减少的百分比远高于小学生。这表明，中小学生参加社会实践的平均时间，总体上有所下降；初中学生中参加社会实践的时间减少的更普遍。

本次调查显示，在过去的一个学年中，在中小学普遍开展的23项实践教育活动中，平均参与率不超过40%。"去电影院看电影"和"文艺表演"是中小学生参与最为普遍的，参与率也只有43.4%和40.5%。而参加过公益性劳动（活动）只有23.9%，参加过春游和秋游分别为23.2%与16.1%，参观过爱国主义教育基地的有12.4%，参观过博物馆的有11.0%，参加过夏令营和冬令营的分别有8.6%和3.1%，参观过科技馆只有6.9%，而参加过绿色旅游和红色旅游分别为6.0%与4.9%。

而在以上几乎所有实践活动的参与率上，小学生的百分比都高于初中学生；城市学生的百分比普遍高于农村学生。由此可见，中小学生参与学校组织的实践活动的百分比普遍偏低，真正的社会实践活动比较少；而且随着年级的增高，学生参加实践教育活动的比例有所降低，城市中小学开展实践教育活动的情况普遍好于农村。

本次调查还显示，参与社区实践活动在未成年人中仍不具有普遍性。在本次调查的中小学生中，参与最普遍的社区活动是慰问孤寡老人和社区劳动，分别有42.6%和

41.1%的学生表示参加过。而参加过护绿小队的，有 35.6%表示；参加过社区文化活动的，有 21.5%；做过社区小志愿者的，有 19.6%。

以上数据表明，无论在学校还是社区，未成年人参加实践活动还不够普遍，参与实践活动的时间少、内容单一、机会不多；在中小学，随着年级的增高，学生参与实践活动的时间可能会变得更少。

3．未成年人日常的闲暇生活较为被动

近年来由于"减负"和素质教育的深入开展，中小学生的闲暇时间总体上有一定增加。但是，做家庭作业、看电视和玩耍是目前中小学生最常见的闲暇生活方式。调查显示，除去睡眠时间，在双休日，中小学生有 95.3%"做家庭作业"，平均 140.65分钟；有 75.7%"看电视"，平均 105.58 分钟；有 79.4%"和小伙伴一起玩耍"，平均102.97 分钟。而在平时每天的闲暇时间中，有 97.3%"做家庭作业"，平均 98.91 分钟；有 76.0%"和小伙伴一起玩耍"，平均 67.56 分钟；有 75.6%"看电视"，平均 62.79分钟。

这表明，无论是在休息日还是在平时，做作业和看电视是未成年人打发闲暇时间的最为普遍的方式。这也从另一个侧面反映出未成年人课外文体活动缺乏，闲暇时间没有得到充分利用，久而久之就可能造成闲暇生活的被动。

4．未成年人文化生活不充实

未成年人日常的文化生活对其丰富知识、陶冶情操、加强思想修养等都有积极的作用。调查显示，未成年人去年一年中自己购买的文化产品数量很少。在本次调查的2760 名中小学生中，去年平均购买图书 8.83 册，杂志 4.42 份，报纸 17.66 份，录音带 2.78 盒，CD 唱片 2.73 盘，影碟 3.18 盘；其中没有购买过一册图书的占 19.9%，没有购买过一份杂志的占 50.0%，没有购买过一份报纸的占 40.7%，没有购买过 1 盒录音带的占 38.5%，没有购买过一盘 CD 唱片的占 57.3%，没有购买过 1 盘影碟的占55.1%。

这些数据表明，未成年人拥有的文化产品的数量少，种类比较单一，在日常生活中除了通过课本、电视外，他们接触的文化产品有限。而这种情况还存在显著的城乡差异，没有购买过上述文化产品中的农村未成年人的比例要远高于城市未成年人的比例。

5．未成年人上网的比例和时间不断增大，上网对未成年人产生了一些负面影响

互联网作为一种新型的信息传播工具，对未成年人的影响越来越大。调查显示，未成年人接触网络的比例逐渐增大，上网的时间也有所增加。调查显示：有 68.4%的城市中小学生表示自己上过网，而农村学生的百分比为 41.4%。随着我国信息化程度的提高，这一比例还会不断上升。

网络对未成年人的负面影响不容忽视。调查还显示,有19.2%的未成年人表示自己"经常"玩网络游戏,有27.7%的未成年人表示自己"有时"玩网络游戏,有16.9%表示自己有网名。由于过度上网,加之缺乏引导,不少未成年人患上了"网络成瘾症",影响了正常的学习和生活,妨碍了身心健康。

需要注意的是,在本次调查的中小学生中,有36.7%表示不赞成"禁止中小学生进营业性网吧",而且农村中小学生中不赞成的百分比更高。这表明,相当一部分未成年人可能经常去网吧,网吧的影响不可忽视。有基层的教师反映,学校里有些学生经常逃学去网吧,有的甚至吃住都在网吧。

6. 未成年人睡觉和玩耍时间有所减少

在本次调查的中小学生中,有42.4%表示自己睡觉的时间比上学期少,另有40.9%表示跟上学期相当,只有12.0%表示比上学期多。从中小学的对比看,初中学生中有54.2%表示睡觉时间比上学期少,而小学生中只有31.3%。这表明,中小学生用于睡眠的平均时间,总体上有一定减少;初中学生中睡觉时间减少的比小学生更加普遍。

在本次调查的中小学生中,有59.9%表示自己玩耍的时间比上学期少,另有24.8%表示跟上学期相当,只有11.0%表示比上学期多。从中小学的对比看,初中学生中有71.0%表示玩耍时间比上学期少,而小学生中只有49.8%。这表明,中小学生用于玩耍的平均时间,总体上有一定减少;而初中学生中用于玩耍的时间减少比小学生更为普遍。

7. 相当多的未成年人经常感到紧张、繁忙,甚至无聊

在本次调查的中小学生中,有18.7%表示平时感到繁忙的时候非常多,有40.1%表示比较多,有28.9%表示很少,只有7.6%表示从来没有感到过繁忙。另外,有15.5%表示平时感到紧张的时候非常多,有36.0%表示比较多,有38.8%表示很少,只有4.8%表示从来没有感到过紧张。

对繁忙和紧张的心理体验,还存在明显的年级和城乡差异,感到非常繁忙和比较繁忙的初中学生比小学生更为普遍,城市学生比农村学生更为普遍。

在本次调查的中小学生中,有2.8%表示自己从来没有感到过轻松,有44.0%表示感到轻松的时候很少,有33.3%表示比较多,只有14.3%表示非常多。造成这种状况的原因可能是多方面的,但未成年人的学习负担较重可能是一个重要的原因。

在本次调查的中小学生中,有8.3%表示自己平时感到无聊的时候非常多,有23.5%表示比较多,有46.3%表示很少,只有14.6%表示从来没有感到无聊。由此可见,无聊在未成年人日常心理体验中也是比较常见的,应予以重视。

8. 社会上的某些负面现象对未成年人的同伴交往和同伴关系产生了不良影响

随着市场经济的深入发展,社会上的一些负面影响开始冲击未成年人的同伴交

往和同伴关系。一些辅导员反映，由于社会竞争的加剧，孩子们的竞争意识发展较早而且尤其强烈，加之独生子女居多，影响了孩子们之间团结友爱、平等互助关系的形成；由于受一些影视作品的影响，孩子们之间的异性交往较之过去也出现了许多变化，长相不好的学生，往往难以交到朋友，早熟早恋对他们的影响不容忽视；一些孩子由于受拜金主义的影响，看不起家庭贫穷的学生，有的通过代人写作业等方式向别的同学收取费用，有的甚至在学生中进行一些赢利性的"商业活动"（比如借钱给同学，然后收取"高利贷"，在学生中出租玩具等）；学生之间在消费上的相互攀比也比较常见。这些新出现的问题，对未成年人的同伴关系产生了不良影响，值得重视。

此外，某些地方由于缺乏监管，一些不法商业活动也进入到了中小学校园，向学生兜售小食品、小玩具、不健康书刊等。这在一定程度上影响了学生的正常学习和生活。

未成年人思想道德的健康发展与其日常生活密切相关。没有一个良好的日常生活环境，未成年人的健康成长就会存在这样那样的问题。为此，我们建议，重视未成年人日常生活状态，进一步减轻学业负担，保证未成年人正常作息，帮助未成年人建立科学文明的生活方式，加强未成年人课外活动和社会实践，丰富未成年人闲暇生活和文化生活，关心未成年人心理健康，科学指导未成年人上网，改善未成年人的同伴交往环境，营造一个未成年人日常生活的健康环境，并加强日常生活环境的监测。

思考与实训

一、下面是一位学生在实习后写的一篇调查报告习作的开头，文字通顺，交代了调查的时间、地点、人物、事件，但这样写行吗？请从语体方面分析其不正确之处，并予以修改。

阳春三月，风和日丽。我们省××学校物价班的45名同学从广州乘船，在15日天蒙蒙亮时就到达肇庆市。啊，肇庆！美丽的肇庆！你是南粤的旅游胜地，多少个日日夜夜啊，同学们梦寐以求，要来领略你的风采。今天如愿以偿了。但是，这次我们是要到你的农村——大湾、碌步的食品站，作为期一个月的生猪收购成本调查。因此，尽管大家都想借此机会痛快地玩它一玩，但是想到这是实习调查，必须把学好专业放在首位。这样，在实习老师的带领下，到达肇庆的当天，听完肇庆市食品公司经理对情况的介绍后，下午就分为两个小组奔赴实习调查点了。

二、阅读下面这份调查报告，给它加上总标题、前言和小标题。

《 　　　　　　　　　　　　　　　　　》
——天津牙膏厂提高经济效益的调查

_____

_____

_____

（ 　　　　　　　　　　　　　　　　　　）

在近年来市场竞争日益激烈的情况下，这个厂下大力多方面收集信息，他们定期请北京、石家庄、哈尔滨等地大百货商店牙膏柜台售货员来座谈供货、品种、质量、包装方面的意见，并经常派人到全国中小城市和农村访问用户。厂长和技术人员还常到百货商店柜台听反映，针对各种顾客的不同需要，及时研制新产品，他们把受群众欢迎的"蓝天"、"美人蕉"、"金刚"、"富强"、"氟化钠"五个品种，作为企业的拳头产品重点发展，使之占全部产品的60%，同时断然淘汰了不适销的"绿叶"、"海河"、"天津"等品种。他们还制成了适合儿童需要的"童友"牙膏，兼有医药作用的"脱敏"、"除锈"、"百洁"等药物牙膏，使产品的规格、品种达到24种。

（ 　　　　　　　　　　　　　　　　　　）

1978年以来，在厂和车间两级开展了全面质量管理活动，建立起从科室到车间，从原料到成品的全厂检验系统，层层把关，不让不合格原料进厂，更不让不合格产品出厂，而且还通过质量统计纪录和各种测试仪器，力求在萌芽状态中发现质量问题，及时进行厂内信息反馈。天津水质欠佳，影响牙膏质量，他们就抓紧建立水处理工序，使水质纯度提高了几百万倍，显著提高了牙膏的质量。他们还对100多种原料进行了检查，到香料基地、生产厂和科研单位，从各个加工环节提高留兰香纯度，使蓝天牙膏的香气大大增强。

（ 　　　　　　　　　　　　　　　　　　）

天津牙膏厂从1979年起生产大管牙膏，膏体为小管牙膏的2.5倍，而价钱低于这个倍数，做到了物美价廉。

为了确保物美价廉，他们注意从生产经营的各个环节厉行节约，降低消耗。资金周转天数逐步减少；原料择优择廉。这个厂还狠抓了关键工序的设备更新和技术改造，为保持价格和质量的优势打下了基础。

过去这个厂只管生产不问流量。这几年与贸易部门密切配合，变"我生产什么你卖什么"为"你卖什么我生产什么"，经常征求贸易部门的意见。为了便于不同需要的顾客了解各种牙膏的性能、特点，他们一方面充分使用广告手段，同时还把售货员请到厂里参观生产流程，听取产品介绍。

天津牙膏厂三年来转变经营方针的实践说明：企业处处考虑到社会需要，社会反过来也承认它的产品，这是企业提高经济效益的一条路子。

三、调查训练。

1. 中专生消费问题无疑是学校、家长及学生自己都关注的焦点。你能用各种调查方法对中专生的消费结构及其状况问题作了一番了解吗？请注意选择的代表性（如高年级低年级、男生女生、生源地经济状况等），最后从消费观念的角度总结。进而还可以在学校中开展这个问题的大讨论。

2. 环境资源保护是我国基本国策之一，它与社会各范畴各阶层紧密相关。请从社会和学校学生两个角度来调查一下大家的环境和状况。尤其是作为中专生，应该怎样自觉地从我做起、从身边做起（如使用的贺卡纸、快餐用具、环境卫生、绿化美化等）。

3. 你对图书馆、阅览室了解吗？假如你不太明白，那么先查找资料或向图书管理人员请教，基本把握其功能作用，然后从管理与服务两个角度，设计问卷并结合个别访谈在校内师生间进行调查，最后把问卷统计结果所反映的状况归纳出来，并报告给分管教学的校长。

4. 找来一份你学校所处的市、县（区）的地图，合理地分成若干区域，然后分头就某项商品的市场状况进行调查，例如家电、方便食品、化妆品、办公用品、非处方药品、服装（面料、款式）等。对商品的品牌广告、市场占有率、顾客意见（信誉度）、假冒伪劣比率、生产与销售存在的问题等进行普查。最好能与企业联系，争取有偿（哪怕是低值）为之服务。

四、写作训练。

把第三大题第一小题关于中专生消费结构与消费状况的调查分析写成调查报告。

第三章

事 务 文 书

第一节 计 划

一、计划的性质及种类

1. 计划的性质和特征

计划是人们对未来一定时期内的工作目标、步骤、措施作出安排的一种应用文。具体地说，就是在一定时期内，为了更好地完成工作、生产、学习等任务，根据党和国家的方针、政策与上级的指示精神，结合本单位、本部门或个人的实际情况，规定明确的目标，提出具体的要求，制定相应的措施、办法及实施步骤，把这些内容写成书面材料，就叫计划。

凡事预则立，不预则废。计划可以统一协调大家的思想行动，使工作有条不紊地开展，避免盲目性，提高工作效率，也是领导随时掌握工作进程，检查、督促、指导、评定工作的依据。

切实可行的计划应当满足以下几个方面的基本要求：

第一，应当具有明确的目标；

第二，计划工作必须先于计划里的各项活动而展开；

第三，计划必须是准备付诸实施的、切实可行的方案，不允许任何为了计划而计划的活动；

第四，计划必须有益于在总体上提高工作效益，虽然制定计划所造成的消耗也属于组织活动的成本，但这种消耗必须获得高额的回报。

计划具有以下特征：

首先，计划应具有明确性。目标明确，步骤、措施也要明确。

其次，计划必须具有协调性。协调各方面工作，协调各阶段工作。

再次，计划必须具有弹性。所谓弹性，即灵活性。

第四，计划必须具有功利性。所谓功利性，是说根据计划的目标通过努力可以获得收益、进步。

2. 计划的种类

计划按不同的分类标准，可以有不同的种类。

按性质分，有综合性计划、专题性计划；

按内容分，有工作计划、生产计划、学习计划等；

按范围分，有国家计划、地区计划、部门计划、单位计划、个人计划等；

按形式分，有条文式计划、表格式计划、条文表格式计划等。

除此之外，还有按职能部门的业务划分的各种专项计划。如财政预算计划、财务计划、成本计划、利润计划、商品购销计划、企业经营计划等。无论哪一种专项计划都可以按内容涉及的范围归入专题性计划或综合性计划。

计划是个统称，通常人们所说的规划、纲要、方案、意见、安排、要点、设想等都属于计划，但在时间、范围、写法上均有一定的区别。

规划是时间较长（三年五年以上），范围较广，内容较概括的计划。带有战略性、全局性和综合性，起到定方向、定规模、定远景的作用。富有理想性和号召力。

纲要是粗线条概括性的工作计划，多用于展示较长时间的工作方向和目标。如《××省第九个五年计划农业发展纲要》方案（意见）是政策性、原则性较强、内容较完整的计划，用于本单位或上级对下级一个阶段的几项工作或一项重要任务的部署，需要交代政策、提出具体要求，多数是单项性的工作计划。

安排是时间短、范围小、内容少而具体的计划，如《五月份青年志愿者活动安排》。

要点是比较简明、概括的计划，是计划的摘要，要将工作中的要点写明。

设想是尚未成熟的非正式计划，它常常为解决某一难题，为开展某项新的工作或对某项改革进行新的尝试而撰写。

计划的种类是多种多样的，但作为计划，有一个共同的特征：那就是关于未来的蓝图和一定行动的建议、说明和框架，因而是导向目标的积极方案。

二、计划的格式和内容

计划没有特别固定的格式，但不论什么计划，都应该陈述包括做什么（目标和任务要求）、怎么做（措施、办法），什么时候做（时序和进程）三部分内容。规模较大、涉及范围较广的计划，还包括为什么做、能否做到两部分。

计划大多采用分条列项式或表格式，也有兼用这两种形式的。分条列项式计划一般由标题、正文、落款三部分组成。

1. 标题

计划的标题一般包括四个要素，即单位名称、时限、计划内容、计划种类。如《××中学教导处 2001—2002 学年第一学期工作计划》。也有不写明计划时限的，还有只写计划的种类，而将单位和日期写在末尾的。

如计划尚需讨论或送审定稿，则应在标题后面或下面用括号注明"初稿""讨论稿""征求意见稿"等字样。

2. 正文

正文的内容一般由前言、主体、结尾组成。

1）前言部分。一般说明制定计划的指导思想、依据和本单位基本情况（历史和现状的）以及要完成的主要任务或要达到的总目标。前言是概括性文字，要简明扼要，无须展开叙述。当然，前言文字多少应与整个计划规模相适应。

2）主体部分。这是计划的具体内容，即计划事项。首先要明确计划时限内完成的任务和目标，并具体规定完成哪些任务，提出数量指标和质量要求。还要表明预备怎样完成计划，采取的各项措施，选择怎样的途径等，一般包括人力、物力、财力的安排及分工协作、组织协调等方面的内容。最后还要明确实现计划的步骤和时限，即完成计划任务的阶段、次序、时间，先做什么后做什么，使执行者清楚地知道在计划的每一阶段，每一个时限内应做好哪些工作，从而确保有条不紊地完成任务。

计划的主体部分一般分条目写，具体地说，专项计划可按工作内容、目标、时间来安排条理，加小标题分项说明。全面计划可按任务或工作项目的不同，分别逐一说明，即某一方面要完成什么任务，达到什么要求，采取些什么措施等，一个方面写完再写另一个方面。

3）结尾部分。多用简短的语句，对全部内容作简要总结。或突出重点，或强调有关事项，或展望前景，指明努力方向，或表明决心，发出号召。当然也可以自然结束，不写结束语。

3. 落款

在正文的右下方写明制定计划的单位名称（个人计划写上姓名），并写明制定计划的时间。单位计划，则须有署名或年月日，并加盖公章。若标题已有单位名称，则只盖公章写明日期。

表格式计划，根据其计划内容设计表格，按项目填写，也可用文字对表格中某些内容（制定计划的客观依据和实施的方法等）作补充说明，但应将文字说明放在表格与署名之间。

三、计划的写作要求

计划是工作实践的指导性文书，编写计划要有严肃的态度，因此，写计划有以下几点要求：

1）要掌握制定计划的客观依据，要有求实精神。制定计划一要根据党和国家在一定时期内制定的方针、政策、法律、法规；二要依据本地区、本单位的具体情况，以现实的而不是可能的东西为依据，同时既要有更高目标的追求，但又不可超越客观实际许可和主观努力的可能去盲目制定高指标、不切实际的措施。要积极进取，又要实事求是。

2）计划的内容要明确具体，结构条理清楚，语言规范、精炼、简明，单位计划的实施要依靠群众的共同努力，其目的、任务必须明确，数量、质量要合理，做什么—为什么做—怎么做—按什么程序和要求做，应井然有序。计划是有约束力、指导性和规范性的，因此语言的使用必须规范。规范，即使用专业术语要严格准确，不能瞎编滥造。精炼，即语言简练意思不能重复；简明，即不能含糊笼统，啰嗦空泛。

3）要保持计划的连续性和严格性，又要有灵活性。一份计划既是过去计划的延续，又是未来计划的基础，所以，编制计划要瞻前顾后，一经确定，就要坚决执行，不能轻易变动。但由于客观原因和主观原因会发生变化，制定的计划难免会有不周到之处，因此在执行计划的过程中，要随情况的变化而适时修正或补充计划的内容，要有一定的灵活性。

教育部 2008 年工作要点

2008 年教育工作的总体要求是：认真学习贯彻党的十七大精神，高举中国特色社会主义伟大旗帜，以邓小平理论和"三个代表"重要思想为指导，深入贯彻落实科学发展观，全面贯彻党的教育方针，提高教育质量，促进教育公平，办好人民满意的教育，努力建设人力资源强国。

一、认真学习贯彻党的十七大精神，推动教育事业科学发展

1. 把学习宣传贯彻党的十七大精神作为首要的政治任务，紧紧围绕主题，武装头脑、指导实践、推动工作，在全国教育系统不断把学习贯彻落实党的十七大精神引向深入。坚持育人为本、德育为先，把社会主义核心价值体系融入国民教育全过程，认真落实党的十七大精神进教材、进课堂、进学生头脑的要求。组织高校哲学社会科学工作者开展党的十七大精神的理论研究和宣传。

2. 以科学发展观统领教育改革发展全局，认真贯彻落实党的十七大对教育工作提出的重大任务和方针政策，推动教育事业科学发展。优化教育结构，促进义务教育均衡发展，加快普及高中阶段教育，大力发展职业教育，提高高等教育质量，推动各级各类教育协调发展。研究制订《2008—2012 年教育振兴行动计划》，全面落实《国家教育事业发展"十一五"规划纲要》，巩固成果、深化改革、提高质量、持续发展。进一步加强教育科学研究，重点抓好教育改革和发展战略与政策研究。

3. 大力加强教育法制建设，全面推进依法治教、依法治校。深入贯彻实施新的《义务教育法》。配合做好制定《教育督导条例》和《考试法》工作，加快起草、修订《学校法》《终身学习法》《职业教育法》《学前教育法》和《学位法》工作进程。切实加强对研究制订教育规章的统筹管理。大力推进依法行政，规范教育行政审批。全面落实"教育系统'五五'普法规划"。

4. 建立健全保障教育优先发展的机制和制度，进一步推动落实"三个优先"，即：经济社会发展规划要优先安排教育发展，财政资金要优先保障教育投入，公共资源要优先满足教育和人力资源开发需要。研究制定依法落实教育经费"三个增长"的政策措施，保证财政性教育经费增长幅度明显高于财政经常性收入增长幅度。公共教育资源要更多地向农村、中西部地区、贫困地区、边疆地区和民族地区倾斜。发扬艰苦奋斗作风，坚持勤俭办学，提高管理水平，提高经费使用效益。

5. 以改革创新精神推进教育系统党的建设。组织开展好学习实践科学发展观活动。巩固和发展先进性教育成果。加强学校领导班子思想建设和作风建设，提高领导

水平和执政能力。大规模培训教育系统干部，大幅度提高干部素质。严格实行民主集中制，健全高校党委领导下的校长负责制。加强学校基层党、团组织建设。着力做好民办高校党建工作。

6．大力加强教育系统反腐倡廉建设。扎实推进惩治和预防腐败体系建设。认真落实干部监督工作各项任务。严格执行党风廉政建设责任制。加强学校财务管理和内部审计，强化对学校招生、收费、基建、采购、后勤等的管理和监督，深化校务公开。做好直属高校巡视工作。积极推进廉洁教育进校园，加强廉政文化建设。

7．进一步加强教育部机关建设。积极推进机关转变职能，改进工作作风和工作方法。大力加强调查研究，强化综合协调、信息服务、公文审核、督察督办，提高工作效能。改进文风、会风，精简会议、文件，清理并严格控制评比、评奖、评估和考核等活动。积极推进政务公开。深入推进学习型机关、学习型支部建设。重视青年干部的培养。做好离退休干部工作。做好教育信访工作。

二、切实推进素质教育，进一步把立德树人的任务落到实处

8．进一步加强和改进未成年人思想道德教育。按照社会主义核心价值体系的要求，把德育有机融入各学科教育教学中，加强中小学思想品德、语文、历史、地理等课程教材建设。深入开展弘扬和培育民族精神教育活动，积极推进以营造浓厚育人氛围为重点的校园文化建设。广泛开展与学科课程教学相衔接的社会实践活动。大力推进班主任队伍建设。研究制定《中小学德育规程》。加强中等职业学校德育工作，深入开展以敬业、诚信为重点的职业道德教育，着力抓好学生团组织建设。积极推进校外活动场所建设。做好关心下一代工作。

9．进一步加强和改进大学生思想政治教育。深入推进中国特色社会主义理论体系"三进"工作，修订高校思想政治理论课教材。抓好高校思想政治理论课教师骨干研修和全员培训工作，推动教学方法改革，高质量地实施高校思想政治理论课新课程方案。加强形势政策和国情教育。加强校园网络文化建设和管理。总结推广高校校园文化建设成果，开展大学生先进事迹巡回报告活动。加强辅导员队伍思想建设和组织建设，开展全面的多层次的培养培训。

10．全面推进并深化基础教育课程改革。颁布修订后的义务教育新课程标准，扩大普通高中新课程改革试验范围，进一步完善工作机制，加强与实施新课程相适应的制度建设。改进和完善中小学教材审查工作。大力推进教学改革，切实减轻中小学学生的课业负担，进一步提高学生综合素质。

11．进一步加强学校体育工作。以 2008 年北京奥运会为契机，深入开展全国亿万学生阳光体育运动，上好体育课，大力开展"每天锻炼一小时"活动。全面实施国家学生体质健康标准，激励学生达标争优、强身健体。加强和改进心理健康教育与卫

生防病教育，健全学校突发公共卫生事件报告与预警机制。切实提高农村中小学艺术课程开课率和教学质量，开展大学生艺术展演活动。继续加强国防教育和学生军训工作。做好世界大学生冬季运动会筹备工作。

12.深入推进招生考试和质量评价制度改革。继续完善义务教育就近、免试入学制度。全面实施初中毕业生学业考试与综合素质评价相结合的高中阶段招生考试制度改革，推广将普通高中招生指标均衡分配到区域内初中的办法。深入推进高校招生考试制度改革，将重点放在考试内容改革上，建立健全普通高中学业水平考试，完善学生综合素质评价体系，扩大并深化高校自主选拔录取改革试点工作。稳步推进实施普通高中新课程省份的高校招生考试综合改革，推动高中课改和高考改革的有机衔接。完善对政府、学校、校长、教师及学生的评价机制、评价标准，坚决纠正片面追求升学率倾向。

三、以农村义务教育为重点，促进义务教育均衡发展

13.切实完善和落实农村义务教育经费保障机制。向全国农村义务教育阶段学生免费提供教科书，全面落实家庭经济困难寄宿生生活费补助政策，提高农村义务教育阶段中小学公用经费保障水平。健全农村中小学预算制度，强化财务管理。落实中央财政以奖代偿的激励政策，推动各地加快化解"普九"债务。在试点的基础上，全面免除城市义务教育阶段学杂费。以流入地政府为主、以公办学校为主，保障进城务工人员子女平等接受义务教育。做好农村留守儿童教育工作。

（略）

四、大力发展职业教育，把工作重点放在提高质量上

18.以服务为宗旨、以就业为导向，以提高质量为重点，大力发展职业教育。进一步扩大中等职业教育招生规模，加强对高中阶段教育招生的统筹规划和统一管理，提高高中阶段教育毛入学率。提高高等职业教育质量，着力培养高素质的高技能人才。积极推动东西部之间、城乡之间职业院校的联合招生和合作办学。深化公办职业院校体制和机制改革，积极推广"三段式"办学模式，引导和推动职业教育集团化办学。支持民办职业教育健康发展。

19.健全面向全体劳动者的职业教育培训制度，继续实施职业教育的"四大工程"。充分发挥职业院校的作用，加强现代制造业与服务业急需人才的培养，培育新型农民。广泛开展进城务工人员、农村实用人才和未升学高中毕业生的职业教育培训，加强职工继续教育和再就业培训。

20.深化职业教育教学改革。大力推进校企合作、工学结合，健全并逐步实施中等职业教育顶岗实习一年、高等职业教育顶岗实习半年的制度，努力健全半工半读制度。广泛推行订单培养。完善弹性学习制度。举办全国职业院校职业技能大赛。

21.全面加强职业教育基础能力建设。进一步加大对中等职业教育的投入，启动

国家优秀中等职业学校建设计划。继续实施职业教育实训基地建设计划、县级职教中心建设计划、示范性中等职业学校建设计划。大力推进国家示范性高等职业院校建设计划，加强自身建设，注重总结推广，引领全国高等职业教育持续健康发展。

22．积极发展远程教育和继续教育，在试点的基础上，全面部署和努力推进全民学习、终身学习的学习型社会的建设工作。以国民教育体系为依托，充分发挥广播电视大学、自学考试和中国教育卫星宽带网平台等重要作用，积极开展多种形式的成人继续教育和社区教育。

五、切实提高高等教育质量，进一步提高创新人才培养水平

23．深入实施高等学校教学质量与教学改革工程。进一步加大宏观调控力度，相对稳定招生规模，认真做好 2008 年全国高等教育招生计划安排和管理工作，实施支援中西部地区招生协作计划。加强学科专业建设和结构调整，支持校企合作建设国家重点发展领域紧缺人才的学科专业。深化人才培养模式改革，探索以能力培养为核心的教学模式。加强教育教学的实践环节，积极推进学生到企业、事业单位实习实践。建设国家级实验教学示范中心，资助大学生开展创新性实验。组织编写体现新知识、新理论和新技术的高质量教材，继续建设国家级精品课程。健全教授为本科生讲授基础课制度，加强教学团队建设。全面推进高校学风建设。

（略）

六、进一步加强教师队伍建设，重点提高农村教师素质

29．深入贯彻落实胡锦涛总书记在全国优秀教师代表座谈会上的讲话精神，把教师队伍建设放在更加突出的战略位置。进一步加强和改进师德建设，广泛开展向全国模范教师学习活动，大力弘扬"学为人师、行为示范"的高尚精神，引导广大教师自觉践行胡锦涛总书记提出的"四点希望"，努力成为受学生爱戴、让人民满意的教师。

（略）

七、研究解决人民群众关心的教育问题，着力促进教育公平

36．全面落实资助制度，确保家庭经济困难学生都能上得起大学、接受职业教育。推动各地各校落实普通本科高校、高等职业学校和中等职业学校国家奖学金、国家助学金等资助制度，继续完善和落实国家助学贷款政策，全面推进生源地信用助学贷款。建立健全普通高中家庭经济困难学生资助办法。

（略）

八、深入推进教育改革开放，进一步提高教育管理水平

42．深化教育管理体制和机制改革。进一步加强分区规划、分类指导，支持地方教育综合改革和统筹发展。落实和规范高校办学自主权，促进形成自我发展、自我激励、自我约束机制，鼓励高校科学定位、形成特色。积极推进与国务院有关部门、大

型企业集团和地方政府共建直属高校，健全支持行业特色高校发展的长效机制。继续加强省部共建中西部地方高校工作。深入推进高校后勤社会化改革，办好高校学生食堂。

（略）

例文二

尚德实验学校推广普通话工作计划

一、指导思想

1. 全面贯彻《中华人民共和国义务教育法》精神，深入宣传、实施《中华人民共和国国家通用语言文字法》，在教育教学和各项活动中，推广使用全国通用的普通话，正确使用祖国的语言文字，提高师生语言文字意识，提升尚德文化品位。

2. 根据区语委会工作精神，建立校园语言文字网，搞好一年一度的"推广普通话周"活动和校级"读书节"、"体育艺术节"、"科技节"活动，力求在各项活动中努力提升我校语言文字的水平，做到精细化。通过本次语言文字周，充分认识推广普通话对消除语言隔阂、增进人际沟通、促进社会交往、维护国家统一方面的重要作用，努力创建规范、健康的校园语言文字应用环境，营造"人人讲好普通话，个个写好规范字"的良好氛围。认真抓好第八届推广普通话周的工作，并抓住此次机会，在上一年推广普通话工作的基础上，使推广普通话工作在尚德打好更为坚实的基础。在培养学生养成良好语言习惯的同时对学生进行爱国主义教育，净化校园语言环境，使《国家通用语言文字法》深入人心。

二、工作目标

1. 认真学习《中华人民共和国国家通用语言文字法》，学习语言文字工作委员会有关推广普通话活动的文件，领会精神，提高师生民族文化素质，提高师生推广普通话和使用普通话的能力。

2. 修改、健全尚德实验学校推广普通话网络，进一步规范推广普通话工作，要求校内外各项活动说普通话，写规范字，并做好资料积累。

3. 继续开展学校读书节、体育艺术节、科技节活动，营造校园读书氛围，让学生在各项读书活动中学习和运用祖国语言文字，感受祖国语言文字的魅力，提升尚德文化品位。

三、主要工作安排

1. 认真学习《中华人民共和国国家通用语言文字法》，以尚德之声广播电台为媒体，宣传学习语言文字工作有关文件，领会精神，要求全体教职员工、全体学生，在校内外各项活动中推广使用普通话，把普通话作为校园语言，作为教师的职业语言。

不断提高使用普通话的能力，提升尚德文化品位。

2．力求在网管员的协助下，建立、完善尚德语言文字网。修改、健全尚德学校推广普通话网络，采取层层负责制，加强推广普通话力度，提高推广普通话效果。

3．第二学期的三月份，学校一如既往开展"腹有诗书气自华"读书节活动。

4．九月份第三周是全国第八个推广普通话活动周，学校语委会根据区语委会要求开展推广普通话系列活动。

（1）征集推广普通话周宣传口号，并在学校大屏幕上滚动播出。

（2）作一次"国旗下"讲话，号召全校师生以推广普通话周为契机，说好普通话，写好规范字。

（3）搞一次"啄木鸟"行动。组织全体学生在校园内、社区里搞"啄木鸟"行动。

（4）组织一次读报比赛。一、二年级学生开展读报比赛。

（5）每班设"每日一拼"专栏（黑板报）。

（6）各班搞一个系列活动：布置各班搞"五个一"活动。

系列活动具体内容如下：

① 要求学生们利用课余时间看一本好书，以认真规范的汉字，做好读书笔记，高年级写好读书心得。

② 搞一次"啄木鸟"行动：由学生当啄木鸟医生，在各自的生活、学习环境中，寻找、诊断"病例"。

③ 开一次推广普通话班队会：各班组织一次推广普通话班队会，可通过朗读、朗诵、讲故事等形式，推广普通话。

④ 出一期宣传板报：各班在九月份班级板报中，插入部分有关语言文字的内容。

⑤ 组建一支队伍：发掘每位语文教师的特长，要求每位语文教师带一支队伍，安排好读书看报时间，做好记录。

5．充分利用两分钟预备铃时间，开展儿歌、古诗、国学小书院《三字经》诵读活动，弘扬民族文化，培养学生记忆，学习使用普通话。

6．少先队大队部每月进行一次黑板评比，要求美观大方，写规范汉字。

7．学校各类计划、总结、通知，教师备课、上课，学生作业要求正确使用规范字，不写错别字。

8．抓好教师培训，提高教师讲普通话水平，普通话等级考试未达标的老师要与语音面貌较好的老师结对子，抓紧学习，把它作为平时业务学习的一项内容来执行。

尚德实验学校（盖章）

××年×月×日

2008 年个人学习计划

为了响应党中央打造"学习型社会"的要求，也为了不断更新自己的知识层次，与时俱进，努力提高自己的综合素质，特制订学习计划如下。

一、学习目标

1. 两年内学完省委党校行政管理研究生课程。

2. 通过学习，有效解决在工作中存在的问题，真正使思想有明显提高，作风有明显转变，工作有明显推进。

二、学习时间

1. 每周三下午政治和业务学习。

2. 周六或周日业余时间。

三、学习内容

1. 政治理论。系统学习马列主义、毛泽东思想、邓小平理论、"三个代表"重要思想、社会主义荣辱观和共产党员先进性教育等及其一系列重要论述，学习党的"十七"大文件，深刻领会其精神实质，用科学发展观和先进的理论指导工作实践。

2. 法律法规。学习《中华人民共和国档案法》及其实施办法、《江苏省档案条例》、《南京市档案条例》、《中华人民共和国行政处罚法》、《中华人民共和国行政复议法》、《中华人民共和国行政许可法》等法律、法规知识，提高自己的法律意识。

3. 专业知识。学习国家档案局 8 号令《机关文件材料归档范围和档案保管期限表》、《电子文件归档办法》以及各门类、载体档案的整理规范、《市、县级国家综合档案馆测评办法》等，增强业务水平。

4. 其他内容。每天用半小时到一小时的时间阅读当天的报纸、杂志或观看国内外新闻报道，了解国内外的重大事件和国际局势，提高自己的政策理论水平。

四、学习形式

自学为主，组织学习和函授为辅，遇到疑难问题上网查资料或向有关专家和领导请教。

五、学习原则

1. 循序渐进，持之以恒，不能"三天打鱼两天晒网"。

2. 统筹兼顾，科学安排。处理好学习与工作的关系，做到学习与工作有机统一，努力使学习工作化，工作学习化。

3. 融会贯通，学以致用。通过不断学习各种知识来提高自身的理论业务水平，通过不断实践来丰富工作经验，把知识和经验的积累升华为思维模式的更新，进而转化为工作创新的源泉和动力。

4. 学习和实践相结合。用学习来提高实践能力，用实践来验证学习效果。

夏洁

2007 年 12 月 15 日

思考与实训

一、结合例文二和例文三，谈谈计划的主要结构和写作要求。

二、指出下面计划文件的前言部分，各包括什么内容？有什么特点和问题？

1. 认真贯彻中共中央十三届七中全会精神，紧紧围绕中央确定的"八五"计划思路，按照能源工作会议的部署，把工作重点放在大力挖掘企业内部潜力，千方百计提高"两效"上来；积极开展"质量、品种、效益年"活动，合理调整产品结构，增加适销对路产品，提高产品的质量，加强经营管理，搞活资金，继续深入开展双增双节和减亏增盈工作，努力提高能源行业的经济效益；继续理顺关系，逐步从具体工作中解脱出来，把主要精力放在经济政策的研究上来；进一步作好治理整顿和深化改革工作，促进能源行业持续、稳定、协调地发展（选自《能源部经济调节司 1991 年工作要点》）。

2. 我是河北供销学校九八营销班的学生，经过高中阶段的苦战拼搏，却没有如愿以偿地考上大学，只好踏入了这所重点中专。虽然中专学历低，但现在社会上对营销人员的需求量还是较大的。所以，我从失望中感到安慰，并决心把各门功课学好，特别是《口语训练》，因为口才的好坏，直接影响着我们未来工作的成就。

我们营销班的《口语训练》，除了进行语言语调、态势技巧等基本技能训练外还要进行朗读、复述、演讲、辩论等专项技能训练，特别要掌握公共关系的口语艺术，都将对我们日后的工作有重大意义。

我坚定了学好口语的信心，因为对于我来说，有如下有利因素：一是懂得了学好《口语训练》的重大意义，消除了许多模糊认识，明确了学习目的，端正了学习态度，思想上比较重视。二是经过初中、高中六年的语文学习，打下了一定的语文基础。不利因素是：因从小在农村长大，普通话尚不过关，语音、语调受方言影响较重，以前不重视口头语言能力的表述，当众说话的机会较少，因此当众讲话心理紧张，声音小，甚至面红耳赤。要达到声音洪亮，姿态自然，语言通俗生动，以理服人，以情感人，困难很大。但我有信心和决心克服不利因素，学好《口语训练》，为此特作如下安排。（下文略）

（提示：撰写一份计划文件的前言，要简要交代计划内容、目的、有利因素与不利因素，并将其作为必要依据进行阐述。请从前言内容、事务语体对表达方式的要求及语言运用上具体分析这份计划的前言）。

三、下面两段文字是某学校教务处计划中"落实教师教学岗位责任制"部分的内容，请分析此部门计划内容是否具体，是否与标题一致。

（一）落实教师教学岗位负责制

邓小平同志指出："一个学校能不能为社会主义培养合格人才，培养德、智、体全面发展，有社会主义觉悟的有文化的劳动者，关键在教师。"我校近年来调进了不少青年教师，他们缺少教学经验和教学方法，老教师也需要更新知识，不断改进教学方法。

认真做好教学五个环节，加强督促检查，是落实教师岗位责任制的主要途径。备课、讲课、作业、辅导、考核，实际教学过程教学计划、教学大纲，认真做好备课、讲课、作业、辅导和考核等五个环节的工作。教务处要对上述五个环节的工作加强检查督促，及时发现问题，解决问题。

四、下面这份计划从标题、结构到语言都有毛病，试加以调整修改，写成有小标题的条文式计划。

××省棉花检验技术训练班教学计划（草稿）

为了适应新形势，培养新生力量，加强检验队伍的建设，提高检验的素质，正确执行国家标准和价格政策，搞好 1997 年棉检技术人员分区、县训练工作，特制订棉花检验技术训练班的教学计划如下：

根据全省棉花检验技术队伍的情况，这次训练的主要对象是，由系统内在职职工（包括合同工）选具有初中文化程度，身体健康，思想进步，经过训练能担任棉检工作的青年同志。通过训练达到初步掌握检验基本知识，能独立进行大部分和部分棉检工作，因此，检验理论的授课时间和实习时间就需要各安排 50% 左右，如果总的时间安排和条件许可的话，可以增加实习时间。在实习时间安排上，品级、长度检验的课时要占 80% 以上。实际授课时间包括文化考试和政治考核，择优录取。录取的学员于 2 月 27 日、28 日报到，3 月 1 日开学。各班课程教学时数和安排见附表（略）。为了提高教学质量，巩固学员学习成绩，实行考核和考试制度。学习结束，对每个学员进行全考核，搞好鉴定，做出评语，认真填写学员证书，作为安排检验和技术考核参考。为了加强领导，做好思想政治工作，保证学习任务的完成，训练班要成立临时党、团支部、训练班班部。贯彻理论与实践相结合，小组讨论与自学相结合，从理论与实践上，学懂弄通，争取收到好效果。

1997 年 1 月 30 日

五、运用你所学的计划的写作知识，具体评析下面这篇例文好在哪些地方。

××公司公共关系部1998年度一季度工作重点

为了更好地开展我公司的公共关系，协调公司与外部公司及公司内部各部门之间的关系，提高公司的社会知名度与美誉度，公共关系部将在1998年一季度主要开展以下工作：

1．在1月下旬至2月上旬，召开公司宣传新年度工作要点，推出新产品（××系列教学软件）新闻发布会，由公共关系部门负责筹办。1月10日前筹办就绪，1月12日向总经理汇报筹办情况（包括邀请的新闻单位，新闻发布文字材料、答记者问准备工作等）。初步定在1月30日前后召开新闻发布会。负责人：韩××。

2．为融洽公司与员工关系，公共关系部拟在春节前夕举办系列联谊活动，包括舞会、游园灯会、老年职工座谈会，邀请公司负责人出席。时间安排在2月3日—13日之间。负责人：胡××。

3．为扩大公司影响，支持社会福利事业，支持教育事业，本公司已决定向湖南省残疾人联合会捐款10万元，向长沙电力学院捐助486微机20台。此事已委托公共关系部主办。公共关系部将于3月1日前提出具体方案，3月15日前实施，同时，与新闻部门联系报道事宜。负责人：肖×。

4．为了向社会公众传播本公司的工作信息，公共关系部拟于3月8日至20日邀请本社区公众代表（分三批，每批20～30人）参观本公司。届时请总经理出面接待。实施方案2月25日前交总经理。负责人：李××。

5．经费预算（略）

××公司公关部

1997年11月10日

六、下面这份计划有什么毛病，请你仔细阅读后一一指出来（提示：注意从计划名称、目标要求、责任、措施、结构以及语言运用方面加以分析）。

××纺织厂推行首钢责任制先进经验计划

一、目的意义

首钢岗位责任制是整顿和改进企业管理的样板。我们要认真学习，积极推广。通过学习，进一步建立健全我厂各个生产岗位和科室的责任制，为调动全厂职工的积极性，保证完成或超额完成生产任务而奋斗。

二、方法步骤

总的要求是，从七月上旬开始，利用一个半月至两个月的时间、大体完成这项任务。具体安排是：

1．七月上旬，全厂职工学习和讨论首钢经验，认识意义，找出差距，十号左右听汇报。

2．七月中旬，下旬，各个车间、科室提出方案。

3．八月上旬，综合平衡，进一步补充完善。

4．八月中旬，检查评比。

三、措施和要求

1．开好三个会：动员会（七月二日），经验交流会（七月下旬），总结表彰会（八月下旬）。

2．搞好试点。全厂抓织布车间和技术科，各车间，客商抓好一两个班组和个人。

3．组织职工认真讨论，充分发扬民主。首先职工自己提出方案，经班组讨论，最后车间科室领导审查、批准。各级都要提出经过努力可以达到的岗位责任制。

四、组织领导

党委统一领导，各车间、科室具体负责，工青妇积极配合，厂部定期研究、讨论。一级抓一级，力争提前完成任务。

五、根据制定计划的基本要求和本人实际情况，任选下列一个题目，制定一份计划。

1. 课外阅读计划

2. 假期社会调查计划

3. 自学考试学习计划

4. 团支部活动安排（提示：可以选以小组为单位集体讨论，然后一人执笔订出本学期小组活动计划，在此基础上再由各小组代表讨论，订出团支部活动计划）。

5. 根据你所学的专业及技能达标要求，制定一份个人技能训练计划。

第二节 总 结

一、总结的性质

总结是对前一阶段的工作、学习或思想情况进行回顾、检查、分析、评价，归纳经验、教训，以指导推进今后工作的一种事务文书。

总结不一定都是内容俱全、篇幅较大的文章，有些小结、体会，实际上也是总结，只是所反映的内容较简单，时间较短，范围较小而已。

总结与计划有密切的联系。总结既要检查计划的执行情况，又要作为今后修订或制订新计划的依据。但是，两者在内容上又有明显的区别。计划是事先拟定一定时期的具体任务和完成这一任务的具体方法、步骤和措施，总结则是事后对计划执行情况的总检查、总分析、总评价；计划所要回答的问题，是在某一时期要"做什么"、"怎么做"，总结所要回答的则是，在某一时期已经"做了什么"、"做得怎样"。

二、总结的作用和种类

1. 总结的作用

毛泽东指出："人类总得不断地总结经验，有所发现，有所发明，有所创造，有所前进。"这话深刻地阐明了不断总结经验和教训，对于提高人们的认识和指导实践活动的重要性。

具体地说，总结的作用表现在以下几个方面：

1）可以指导和推动各项工作。在日常工作中，由于客观条件的限制，我们接触的事物往往是局部的、表面的，只有通过认真的回顾、分析、评价，才能发现事物的本质，对事物有较全面、深刻的认识。通过总结，可以找出成功的经验，分析失败的原因，指导和推动今后各项工作，从而使人们减少失误，少走弯路。

2）可以提供情况，作为宏观决策的参考或依据。通过总结可以向领导机关传递有关信息，使领导了解情况，并给予帮助指导，使工作能及时得到改进；同时也帮助领导推广经验，这些情况成为宏观控制和制定政策的参考或依据。

3）可以互通情报，提高思想和业务水平。通过总结，找出经验和教训，这样的总结一经上报或下发，就可成为汇报工作、交流经验和彼此促进的重要工具。总结，使人们从中受到启发，学会全面地、历史地、辩证地看问题，知道如何吸取教训，发扬成绩，改进工作作风，提高思想和业务水平。

4）可以检查计划执行情况，消除薄弱环节。通过总结可以对前期计划执行情况进行检查和鉴定，对执行中所取得的成绩和有偏差的部分加以分析，进而消除薄弱环节，为制定下期计划打下基础，使下一步计划不断完善和深化。

2. 总结的种类

总结的分类与计划相似，按不同的分类标准可以有不同的类型。

按性质分，有综合总结、专题总结等；

按内容分，有思想总结、工作总结、学习总结等；

按范围分，有地区总结、部门总结、单位总结、个人总结等；

按时间分，有年度总结，有季度总结、月份总结、汇报总结等。

总结的种类虽有上述划分，但事实上，一篇总结的内容，往往同时反映性质、内容、范围、时间等几个方面。从实际情况上看，人们较常使用的是综合总结和专题总结。

综合总结是对一个地区、一个单位、一个部门或个人在一段时间内所做的各项工作进行全面回顾、评价。其特点是：涉及的时间较长，涉及面广，能反映工作的全貌。既要全面系统，又要点面结合，突出重点；既要总结成绩和经验，又要找出问题和教训。多用于年度总结或汇报总结。

专题总结主要是典型经验总结或对某个专门问题进行深入的分析评价。其特点是：内容较单纯、集中，针对性强，重点深入。常选取工作中的某些突出成绩、典型经验、带有普遍性的问题或重大事故、教训，加以总结。要求集中一点，深入挖掘；体现主流，突出特色，观点鲜明，把问题谈透。

三、总结的内容和格式

任何一种总结，从内容上看，大致包含三个方面：一是基本情况的介绍和分析。这部分主要写工作进展的一般情况和过程，并概括介绍工作中的成绩和缺点以及取得的成绩、存在问题的原因。二是经验体会。把工作中取得的经验和教训以及体会归纳出来，形成规律性的东西，并使之条理化。三是问题教训。不仅要提出问题，指出工作中的缺点和失误，还要分析问题的实质以及出现问题的原因，并提出解决问题的办法，指明今后的方向。

总结没有固定不变的写作格式。不同的总结对象，不同的目的要求以及不同的类型，使其写法各有差异。但在一般总结中，大都由标题、正文、落款三部分组成。

1. 标题

标题是总结的名称，要写得准确、简明、醒目。常见的标题形式有：

1）公文式标题。由单位名称、时限、内容和文种组成，如《××中学2007 年工作总结》；也可以省略单位名称或时间，如《1998 年春季植树造林工作总结》、《关于预算外资金管理情况的总结》，前者适合局部性的工作总结，后者适合专题总结。

2）新闻式标题。标题中一般不出现"总结"二字。常用于经验总结。有的概括总结内容，如《引进竞争机制　增强企业活力》，《强化监察职能　坚持监督检查》；有的揭示总结的中心，如《开展第二课堂活动是推进素质教育的好方法》；有的标明总结的范围，如《我们开展税务行政复议工作的做法》。

3）双层式标题。双层式标题是把公文式标题和新闻式标题结合起来运用的。它以新闻式标题作正题表明观点，以公文式标题作副题，表明单位名称、时间和文体名称。如《加强思想工作，促进教学改革——××学校党委1998年工作总结》

2. 正文

正文的内容一般包括前言、主体和结尾。

1）前言（导语）。通常扼要概述总结对象的基本情况。有的交代总结的时间、地点、背景、经过及有关文件，有的指出工作的依据，简括工作效果和成绩，提示主要经验，有的概述工作中的失误，点明主要教训。前言的内容和形式都比较灵活，表达上要准确、简明、新颖，对下文起铺垫作用，使读者对文章有个概括了解。

2）主体。主体是正文的主干，包括成绩和问题、经验和教训。

① 成绩和问题：要用有说服力的数据、事例或情况对比说明、肯定成绩，并具体说明成绩有哪些方面，是怎样取得的；或者客观地指出存在的问题，并分析问题的性质，产生原因及造成的危害。这部分在总结中占有重要位置。写作时要照应下一部分的经验和教训，以便于经验教训的自然引出。

② 经验和教训：这部分是总结的核心。总结经验教训时，应以前述的客观事实为依据，从成绩中归结经验，从缺点中吸取教训，从现象中发掘本质，要有点有面，有理有据，用典型事例去说明道理，从材料中提炼观点，找出规律性的东西。这部分的写法，一般是夹叙夹议，结构也灵活自由，可用一句话领起，也可列小标题；可用序数标明条目，还可根据逻辑顺序分段表述。

3）结尾。在总结经验教训的基础上，指出存在的问题，明确今后努力方向，提出改进的意见或措施。

总之，总结要根据写作目的的需要，灵活掌握其写法。在具体写作中上述格式可以省去某些部分。有些部分还可以同其他部分合并，突出一个方面。

3. 落款

包括署名和日期。如果标题中已经写明单位，则文尾落款处可略去。有的署名可安排在标题之下。

四、总结的写作要求

1. 要坚持实事求是的原则

撰写总结必须从实际出发，有什么问题就总结什么问题，对成绩和错误要如实反映，不夸大、不缩小，所举事例必须真实，不能虚构和编造。要保证材料的真实性，就要注意去粗取精，去伪存真，严肃审核。

2. 要明确写作的目的，突出重点

写总结要明确写作目的，目的不同，内容的侧重点和采用的方法就不同。经验总结，侧重介绍经验和体会；工作学习总结，侧重成绩和收获；如果意在向上级汇报工作，反映全面工作的轮廓和进展情况，就应采用综合性总结，既指出工作的主要成绩和缺点，又总结经验和教训，还要有今后的打算和措施；若只把过去某项工作的做法和经验作为重点，就应采用专题总结，围绕专题把工作过程中遇到的问题、解决问题的办法和措施、突出的经验教训作为重点进行叙述和分析。

可以说，有了明确的目的和主旨，才有统率全文的纲领，才能做到围绕中心选材，抓住最突出的、最能反映总结对象本质特点的事实来写。

3. 要充分地占有材料、精心地选择材料

事实和材料是进行总结的基本和依据。撰写总结需要深入调查，通过开座谈会、个别访问、查阅资料等方式多角度、多侧面、多层次地充分占有材料，并精心选材，从中提炼出规律性的东西，使总结得出的结论正确、全面而具有说服力。

4. 要把握典型性和特殊性，总结有方向性的新经验

总结得出的观点是对自身实践活动的认识，也是对党的路线、方针、政策的认识，因此，总结的观点既要反映事物的共性规律，又要反映事物的个性特点。要抓住最典型的、最能体现总结对象本质特征的生动事实，发掘出

新问题，总结出带有方向性的新经验，使总结真正起到推动工作的作用。

5. 语言要准确、简洁、朴实

所谓语言准确有两层意思，一是事实要可靠，判断要恰当。例如农作物的收成，究竟是"丰收"，还是"较好的收成"，抑或"特大丰收"，都应该按照实际情况作出符合事实的判断。二是用词得当，语句明确，尽量不用"可能"、"也许"、"大概"、"差不多"之类模棱两可的词语。

简洁即要求语言简明扼要，干净利落。杜绝冗长空泛、华而不实的空话、套话。

朴实就是说要老老实实地叙述事实剖析事理，不做不切合实际的修饰，不夸张，不描写，不抒情。

五、总结与调查报告的区别

总结与调查报告有很多共同之处，特别是专题性的经验总结与反映典型经验的调查报告。总结与调查报告的相似点体现在：都用来反映和检查社会实践的结果；都要配合形势与任务，反映实际生活中的新事物、新问题、新经验；都要通过对具体材料的介绍和分析，找出规律性的东西，有较强的针对性和指导性；都要较完整地反映事物的全过程；都以叙述、说明、议论三种表达方式为主。但又有区别。表现在以下几个方面：

1）两者时效不同。调查报告要求迅速、及时地反映并指导现实生活。而总结在时效上没有这样紧迫的要求。

2）两者反映的对象和范围有所不同。总结一般局限于反映本地区、本部门、本单位或本人的经验教训。多从当局者、当事人的立场对本单位或自己的实践活动进行自我分析、自我评价，常用第一人称；而调查报告既可写本地区、本部门的情况，也可写外地区、外单位的情况，或现状，或历史，或经验，或问题，题材范围较广。多站在第三者的立场，对情况作客观的分析和评价，一般使用第三人称。

3）两者的写作目的不同。总结的目的在于回顾过去，总结经验教训，找出差距以便发扬优点，纠正错误。而调查报告则是从全局出发，以"点"上经验来推动"面"上工作，通过对典型事例的分析研究，总结出规律性的东西，向全局提出要求，指明方向，具有更大的指导性。

4）两者的写作手法不同。总结着重陈述怎样从实践中引出规律，带有较多的分析，对事物的情况、过程常用概括的手法表述；调查报告则以陈述事实为主，引用具体材料较多，要求反映客观事物的过程，揭示问题的实质。

例文一

建设投资公司年终工作总结

2005 年是××市城市建设投资有限公司（以下简称建投公司）进入实质性运转的第一年，也是我市全面实施"十五"计划、着力推进城市化进程的重要一年。一年来，建投公司遵循"服务经济大局、实现跨越发展"的工作思路，在市委、市人大、市政府的亲切关怀下，在市政府性投资项目管理委员会办公室（以下简称投资办）的直接领导下，牢固树立经营城市理念，以加快××城市发展为己任，紧紧围绕向国家开发银行（以下简称开行）申贷这一主题，拓展思路、抓住机遇、积极探索、锐意进取，全面完成了 2005 年工作目标和各项工作任务，为××城市建设和经济发展做出了一定贡献。回顾今年所做的工作，主要有以下几个方面：

一、主要工作成绩

（一）明确思路

1. 明确建投公司投、融资的主体地位。建投公司是阜阳市政府为加快城市基础设施建设步伐，深化城市建设投、融资体制改革而批准设立的具有独立法人资格的国有独资企业，也是市政府利用组织优势，调控、整合城市资源，加大投资力度，完善城市功能的操作平台。其主要宗旨是树立经营城市理念，创新市场融资方式，将政府行为变为企业运作。建投公司的设立，使"政府引导、市场运作、公司经营"的新机制、新理念有了明确的载体。

2. 明确建投公司政府性投资项目的实施主体地位。为加强开行贷款资金管理，强化项目决策，必须首先从机制上进行完善和规范。为此，市政府专门成立政府性投资项目管理委员会（以下简称投资委），作为决策机构，对政府性投资项目进行决策指导。投资委下设投资办作为承上启下的中间机构，直接领导、督促建投公司及时把投资委的决策贯彻落实、具体实施，形成了宏观（投资委）、中观（投资办）、微观（建投公司）三位一体的管理体系，确立了建投公司政府性投资项目的实施主体地位。

3. 明确建投公司的主要职能和任务。建投公司作为我市城市基础设施的投融资运作主体，从设立之初，就明确了职能和任务：一是融资，依托政府有效资产，按市场化运作方式，多渠道筹措资金，满足城市建设资金需求；二是投资，投资重点是城市基础设施和市政公共设施（政府性投资项目），同时选择有全局带动性和有较高收益的项目进行投资，增加收益，壮大实力；三是还贷，建立债务偿还机制，高效运作城市资产，促进城市建设资金的良性循环和土地资本的不断增值，确保债务按期偿还。

4．明确工作思路。在明确定位、职责和任务的基础上，建投公司明确了 2005 年的工作思路：服务于××经济发展的大局，以建立科学、规范、高效的管理机制和运行机制为重点，全方位打造公司的核心竞争力，抓好项目建设，规范资金管理，积极实施多元化经营战略，增强公司自我积累、自我发展的能力，实现公司健康、持续、快速发展。

（二）完善机制

1．完善法人治理结构。开行贷款资金量大、涉及面广、政策性强，为切实完成承贷建设和还贷职责，建投公司按照现代企业制度和《公司法》的要求，制定了公司章程，成立了董事会、监事会和经理层。2005 年 8 月 18 日召开了公司重新组建后的第一次董事会，标志着公司法人治理结构已步入正常运行轨道。董事会、监事会和经理层三者按各自分工，充分发挥职能，切实做到决策民主化、监督制度化、管理规范化，形成了决策机构（董事会）、监督机构（监事会）、实施机构（经理层）相互制约、相互支持、相互配合的管理模式，完善了组织架构。

2．完善规章制度。进入实质性运转以后，为开好局、起好步，切实做到管理规范化、科学化、制度化，确保开行贷款的政策安全和资金安全，建投公司参照外地经验，结合我市实际，先后制定了《××市政府性投资项目管理办法》、《××市政府性投资项目资金管理办法》、《××市经济技术开发区政府性投资项目资金管理办法》、《××市国有土地使用权出让金征收使用管理暂行办法》等 12 个规范性文件和实施细则。规章制度的完善和建立，为开行贷款项目顺利实施提供了政策保障和法律依据。

3．完善内部运行机制。完善运行机制是建投公司强化内部管理，规范公司行为的重要环节。为此，公司从实际工作需要出发，经多次讨论、酝酿，先后制定了《××市城市建设投资有限公司管理大纲》、《××市城市建设投资有限公司各部门工作职责》、《××市城市建设投资有限公司廉政建设规定》等 24 个基本管理制度（已编纂成《文件汇编》），明确了内部分工和职责，建立了上传下达、政令畅通、团结协作、规范有序的工作秩序。此外，公司还把企业文化建设、廉政警示教育和加强法制学习等作为日常工作的重要内容，进一步强化了内部管理，增强了责任意识，使团结协作、爱岗敬业成为员工的自觉行动，有力地推动了各项工作顺利开展。

（三）规范运作

1．规范 2005 年投资计划编制工作。根据投资委领导的意见，在市投资办的悉心指导下，建投公司本着把握政策、摸清情况、认真编制、规范操作、逐级上报的原则，精心组织编制了 2005 年投资计划，并在第一次投资委全体会议上获得通过。完备的投资计划，增强了工作的目的性、主动性和可操作性。

2．规范项目工程招投标。招投标是项目建设的关键环节。今年以来，建投公司严格按照"公平、公正、公开"的原则，依照有关法律程序和规定，积极推进招投标工作：一是在首次运作开行贷款项目的招投标过程中，在全市范围内公开招标选择招标代理机构和预算编制机构，同时组织现场勘察和招标文件答疑，采取弱化标底、合理低价中标的方式，使项目工程平均中标价比预算价降低20％；二是在对颍州路人行道改造标段和阜临路道路改造的6、7标段，采取了国家最新推行的工程量清单报价方式招投标，开创了阜城工程量清单报价招投标先河；三是在南城河拆迁过程中，公司按照相关法律、法规规定，认真进行拆迁评估，制定拆迁方案，并向拆迁管理部门提交了颁发拆迁许可证所要求的全部要件，如期举行了拆迁听证会，此举首开我市城市公益事业行政许可听证会记录。

3．规范项目实施和资金管理。为确保开行贷款项目顺利推进，加强资金管理，提高资金使用效率，建投公司相应制定了《××市城市建设投资有限公司政府性投资项目实施细则》、《××市城市建设投资有限公司项目运作流程》、《××市城市建设投资有限公司政府性投资项目资金拨付程序》等一系列项目实施和资金管理细则，规定了严格的项目操作和资金拨付程序，保证了开行贷款项目实施和资金规范使用。

4．规范人员招聘程序。根据市政府有关会议决定和市领导有关指示精神，建投公司会同人事部门制定严格周密的人员招聘方案，在市纪检等部门的监督下，对参加应聘人员的资格进行了严格审查；精心组织笔试和面试，最后对拟录用人员进行了公示。经过严格把关，层层筛选，最后经批准公司录用了五名专业技术人员，为公司今后各项工作的开展奠定了基础。

（四）抓住重点

1．向开行申贷取得重大成果。2004年12月上旬，开行信用评审委员会通过了我市的信用评审，确定了10亿元的贷款授信额度。2005年初我市申贷进入了最关键的贷款评审阶段，而开行严格控制贷款规模，基本停止了新增城市基础设施贷款项目审批，致使申贷工作一度陷入困境。根据×××市长的有关指示精神，市财政局、建投公司有关人员不辞辛苦，七上合肥，八下北京，采取"死看硬守"的方式，经过艰苦不懈的努力，我市城市基础设施项目贷款于2005年4月1日正式通过开行贷款评审委员会评审，最终落实我市城市基础设施贷款为8亿元人民币，至此，申贷工作取得重大成果。

2．精心组织开行贷款的签约仪式。根据投资委6月19日会议精神，为做好开行贷款签约仪式的筹备工作，建投公司在有关部门大力配合、支持下，对签约活动所涉及的仪式议程、领导讲话、致辞、现场新闻采访、答记者问等一系列事项进行了精心策划。由于准备充分，运作有序，开行与××市政府开发性金融合作协议暨城市基础设施建设项目贷款签约仪式于7月10日在我市开发区隆重举行，并取得圆满成功。

3．融资工作取得重大突破。根据借款协议，8亿元开行项目贷款资金将分四年逐步到位。考虑到我市城市基础设施建设的实际资金需要，经过公司努力，开行在2005年用款安排一个亿的基础上，又给我市增加了2亿元用款额度；同时在开行的协调、支持下，采取联合贷款方式，又从工商银行争取到3亿元贷款额度。一系列融资成果，有力保证了我市今、明两年的建设资金需求，超额完成了投资委下达给建投公司2005年的融资任务。

4．推进项目建设。受国家土地政策调整影响，今年我市开行贷款项目拟新建道路征用土地报批暂无法落实，为此，建投公司及时调整投资计划，提早实施具备开工条件的老城区道路和人行道改造工程。颍州路、文峰路、清河路、颍河路四条道路的人行道改造已全面展开；青年路道路及管网改造工程前期工作已经完成，春节后即可着手实施；南城河综合治理一期拆迁工作，经多方协调，正稳步推进，现已完成50余户的拆迁，占应拆迁户数的58.8%。

5．做好开发区中小企业贷款试点工作。此次中小企业项目贷款试点是我市继8个亿城市基础设施贷款之后，与开行展开的新一轮金融合作，在整个贷款试点过程中，建投公司精心搭建平台，建立偿债机制，增强信用建设，制定规章制度，规范操作流程，首批3000万元中小企业项目贷款资金已发放到开发区园内7家中小企业手里，并于2005年12月8日在建投公司举行了贷款签约仪式。

（五）搞好协调

1．积极做好向各级领导的汇报工作，争取支持。为保证开行贷款项目顺利实施，争取各级领导支持，公司分别于今年4月20日、5月28日向市长办公会议和市政府常务会议作了开行贷款项目有关情况汇报，会议对此进行了研究并形成会议纪要；8月4日，市人大×××副主任、市政府×××副市长到公司检查指导工作，在听取工作汇报后分别作出了重要指示；11月3日，根据领导安排，公司就开行贷款项目情况和已实施项目进展情况向市人大主任会议作了专题汇报，市人大各位领导同志对公司前期工作给予了充分肯定，同时对开行贷款项目实施、资金管理、偿债机制建立等方面提出了指导性意见；12月11日，公司就工作中遇到的有关问题和2006年工作思路向市政府有关会议作了汇报。通过汇报，取得了各级领导对建投公司工作的理解和支持，为公司下一步工作的开展创造了良好的外部环境。

2．加强与各职能部门的协调配合，营造良好的工作氛围。开行贷款项目运作过程中涉及方方面面，必须搞好协调配合。在项目实施过程中，建投公司积极和建委、土地、房产、规划和辖区政府等部门加强协调，统一步调，形成合力，对在项目实施过程中遇到的问题和情况，主动和有关部门沟通、协调，从而保证了项目建设顺利实施。

（六）加强监督

1．成立监督机构，加强项目招投标监督。为贯彻落实市政府第37次常务会议精神，确保对项目实施和资金管理进行有效监督，建投公司成立了审计监督室，并从市监察、审计部门抽派专人办公。审计监督室根据工作需要，制定了《××市城市建设投资有限公司审计监督管理办法》和《审计监督室工作意见》，对工程建设程序、建设资金使用等方面都作出了明确规定，使监督工作进一步规范化、制度化，确保监督到位。工程项目招投标监督管理，是实行阳光操作的关键环节。审计监督室积极参与开行贷款项目招投标过程中招标文件的制定和审核、投标单位的资格审查和评标定标工作，对招投标工作进行全过程监督，保证整个招投标过程公开透明。

2．发挥监事会的监督职能。为了加强对公司资产运营的监督管理，健全公司监督机制，监事会制定了《××市城市建设投资有限公司监事会议事规则（试行）》，按照有关法律、行政法规和财政部门的有关规定，以财务监督为核心，对公司的财务会计活动及公司负责人的经营管理活动进行监督，确保国有资产保值增值。

二、存在问题

2005 年建投公司上下凝心聚力，开拓进取，取得了一系列融资成果，稳步推进项目建设，较好地完成了市委、市政府和市投资办交办的各项工作任务。但同时我们也要清醒地看到，工作中还存在着一些不容忽视的问题，主要表现在：

1．偿债机制尚未有效建立。根据市人大有关决议和市政府有关规定，偿债机制的许多政策已经制定，但尚未得到很好落实，这种状况发展下去，势必影响开行贷款的本息偿还。

2．部门关系尚待理顺。城市基础设施开行贷款项目是一项系统工程，涉及面广，各部门必须高度重视、积极配合才能保证项目顺利推进。从前期工作情况看，部门之间的关系有待进一步理顺。

3．项目资本金没有完全到位。按照我市 2006 年工程建设用款计划和与开行签订的借款合同，明年将到位贷款资金 3.9 亿元。根据有关合同约定，我市需按比例配套项目资本金约 1.95 亿元，而现在项目资本金尚有很大资金缺口，如不能得到解决，势必影响开行贷款及时提取使用，加大财务成本。

4．内部运行机制尚待完善、落实。公司的内部管理制度尚未完善，激励、约束机制尚未建立，中长期发展战略尚未制定，公司经营运作尚未开始，这些问题将影响和制约公司长期可持续发展。

新的一年即将来临，让我们振奋精神，坚定信心，以奋发有为的良好精神状态和扎扎实实的工作作风，正视、克服、解决公司起步阶段面临的诸多困难和问题。理清工作思路，推进项目建设，强化资金管理，完善运作机制，提高竞争实力，为全面出色完成 2006 年既定的工作目标而努力奋斗。

2005 年 12 月 20 日

抓礼仪教育，创文明校风

我们中华民族素有"礼仪之邦"的美称，五千年悠久的历史，不但创造了灿烂的文化，而且也形成了古老民族的传统美德。我们巴蜀小学是重庆市的重点学校，一九九四年我们被授予重庆市首批"文明礼仪示范学校"的光荣称号，一九九五年被评为四川省校风示范学校。我们一贯引导学生学习"规范"，学会做人，教育学生在家做个好孩子，在校做个好学生，在社会上做个好少年。开展文明礼仪教育活动，我校已经有十几年的历史了，本学期我校开展的"学做文明礼貌小学生"系列活动就是前几年开展的"让文明的旗帜飘起来"系列活动和"学规范，学做人"系列活动的延续和发展；是贯彻市教委"一九九八到一九九九学年度中小学德育工作要点"，深入开展文明礼貌教育活动，争创新重庆首批"校风示范学校"的手段；从而达到以人为本，提高师生道德水平和文明程度，育人兴校的目的。

一、学习"规范"，让"规范"深入人心

要让学生具有良好的文明行为，就必须首先学习"小学生日常行为规范"，只有让"规范"深入人心，才可能实施"规范"。为此我校就"规范"向学生进行了广泛的宣传，深入的学习。一是在开学典礼上，利用"开学动员"和大幅标语对"学规范，学做人"这一教育中心进行宣传，营造教育气氛。二是每周升旗仪式利用国旗下讲演时间，有计划地进行"学习规范"的系列讲演，让学生学习礼仪常规和待人接物的原则，使"规范"深入人心。三是各班级根据学校的周教育重点和学生的实际，每周分重点、分专题对学生进行"规范"的学习教育，使"学规范"更细致、更深入。

二、从常规训练入手，使文明具体化

对学生进行系统的"规范"学习后，要让学生真正掌握"规范"的内容，运用"规范"待人接物，我们还对学生的行为进行了严格训练。

1．全校性集合排队，进场秩序的训练。

2．做操动作规范、整齐化一的训练。

3．站、立、行的军事化的训练。

4．每天进校时敬礼、问好姿态的训练。

5．队礼、队歌、国歌、升旗仪式规范性的训练。

三、用义务清扫的具体行动，创造文明的环境。

为了让学生深刻地体会到优美环境的好处，学校少先队大队部号召各班成立"义务清扫突击队"，对校园的清洁卫生天天坚持清扫，让学生人人参与义务清扫，人人分享劳动成果，人人从劳动中受到教育，人人都不忍破坏自己亲手创造的干净环境，人人都不允许别人践踏自己的劳动成果,使维护环境卫生，成为自己的事。

同时，学校德育处还实行了教室卫生、过道卫生、公地卫生各班责任包干的办法。各班负责清扫、维护、保洁。除红领巾监督岗每天两次检查外，德育处还每周不定期突击检查，发现问题取消本周卫生流动红旗。

四、争当文明小卫士，形成良好的文明竞争风气

在整个"学做文明礼貌小学生"活动中，"争当文明小卫士"一直贯穿始终。"文明小卫士"的争当，必须是通过自荐、班级核实、大队部批准三个程序。也就是只要自己认为自己符合一个"文明小卫士"的标准就可到大队部自己推荐自己当文明小卫士，不必要同学选举，不需老师推荐，只要大队部到班级核实，文明行为基本属实，即可当上文明小卫士，然后担任红领巾监督岗执法工作。

"自荐"，其实是给每个学生改正缺点、努力上进的一个机会，让学生明白只要自己努力，也能当上"文明小卫士"。在"争"的过程中，使学生自然而然地规范自己的言行，自觉做到文明守纪，主动养成文明习惯。不管这个学生最后当没当上"文明小卫士"，在"争创"的过程中，他或多或少受到了教育，规范了自己的言行；而当上了"文明小卫士"，参加了红领巾监督岗大执法工作后，除了用良好的文明言行为大家作出示范外，还要纠正校内不文明行为。这样既强化了文明小卫士们的文明言行，又监督、纠正、制止了不文明行为，在学校形成人人争当文明小卫士。

五、"学做文明礼貌小学生"全校性中队主题队会观摩比赛，规范了学生的言行，展示了班级的文明风采。

一九九八年十二月，我校全校性的"学做文明礼貌小学生"中队主题队会观摩比赛隆重举行。比赛分四个评审组同时进行，历时四天。全校 32 个班个个独立成中队参赛，共评出一等奖 6 名，二等奖 15 名，是我校近几年来中队主题队会活动质量较高、效果较好、规模较大的一次比赛。

此次队会比赛活动，有以下几个方面的特点：

1．老师全员行动，学生整体参与，积极、热情。

这次队会比赛，全校不仅每个班参加，而且每个班的每个学生都积极参与，活动面达 95％以上。阵容强、声势大。班主任老师高度重视，积极行动，认真对待，从队会前的活动开展、思想教育、队会的材料收集整理到队会的结构设计、内容、串词的创编、学生的训练，等等，花费不少时间，付出了艰辛的劳动。

此次队会比赛虽然没有设立科任老师的奖项，但科任老师们密切配合，积极参与。不管是出主意，想办法，还是做道具，搞训练，老师们主动、热情、有求必应。

2．队会内容来源于学生实际，真实具体，有教育实效性。

本次队会前有三个月的"学做文明礼貌小学生"系列活动作准备，有一个思想教育、认识、实践、转变、提高的过程和一个月的活动总结、素材提炼过程，使队会内容来源于学生活生生的生活现实，具体生动。有的队会全方位反映了本中队历年来的文明礼仪教育活动，有的局部反映本中队某一方面的文明礼仪活动或特色性的文明礼仪活动；有的是文明礼仪知识的宣传和学习，文明常规的训练和实践；有的则是对具有良好行为的人和事进行宣传与颂扬等。有教育实效性，使队会上了一个新的台阶。

3．队会中锻炼了学生的自主性，规范了学生的言行，培养了学生的能力。

由于队会内容大都取材于学生的生活，学生大都能将自己的生活用小品、诗歌、三句半、歌曲、舞蹈等形式自己创编出来，充分培养了学生的自主性；在说、唱、表演中，又充分训练了学生的能力。由于队会的训练，还更进一步地规范了学生言谈、举止文明程度，使学生的言谈、举止、表演做到落落大方，自然得体，又能做到文明、规范。

4．众多的队会还体现了可贵的创新精神。

所有的参赛队会，不仅做到了主题鲜明，有教育实效性，体现文明向上的班风，还着力在队会的构思精巧，形式多样有创意等方面下工夫，追求较高的艺术性。

三年四班的队会——文明大本营，大胆地引进了"欢乐大本营"的形式，通过"文明回答"、"文明放送"、"文明 Party"三个版块，让学生去了解文明、学习文明、实践文明。整个队会娱乐性强，学生乐于参加和接受，真正达到了寓教于乐的效果。四年四班的队会——规矩与方圆，以刚刚结束不久的军训为线索，取材于学生所熟悉的生活实际，设计独具匠心。一年六班的队会——我们都是好孩子，让"文明"在优美的舞姿和可爱的笑脸中得以证实，观其队会，宛如观看一部音乐舞蹈片，给人以美的享受。另外，四年二班队会中的"吃苹果"，六年二班队会中的"'人'字立起来"，五年二班队会中的"生活聚焦"等都独具创意。

整个主题队会比赛，既是队会赛场，又是学生文明行为的练兵场和班级文明风气的展示台；是全学期学校"学做文明礼貌小学生"活动的小结，也是向市教委交上的一份"创校风示范学校"的答卷。它既反映本学期我校的学创活动情况，又反映了我校学生的文明风彩。我们巴蜀小学的办学宗旨是培养合格加特长的人才。"合格"即教会学生做人；"特长"是要培养学生在求真知的同时学创造、谋发展。我们坚信，经达我们的努力，一代高素质的跨世纪人才将在巴蜀摇篮里诞生。

××小学

1999 年 7 月

一、结合例文一和例文二，说说它们分别是哪种类型的总结，分析结构包括哪些部分。

二、总结与调查报告有哪些区别？下面一篇文章是调查报告，还是经验总结？请结合文章内容具体分析。

两种政策　两种命运
——香河县两家养鸭龙头企业一兴一衰的对比启示

香河县英香鸭养殖加工有限公司和侨香食品有限公司两家初具规模的农业产业化经营的龙头企业，是该县近来分别与英国和日本合资兴建的。两家企业的养殖品种、加工形式和销售方式全部相同，对养殖、加工、销售樱桃谷鸭这个项目前景同样看好。可行性调查表明，每只鸭的利润为 5 元至 10 元，利润率为 14%～28%，国际市场呈现出供不应求的局面。这一切无疑给两个公司带来良好的发展机遇。然而结果迥然不同：英香公司从 1990 年建立就开始亏损，现已宣告破产，侨香公司却呈现出强劲的发展势头，去年 7 月份正式生产，今年前 9 个月就完成产值 1200 万元，利润 85 万元，产成品鸭 35 万只，预计到年底完成产值 2000 万元，利润 100 万元，成品鸭 50 万只。两个龙头企业一兴一衰，给人以深刻启示。

启示之一：盲目投资与滚动发展。两公司在创办中都追求实现"两上两高"（上规模、上水平、高起点、高产出）的目标，但实现目标的方式却大不相同。英香公司脱离现实条件盲目投资，试图一步到位，结果企业预计投资 404.4 万美元，实际投入 1012.8 万美元，超出计划 608.4 万美元；进口屠宰设备投入 75 万美元，而购置国内同类设备只需 75 万元人民币；投资 96 万美元的羽绒设备和服装设备，至企业破产 6 年间基本闲置无用；特别是基建投资，预计 243.4 万美元，由于基建工期拉长及物价上涨，且未缩小基建规模，使实际投入达 842.8 万美元，超计划 240%。企业投入的资金大部分来自贷款，使其在未投产前就背负了额 326 万元人民币的利息，企业盈亏的平衡点远远超过年 120 万只鸭的养殖和加工规模水平，从而引发了全局性变化，使每个环节都难以适应。而侨香公司一开始就坚持总体规划、分步实施、滚动式前进的发展方针。企业总投资 250 万元，屠宰场租赁方式，与全部自建相比，减少投资千余万元。如建一个同样规模的冷库需投资 500 万元，而租赁只需 15 万元。量力而行，精打细算，为企业创造了良好的发展环境。

启示之二：异体化与一体化。产业化经营的龙头企业是以商品基地为依托的。英香公司没有严格意义上的生产基地，而是以分散的农户养殖为依托，且与农户没有签订严格的合同，没有结成利益共同体，当市场价高于公司收购价时，农户就脱离公司去追求更大利润，使公司的鸭源没有了保证，造成企业生产环节上的异体。侨香公司则注重基地建设，租地1000亩，投资156万元建起养殖基地，并且采取承包形式，通过签订合同，明确公司与农户间的责权关系，公司负责饲料供应、技术服务、回收商品鸭，承包方负责饲养公司供给的鸭苗，使公司与各环节结成不可分割的整体，实现了繁养、加工、销售的有机结合，从计划投苗到出栏，从数量到质量均有了可靠保证。由此看来，共同利益最大化及分配合理是农业产业化经营的生命之源，龙头企业必须善于通过实行股份制、合作制、股份合作制等方式，使公司与农户共享经济利益，共担市场风险。

启示之三：单纯货款与多渠道融资。英香公司在固定投入与流动资金方面单纯依靠银行，资金到位率低，延缓了基建速度，没能建起养殖基地，新产品开发也不能正常运行，致使产业链无法延伸。侨香公司则采取合股、联营等多种形式融通资金，顺利及时地建起孵化中心、养殖场、屠宰场，使繁养、加工销售各环节都能互相适应，营运良好。由此可见，发展农业产业化龙头企业，融资形式非常重要。融资多渠道不仅可及时解决企业的资金缺口，而且使产业链各环节连接更为紧密，资金投入各方与产业链上各经济实体融为一体。

启示之四：市场不适与驾驭市场。英香公司生产初期没有打开国际国内市场，待生产规模扩大后，因产品销路不畅而造成积压时，方才注意开拓市场，可为时已晚。由于产品积压，致使收购价格低，挫伤了农户养鸭的积极性，使企业丧失了鸭源。当打开外销市场时，又没有可生产规模，造成顾此失彼。而侨香公司自成立之初就注重开拓国际市场，掌握市场行情，争取市场主动权。它们顺利打开韩国、日本等国际市场，产品一直供不应求。以上事实，不难看出，作为农业产业化经营的龙头企业，其自身不单单是与农副产品相关的加工企业，而应当是具有开拓市场、引导生产和流通服务功能的经济实体，是连接农户与国内外市场的桥梁。有了市场开拓能力，并形成一定规模，才能产生大的效益，才能解决千家万户小生产与国际大市场想衔接的问题，才能在激烈的市场竞争中立于不败之地。

三、下面是总结《坚定信心，落实措施，争取尽快摘掉"空壳"帽子》的三个开头，试加以评析，确定一个最好的。

1. 在县社的领导和帮助下，在当地党委和政府的大力支持下，面对经济基础薄弱的实际情况，我们供销合作社理事会进行了认真的讨论和研究，通过分析有利条件和不利因素，坚定了一班人的信心。

2．春节前，我们对全年的工作做了初步安排。全省供销社主任会议后，我们又召开了理事会和扩大会议，并于3月19日至21日召开了县联社全体干部参加的供销工作会议。会上介绍了太平供销社摘掉"空壳"帽子的典型经验。

3．我们太平供销社1985年末总资产为87.1万元，总负债106.9万元，"空壳"19.8万元，现有包袱30.5万元。其中待摊费用2.1万元，待收款2.3万元，流动资金赤字3.1万元，商品潜在损失10.5万元。面对经济基础薄弱的实际情况，我们进行了认真的讨论研究。通过分析有利条件和不利因素，我们坚定了信心，在统一思想的基础上，制定了"填壳"计划，落实了具体措施，收到了良好效果。

四、下面是××县卫生局一份工作总结的层次安排，请按总结结构的知识检查一下该文在结构层次方面存在的问题。

开头：概述了一年来总的工作情况及取得的主要成绩。

主体：并列讲了以下六个问题

（一）加强各级领导班子的自身建设。

（二）健全制度，落实岗位责任制，不断提高管理水平。

（三）做好基层卫生网点的建设工作。

（四）加强地方病的防治工作。

（五）基层卫生工作出现了新面貌。

（六）问题及今后打算。

五、就下列写作要求，任选其一，写一篇总结。

1．以自己中专阶段学习某门课程的得失为内容，写篇600字以上的总结。

要求：①题目自拟；②要有典型具体事例和可信的数据；③总结出几条真实的经验和教训。

2．就自己入校以来的情况，写一篇个人总结。

要求：①自拟题目，最好用双标题；②着重写自己收获最大或体会最深的方面；③主体部分用小标题分别概括各层次的内容。

3．为班级写一份学期工作总结（提示：可先由班委成员逐一介绍本班学习、纪律、文体等各方面的情况，然后集体讨论，找出主要成绩和问题。最后每位同学写出一份班级工作总结，以小组为单位传阅讨论，每组选出一份最好的在班内宣读。）

第三节 规章制度

一、规章制度的性质和特点

1. 规章制度的性质

规章制度是国家机关、企事业单位和社会团体根据党和国家有关的法律政策，结合本单位、本部门的实际情况制订的，要求大家共同遵守和执行的事务文书。

2. 规章制度的特点

1）具有政策法规性。规章制度是根据党和国家的政策、法令、法律和法规制定的，是一定范围内的组织和人员必须遵守的具体规范。具有很强的约束力、鲜明的法规性和强烈的权威性，一旦正式公布并实施，人人必须遵守执行。如有违反或拒不执行，就要受到处分和处罚。

2）具有针对性。规章制度是为了规范人们的行为，解决一定条件下的某种问题或某种倾向，保证正常的秩序而作的一种具体的规定，有明显的针对性，什么内容的规章制度，适用于哪一部分人，是很明确的。例如，《班级公约》针对的是制订公约班级的全体同学，《全国青少年网络文明公约》适用于全国每一个青少年，而《××局办公室主任岗位职责》则只针对该局担任办公室主任职务的某一个人。

3）具有严密性和稳定性。规章制度的各个条款必须符合党和国家的方针、政策，符合实际情况。凡是涉及规章制度内容的各种可能出现的情况，都必须周密地考虑到，并有对应的规定或解决措施。文字表达要准确无误，使用的语言不能含糊。规章制度的内容之间不得自相矛盾或出现解释不通的地方，要严密周到。制定前要深入调查研究，广泛听取意见，反复修改，做到符合实际，切实可行。一经制定，就要求相对稳定，不能随意改变。

4）具有条文性和条款性。规章制度是对某一方面活动的种种情况的规定，必须具有很强的条理性，才能使人一清二楚。条文性和条款性就是这种逻辑上的条理性在文体结构上的反映和要求，因而，规章制度的具体内容通常以条文、条款的方式来陈述。

二、规章制度的作用和种类

1. 规章制度的作用

1）保证党和国家方针政策的贯彻实施。各种规章制度是以党和国家的方针、政策、法律、法令为依据，使其条文化、具体化、规范化、制度化。它具体规定了人们的责、权、利，通过具体条例的落实，使党的方针、政策在实际各项工作中得到贯彻执行。

2）保障各项工作有序进行。我们的现代化建设是多方面的，尤其在市场经济运行中，各行各业的建设和发展，都需要有合理的规章制度保证其计划和目标的贯彻执行。上至最高领导机关，下至基层各行各业，都要根据需要制订相应的规章制度，用以指导、约束、规范人们的行为。否则人们就会无法可依，无章可循，各行其是，成为一盘散沙，各部门也无法协同动作，步调一致，共同发展。所以，规章制度能保障各项工作稳定、有序地进行。

2. 规章制度的种类

规章制度按其性质和制定权限的不同，可分为法规性规章和一般性规章两大类。

（1）法规性规章

法规性规章是具有法律性质和公文效用的规章制度，多为政府的重大法令及用于规定各种业务的办事标准、程序。一般由国家立法机关和行政机关按照宪法规定的权限制定，并且以行政命令分布施行。法规性规章通常包括"条例"、"规定"、"办法"、"细则"等。

1）条例。条例是由国家权力机关或行政机关为某一方面的长期性工作而制定的法规性文件。通常是对某一政策、法律和法令所作的补充说明和辅助性规定。一般由国家重要会议通过，由国家权力机关颁布。其特点是内容原则，约束力强，具有法定的强制性和权威性。例如《中华人民共和国企业法人登记管理条例》、《中华人民共和国城镇土地使用税暂行条例》。

根据国务院办公厅发布的《行政法规制定程序暂行条例》的规定，国务院各部门和地方人民政府以及企事业单位、机关、团体制定的规章不得称"条例"，只有国家最高权力机关和最高行政机关或受这些机关委派的组织才有权力制订条例。

2）规定。规定是对某项具体工作、活动或专门问题提出比较具体的指导性意见或政策的法规性文件。规定多由中高级机关制发，且要通过"命令"或"通知"等形式下发。具有强制遵守和执行的权威性与效力。例如财政部《关于事业单位财务管理的若干规定》。它的特点是内容比较具体、全面，形式灵活，适用范围广泛。

3）办法。办法是依据一定的方针政策、法令条例，针对某项工作中所要处理的事项而提出具体解决方法的法规性文件。它常是条例、规定的具体化，应用非常广泛，各类行政机关、社会团体、企事业单位都可为处理自己的一些具体事务而制定。其特点是内容具体、务实，规范的对象较集中，提出的办法切实可行。例如《对外承包企业创汇奖励实施办法》。

4）细则。细则是贯彻国家有关法律、法规、条例、规定或办法时制定的更加详尽、具体和便于执行的条款，是对某些法规、条例、规定或办法的具体化及对其中部分条文的解释、阐明或补充。特点是内容细致，针对性强，具有明显的依附性和补充性。例如《中华人民共和国企业法人登记管理条例施行细则》，第一条就是："根据《中华人民共和国企业法人登记管理条例》第三十八条规定，制定本施行细则"，可见它的针对性和依附性。

（2）一般性规章

一般性规章主要用来规定各机关、团体、企事业单位在其职权范围内的某些管理工作的规范事项，主要包括章程、制度、规则、公约、守则、职责等。一般规章不需经过法定程序，制发单位可根据有关法律行政法规或规章，结合本单位实际工作来制定实施。

1）章程。章程一般是政治、经济、文化团体或组织制订的组织纲领和规章制度。内容包括该团体或组织的性质、宗旨、任务、组织机构、成员条件、权力、义务和活动规则等。如《中国共产党章程》《天同集团企业管理章程》及各种学术团体的会章等。它是由该团体或组织的最高组织机构——代表大会通过并颁发的，是一种根本性的规章制度，具有很强的权威性和准则性。国家行政机关及其职能部门不用章程。

2）制度。制度是由机关、社会团体或企事业单位根据实际需要，针对某项工作或专门问题提出的要求和规范。它所涉及的工作和问题，比起"章程""条例"相对小些，主要偏重于具体的工作规程和办法。如《河北省供销社信访工作制度》、《办公室文印管理制度》、《职工教育管理制度》等。

3）规则。规则是有关部门为维护活动纪律和公共利益而制定的要求大家遵守的条规。如《中共河北省供销合作联合社党组议事规则》、《石家庄市图书馆借阅规则》。

4）公约。公约一般是由一定范围的社会成员集体讨论，在自觉自愿的基础上制订的共同遵守的行为规范。它可由群众自发提倡、讨论制订，如《××小区文明公约》、《爱国卫生公约》、也可由领导和群众相结合讨论制度，如《××商店服务公约》，还可由领导机关根据群众的意愿而制订，如《首都人民文明公约》。

公约与规则不同，公约是群众自己订立的，不带强制性；而规则则是由领导机构或权威机构根据实际需要制定的，其约束力比公约大得多。

5）守则。守则是机关团体、企事业单位制定的要求所属成员共同遵守的工作道德规范和行为准则。如《中等专业学校学生守则》、《国务院工作人员守则》。

守则与公约的区别是：前者由行政单位或团体发布，后者由群众讨论产生；前者的针对性强，约束力更大，规定的内容也更具体。

6）职责。职责是企事业单位对所属人员及各个岗位职务应尽的职务责任进行的具体而明确的规定。内容一般包括岗位职责、工作权限、协作要求，有的还写明奖惩办法，职责因岗而异，什么岗位、担任什么职务、应具备什么素质、需要制定什么职责，都要有客观的质和量的规定。如《教务科长岗位职责》、《××供电局发电站岗位职责》。

三、规章制度的格式和写作要求

（一）规章制度的基本格式

由于规章制度的种类不同，内容、范围各异，所以写作格式和写法略有不同。但它们的结构写法又有许多相同之处，一般包括标题、正文和落款三部分。

1. 标题

规章制度的标题一般有三种写法：第一种是由发文单位名称、事由和文种三部分组成，如《财政部关于企业财务检查中处理财务问题的若干规则》。第二种由制发单位名称和文种组成，如《中国作家协会章程》。有时也可用国家名称代替机关名称，如《中华人民共和国人民警察警衔条例》，这表明制定者是最高人民政府或国家最高权力机关。第三种是由事由和文种组成，如《关于企业国有资产办理无偿划转手续的规定》、《阅览室规则》。

如果制发的规章制度是试行、暂行，则应在标题内文种前写明。如果该规章制度是草案，则应在标题后用括号加以注明，如《国务院关于技术转让的（暂行）规定》、《中等专业学校学生守则（试行草案）》。有些重要的规章制度会在标题下面用括号注明该规章制度何时、何部门、何会议发布、通过、批准、修订等项目，如《中华人民共和国企业法人登记管理条例》（1988 年 5月 13 日国务院第四次常务会议通过，1988 年 6 月 3 日国务院第一号令发布）。

2．正文

从全文来看，规章制度的正文基本结构方式主要有两大类：章条式和条款式。

（1）章条式

章条式也叫分章列条款式，即将规章制度的内容分成若干章，每章又分若干条，根据需要条下有时又分若干项。第一章是总则，中间各章叫分则，最后一章叫附则。

1）总则。一般写原则性、普遍性的内容，包括的主要内容有：制定依据、制定目的（宗旨）和任务、基本原则、适用范围、有关定义、主管部门（该项有时也可视具体情况置于分则或附则中）等情况，类似于文章的前言，对全文起统领作用。

2）分则。从总则以下到附则以上，中间的若干章均为分则。分则是全文的主体部分，通常按事物间的逻辑顺序，或按各部分内容的联系，或按工作活动程序以及惯例分条列项，集中编排。表述奖惩办法的条文也可单独构成惩罚则或奖励则作为分则的最后条文。

3）附则。附则通常是全文的最后一章，一般说明该规章制度的实行程序与方式、生效日期、与有关文件的关系及其他未尽事宜的处置办法、作解释权的单位名称等内容。附则只设一章，根据需要，下可分若干条，也有附在最后不单独成章的。

法规、条例、准则、规则、章程等条文较多、内容较全面和系统的规章制度多采用章条式。

（2）条款式

条款式写法不分章，而是分条列项来阐述。适用于内容比较简单的规章制度，如守则、公约、须知等。条款式有两种形式：一种是前言条款式，一种是条款到底式。

1）前言条款式。这种形式分前言和主体两部分。前言不设条，而是简要概述制定该文的目的、依据、性质、意义，常用"为了……特制定本规定"或"为了……根据……特制定本守则"的表述模式。主体部分通常分若干条款写明规定的事项，一般按先主后次、先原则后具体的顺序，逐条写来。

2）条款到底式。这种方式的全文都用条款来表述，一贯到底，不另分段作说明。这种写法并非不要前言、结尾，而是将前言、结尾都用条款标出。

有的条款式规章制度如公约、须知，因为内容简短，为了易识易记，常采用口诀式写法。

采用分章列条款式或条款式的写法，条理清晰，层次分明，便于记忆、阅读，便于查找、引证，也便于贯彻执行。

3. 落款

在正文结尾后右下方写上制定本规章制度的单位名称，名称下方写上发文时间年、月、日。如果标题已反映出这一部分内容，末尾则不必再写。

（二）规章制度的写作要求

1）要符合党和国家的方针政策、有关法规法纪。规章制度是政策、法律的具体化，制定前必须认真学习党和政府有关方针、政策，理解其精神，结合本地区、本系统、本单位的客观实际进行撰写。

2）要明确制定的权限。不能超越权限随意制定，注意下级制定的具体规定、要求不能同上级的规章制度条款相抵触。为此，有的规章制度在制订前还要报有关领导或上级组织核准备案。

3）规章制度的内容要具体、切实、周密。要对涉及对象的各有关方面都作出规定，做什么，不做什么，应该怎样，不该怎样，规定如何实施等细则，要一条一条写明。规章制度的内容具体切实了，就使大家有章可循，便于执行。周密即条文之间规定要统一，不能相悖，应该作出的规定不能有疏漏。

4）条理清晰，结构严谨，语言准确。规章制度条款式或条文式结构的写法，相应地要求条款界限要清楚，条款含义要明确，要按照一定的逻辑条分缕析，结构严谨、完整。语言字斟句酌，做到准确、精炼。每一章节条款，每一词句都只能有一种理解，不能发生歧义，如含糊其词或前后矛盾，就会使人难以理解，影响贯彻执行，影响其严肃性和权威性。

5）集体撰写，反复修改。规章制度制定要求严格，需集思广益，反复推敲，审慎下笔，成文后还须精心修改，做到无懈可击，方能发布。发布以后要定期检查，还应该根据现实情况的变化对条文进行修订或补充。

关于实行党风廉政建设责任制的规定

第一章 总 则

第一条 为了加强党风廉政建设，明确党政领导班子和领导干部对党风廉政建设应负的责任，保证中共中央、国务院关于党风廉政建设的决策和部署的贯彻落实，维护改革、发展、稳定的大局，根据《中华人民共和国宪法》和《中国共产党章程》，制定本规定。

第二条 实行党风廉政建设责任制，要以邓小平理论为指导，坚持"两手抓，两手都要硬"的方针，贯彻执行党中央、国务院关于党风廉政建设和反腐败斗争的一系列指示。

第三条 实行党风廉政建设责任制，要坚持党委统一领导，党政齐抓共管，纪委组织协调，部门各负其责，依靠群众的支持和参与。要把党风廉政建设作为党的建设和政权建设的重要内容，纳入党政领导班子、领导干部目标管理，与经济建设、精神文明建设和其他业务工作紧密结合，一起部署，一起落实，一起检查，一起考核。

第四条 实行党风廉政建设责任制，要坚持以严治党、从严治政；立足教育，着眼防范；集体领导与个人分工负责相结合；看主管，谁负责；一级抓一级，层层抓落实。

第二章 责 任 内 容

第五条 党委（党组）、政府以及党委和政府的职能部门的领导班子对职责范围内的党风廉政建设负总责；领导班子其他成员根据工作分工，对职责范围内的党风廉政建设负直接领导责任。

第六条 党委（党组）、政府以及党委和政府的职能部门的领导班子、领导干部在党风廉政建设中承担以下领导责任：

（一）贯彻落实中共中央、国务院关于党风廉政建设的部署和要求，分析研究职责范围内的党风廉政状况，研究制定党风廉政建设工作计划，并组织实施。

（二）标本兼治、综合治理，完善管理机制、监督机制，从源头上预防和治理腐败；

（三）组织党员、干部学习邓小平党风廉政建设的理论，学习党风廉政建设法规，进行党性党风党纪和廉政教育；

（四）贯彻落实党和国家党风廉政法规制度，结合实际情况，制定本地区、本部门、本系统、本行业的党风廉政法规制度，并组织实施；

（五）履行监督职责，对所辖地区、部门、系统、行业的党风廉政建设情况，领导班子和领导干部廉洁从政情况进行监督、检查和考核；

（六）严格按照规定选拔任用干部，防止和纠正用人上的不正之风；

（七）依法领导、组织并支持执法机关履行职责。

第三章　责任考核

第七条　党委（党组）负责领导、组织对下一级党政领导班子和领导干部党风廉政建设责任制执行情况的考核工作。考核工作要与领导班子和干部考核、工作目标考核、年度考核等结合进行，必要时也可以组织专门考核。对考核中发现的问题，要及时研究解决。

各级党委（党组）应将贯彻落实党风廉政建设责任制的情况，列入年度总结或工作报告，报上级党委、纪委。

第八条　党风廉政建设责任制的执行和考核，应与民主评议、民主测评领导干部相结合，广泛听取党内外群众的意见。

第九条　党风廉政建设责任制执行情况的考核结果，作为对领导干部的业绩评定、奖励惩处、选拔任用的重要依据。

第十条　领导干部执行党风廉政建设责任制的情况，列为民主生活会和述职报告的一项重要内容。

第十一条　纪检监察机关负责对党风廉政建设责任制执行情况的监督检查。

第四章　责任追究

第十二条　领导干部违反本规定第六条，有下列情形之一的，给予组织处理或者党纪处分：

（一）对直接管辖范围内发生的命令禁止的不正之风不制止、不查处，或者对上级领导机关交办的党风廉政责任范围内的事项拒不办理，或者对严重违法违纪问题隐瞒不报、压制不查的，给予负直接领导责任的主管人员警告、严重警告处分，情节严重的，给予撤销党内职务处分。

（二）直接管辖范围内发生重大案件，致使国家、集体资财和人民群众生命财产遭受重大损失或者造成恶劣影响的，责令负直接领导责任的主管人员辞职或者对其免职。

（三）违反《党政领导干部选拔任用工作暂行条例》的规定选拔任用干部，造成恶劣影响的，给予负直接领导责任的主管人员警告、严重警告处分，情节严重的，给予撤销党内职务处分；提拔任用明显有违法违纪行为的人的，给予严重警告、撤销党内职务或者留党察看处分，情节严重的，给予开除党籍处分。

（四）授意、指使、强令下属人员违反财政、金融、税务、审计、统计法规，弄虚作假的，给予负直接领导责任的主管人员警告、严重警告处分，情节较重的，给予撤销党内职务处分，情节严重的，给予留党察看或者开除党籍处分。

（五）授意、指使、纵容下属人员阻挠、干扰、对抗监督检查或者案件查处，或者对办案人、检举控告人、证明人打击报复的，给予负直接领导责任的主管人员严重警告或者撤销党内职务处分，情节严重的，给予留党察看或者开除党籍处分。

（六）对配偶、子女、身边工作人员严重违法违纪知情不管的，责令其辞职或者对其免职；包庇、纵容的，给予撤销党内职务处分，情节严重的，给予留党察看或者开除党籍处分。

违反本规定第六条的行为，情节较轻的，给予批评教育或者责令作出检查，情节较严重的，给予相应的组织处理或者党纪处分。

具有上述情况之一，需要追究政纪责任的，比照所给予的党纪处分给予相应的行政处分；涉嫌犯罪的，移交司法机关追究刑事责任。

第十三条　实施责任追究，要实事求是，分清集体责任与个人责任，主要领导责任和重要领导责任。

第五章　附　　则

第十四条　本规定适用于各级党的机关、人大机关、行政机关、政协机关、审判机关、检察机关。

人民团体、国有企业、事业单位参照执行本规定。

第十五条　各地区、各部门可根据本规定制定实施办法。

第十六条　本规定由中央纪律检查委员会、监察部负责解释。

第十七条　本规定自发布之日起施行。

例文二

××学院院本部上网管理办法

一、网络开通

1．凡预上网用户先到信息技术中心办公室填写相应的申请表。

2．所有的开通施工由信息技术中心网络工程部负责和授权。

3．信息技术中心负责为每一预上网用户提供一端口接入。

4．预上网用户需要提供相应的上网设备如计算机和网卡，其他辅助材料和设备由信息技术中心统一负责。

5．老用户在使用期满后，需重新填写相应的申请表方可继续使用。

6．上网用户的网卡尽量为10/100M或100M，建议不采用10M网卡。

二、收费标准

1．初次开通无初装费，按月进行计费，无特殊情况开通时间按年计算。

2．集资楼用户按家收取信息费，每家固定分配一个IP地址，预保留一个IP地址。单身教职工和学生按 IP 地址收取信息费。具体收费标准每年由学校统一规定。

3．第一次开通的用户试运行期为一个月，试运行期满进行收费。老用户在使用期满后如果继续使用，将自动进入下一年计费，无试运行期。

三、服务标准

1．因网络施工或线路维护导致用户住宅墙壁或其他设施损坏或弄脏，由信息技术中心网络工程部统一弥补或粉刷。

2．一般性的网络故障在一天时间解决，网络调整或因网络安全需要暂时停止网络运行，将在学校广播提前通知。

四、用户准则

1．所有的网络维护工作由信息技术中心网络工程部统一组织，非本部门的技术人员不得接触校园网的线路、设备和相关的辅助器材，否则将追究相关人员的责任。

2．上网用户应自觉遵守国家有关互联网的法律法规及学校的相关规定。

3．上网用户严禁盗用 IP 地址和私自拉线上网，若经查出将按学校相关规定处理。

4．未经信息技术中心同意，不得私自安装网络设备或设置代理服务器入网，否则信息技术中心有权没收。

信息技术中心
2003 年 5 月 10 日

例文三

××小区管理制度

一、文明卫生标准

1．大院道路、空地每天专人打扫，室内经常打扫，做到窗明几净。

2．院内鼠、蚊、蝇密度达标，厕所有专人每天打扫，保持清洁无臭味、管道畅通、无滴水。

3．院内无乱搭、乱建、乱放、乱堆、乱倒现象。

4．院内无饲养家禽家畜现象。

5．倒垃圾按时按指定地点，严禁院内乱掷烟头、纸屑、瓜果皮壳。

6．楼道畅通，无杂物堆放，严禁在过道里放炉灶，晾晒衣服绳索整齐有序，不影响市容和过路。

7．汽车、自行车在指定线内有序停放，驾驶人员洗刷汽车后要立即将污渍地面扫净。

8．院内三线（电话、电力、电视线）线路整齐美观。

9. 保持院内花草树木完整、美观，地面无枯败叶、杂草和弃物。

10．严禁住楼户往楼下乱掷杂物。

11．下水道畅通无堵塞，窨井完好无损。

12．装潢施工有序，建筑材料定点摆放，废土及时清运整理，无遗留现象。

二、责任范围

1．保洁员对所属卫生包干区要经常打扫，每日打扫不少于二次，保持包干区整洁卫生。

2．生活区分片负责人要做好片内卫生监督检查工作，责任人有权对片内违反制度当事人进行警告。处罚。

3．住家户要保持家庭内外整洁卫生，对庭院卫生负有责任。

4．卫生管理人员，要负责好大院卫生工作，每天要巡回视察，发现问题及时处理。

5．业主管理委员会对大院卫生情况不定期进行检查，原则上每半月检查不少于一次。

三、处罚规定

1．凡查出卫生包干区不卫生的，每次扣保洁员奖金50元，并责令其立即打扫。

2．住家户乱倒垃圾的，发现一次罚款100元，并责令立即清扫。

3．住家户养家禽家畜，一旦发现立即予以没收，并罚款50元。

4．在院内乱掷烟头者，发现一次罚款100元。

5．对住家户乱堆乱放，乱搭乱建，除责令其清理外，罚款100～3000元。

6．对损坏院内花草树木者予以花木价值三倍罚款。

7．卫生管理人员（包括打扫卫生，打扫公共厕所人员）工作不负责任，造成脏、乱、差的每查出一次罚款100元。

8．院内乱停放车辆的每次罚款200元。

四、本规定自二〇〇五年三月十二日起执行

例文四

××县××乡××村村规民约
（经村民大会讨论通过）

为了把我村建成物质丰富、精神文明的社会主义新农村，广大群众一致同意制定如下村规民约：

第一项 积极维护国家和集体利益，坚决同一切损公利己的行为作斗争。

第二项　全面落实生产责任制，鼓励社员勤劳致富，从事正当的副业活动，反对投机倒把等一切非法活动。

第三项　实行计划生育，提倡晚婚晚育;尊重和保护生养女婴或不能生育的妇女，坚决反对重男轻女的封建思想。

第四项　积极开展健康、文明的文化娱乐活动，坚决反对庸俗、下流违法的娱乐;树立"五讲"、"四美"文明礼貌的风尚。

第五项　反对买卖婚姻，抵制"换亲"活动;勤俭办红白大事，不请客，不送礼，不铺张浪费，不搞迷信活动。

第六项　爱护山林，保护山林，反对乱砍乱伐;不私自买卖林材。

第七项　树立尊老爱幼、婆媳互爱互助、妯娌互谦互让的风尚、反对虐待老人、不赡养老人、破坏亲邻团结的行为。

以上各条必须严格遵守。违反者，监督小组有权按性质轻重给予处理。

××乡西温村全体村民

一九九二年四月

例文五

全国青少年网络文明公约

要善于网上学习　不浏览不良信息
要诚实友好交流　不侮辱欺诈他人
要增强自护意识　不随意约会网友
要维护网络安全　不破坏网络秩序

思考与实训

一、结合以上五个例文，说说规章制度的正文的几种写法，指出例文一和例文四的总则、分则、附则各包括了什么内容。

二、下面文字是一份规定的开头，在逻辑上有不少混乱之处。请指出并加以修改。

为了加强税收的征管工作，应建立必要的征管制度。随着商品经济的发展，牲畜购销价格放开以后，经营性的渠道增多，市场活跃。根据最近召开的全国税务工作会议精神，现对屠宰征税作如下改进。

三、下面文字摘抄自一份办法。请指出其语言运用方面有哪些不足，并加以改正。

对审计中发现的一般问题，可随时提出改进意见；对审计事项作出的处理，任何单位要执行。审计单位对处理如有异议，可在二十天内向部门、本单位主要负责人或同级国家审计机关，上一级主管部门审计机构申请复查。复查期间原处理决定应照常执行。

对严重违反财经纪律和严重失职造成重大经济损失的人员，有权提出追究责任；对遵纪守法，提高经济成绩显著的单位和个人，有权给予表扬和奖励。

四、指出下列规章制度存在的问题，并加以修改，使之规范、合乎要求。

××学校学生文明礼貌公约

1．待人要和气，说话不大声。

2．衣服保持整洁、纽扣要扣好。

3．不在墙上、桌凳上、黑板上乱涂乱写。

4．见老、弱、病、残者，要热心帮助，助人为乐。

5．见师长要叫"早"或"好"，分手时要讲"再见"。

6．经常保持教室的卫生和整洁。

7．请人帮助要讲"谢谢"。得罪了人要讲"对不起"。

8．上课遵守纪律，认真听好课，发作业时要双手接。

9．爱护公共财物，不随便损坏东西爱护庄稼、树木、益虫、益鸟。

10．出入公共场所不争先恐后，进场后不喧哗，不大声谈笑，不吃东西。

11．客人到家要讲"请进"，并沏茶倒水；送客时要让客人先走，送出门时要讲"再见"。

12．同学之间要讲团结、友爱，不给同学起绰号，不打人、不骂人、不讲粗野话、不随便开玩笑。

13．经常保持作业整洁，每次作业都要认真完成，不拖拉，不马虎。

14．不乱丢纸屑、瓜皮、果壳，不随地吐痰，饭前饭后要洗手，养成良好的卫生习惯。

15．进办公室要喊"报告"，经同意后才入内。到客人家去要先敲门，同意后才进去。

16．上街要遵守交通规则，骑车不带人，走路要走人行道，不随便横穿马路。

五、根据下述这段文字，写一份管理制度，要求分条写，日期自拟。

我们单位是××市糖业烟酒公司第一批发部，两年前制定了一份仓库安全保卫制度，之后未发生过任何事故。我们的安全保卫制度要求外人一律免进库房，以防事故发生。其做法是：固定发货地点，严禁提货人出入库房；亲朋好友也不得在库房逗留。下班后安排值班人员留守库房，注意检查库房周围环境、库房大门关锁、灯火管制、进出库房人员情况并登记，交班时值班人员要向接班人明确交班，以清责任。库房内严禁吸烟、生火，严禁存放非库房保管的一切物品。同时还加强消防器材的检查维修，对拆除的易燃包装物、废屑，要及时清除出库房。要求保管员和值班人员提高警惕，严格执行保卫制度，严防坏人破坏。

六、根据学校各自实际情况，请任选下面一题完成。

1．以小组为单位，每组制订一种章程：校文学社、校书法协会、校演讲协会、校摄影协会等。

2．利用课余时间，走访学校办公室、教务科、学生科或图书馆、阅览室，搜集有关规章制度，并结合课本有关内容具体评析。

第四节 简 报

一、简报的性质和作用

1．简报的性质

简报是各机关单位之间用来下情上报、上情下达和互通情况、交流信息的一种事务文书，是机关单位内部文书运行的载体，也可以说是以文件形式出现的内部小报刊，起登载各种文章的作用。简报要求迅速、简明、准确地报道新情况、新经验、新问题，但简报不公开发表，只在有限的范围内发送，有的还要保密。

简报是一个统称，各单位在使用时经常根据各自习惯而称为"动态"、"简讯"、"情况反映"、"内部参考"、"信息快报"等。

2．简报的作用

（1）用来反映情况

通过简报，可以将工作进展情况以及工作中出现的新情况、新问题、新经验，及时反映给各级决策机关，使决策机关了解下情，为决策机关制定政策、指导工作提供参考。

（2）用于交流经验

简报体现了领导机关一定的指导能力，通过组织交流，可以提供情况、借鉴经验、吸取教训，这样对工作有指导和推动作用。

（3）可以及时传播信息

简报本身就是一种信息载体，可以使各级机关及从事行政工作的人互相了解情况，吸收经验、学习先进、改进工作。

二、简报的种类和特点

1. 简报的种类

同其他事务文书一样，简报按标准不同可有不同的分类：

1）按登载时间分，有定期简报和不定期简报。

2）按内容分，有工作简报、生产简报、学习简报、业务简报、科技简报、教育简报、思想动态简报、会议简报。

3）按阅读对象分，可有专供领导干部参阅的机密性较强的简报和供一般干部阅读的普通简报。

4）按性质分，有专题简报和综合简报。

通常，综合用途、内容等多种因素，我们把简报分为以下五种。

（1）工作简报

工作简报主要用来反映本部门、本系统各方面工作情况和问题的简报。主要内容是阐述党和国家的方针、政策、上级的指示精神，领会和贯彻上级指示的执行情况，反映完成某项工作的进展情况，工作中的经验、教训等。一般是反映日常工作，常年固定印发的、定期与不定期的简报。

（2）会议简报

在某些重要会议召开期间，会议简报为交流代表观点、反映会议动态而编写的简报。主要内容是交代会议的进行情况和主要内容、会议概况、会议进程以及会议研究讨论的问题、典型发言摘要、与会代表的意见等。一般由大会秘书处或主办单位编发，按时间可分为进程简报和综合简报两种。进程简报是会议期间编发，分别反映会议从开幕到闭幕进行过程中的主要情况和主要精神，综合简报是在会议结束后编发，着重总结会议的成果。

（3）专题简报

专题简报是在一段时期中为配合某项重要工作或活动而专门编发的简报。

目的是向主管部门汇报和向有关部门通报，内容多是某种工作的相关进展情况或发展趋势，写法往往是汇总式的。如"防风救灾简报"、"绿化简报"等。

（4）动态简报

动态简报及时迅速、简明扼要地反映新近出现的新情况、新动态。与消息有相似之处，但涉及的范围远比消息小，只局限于本单位、本系统的情况、动态。它内容新，动态性、时效性强。如"教学动态"、"卫生动态"等。

（5）内参性简报

内参性简报密级高、印数少、阅读范围限制较严，编印发送的手续较繁多。内容由编写单位的领导研究决定。主要向上级领导、本级领导以及有关人员反映工作、学习存在的问题，某项政策、措施执行情况等。这类简报往往以增刊的形式出现。

2. 简报的特点

简报的特点归结起来就是四个字：简、真、快、准。

（1）简

简就是内容集中，篇幅短小，文字简要。内容集中，是指每份简报的内容要做到单一、集中，一事一报，不要在一份简报中写许多项内容。如果为了集中反映某种情况、某个问题，也可以把几个内容相关或有共同性的短文编在一期内。篇幅短小，指一份简报最好不超过一千字。有些综合性的简报，内容较多，但字数也应控制在两千字之内为宜。文字简要，是指写作简报时，文字要精炼，利索，无假、大、空话。

（2）真

简报的内容必须绝对真实。简报一个重要的目的是为领导机关反映情况，而领导机关有时可能根据简报所反映的情况做出决策。正是基于这个特点，要求简报所写的事例，包括时间、地点、人物（或单位）、事情的前因后果、来龙去脉，引用的数据、人物语言等，都必须准确无误。对上级既报喜也报忧；既不以偏概全，也不以面盖点，力求准确、全面、真实地反映实际情况。

（3）快

快是对简报时间上的要求。简报的时限性很强，它必须及时地把工作中出现的新情况、新问题、新典型、新动向，报告给有关上级机关和业务部门。如果简报编写不迅速及时，作用就会大大缩小，有时甚至会变成"马后炮"，失去其意义，毫无作用。

（4）准

准，就是针对性强。简报应根据国家的法律、法令及各级政府的指示或上级机关的有关规定，围绕本单位工作的重点，抓住工作中的关键问题，准确地加以反映，为领导运筹决策提供依据。

三、简报的格式

简报的种类尽管很多，但其结构却不无共同之处。一般情况下，简报可分为报头、报体和报尾三部分。

1. 简报的报头

报头在简报首页的上部，约占 1/3 或 1/4 版面，用横线与报体部分隔开。该横线通常称间隔线。报头内容包括以下几个方面。

（1）简报名称

位居报头部分正中央，大号字体、一般套红印刷，个别也可不套红。工作简报一般标"简报"或"××工作简报"，会议简报应标明会议名称，如"××会议简报"，还有的冠以单位或行业的名称，如"河北供销社简报"、"财贸通讯"。定期印刷的简报名称确定后，一般不要经常更换。

（2）期数

在简报名称的正下方。一般按年度的编发次序排列，也有的按总期数依次排列，或二者兼用，写成如"第×期（总第×期）"的模式。属于"增刊"的期号，要单独编排，不能与"正刊"期号混编。

（3）密级

有些简报根据需要要标明密级。密级字样如"内部参阅"、"秘密"、"机密"、"绝密"等，位置在简报名称的左上方。如果有传阅范围限制，可以在密级下面注上"供××级以上领导参阅"等字样。如无密级，则不加。

（4）编发单位

排在间隔线的左上方，顶格书写。

（5）印发日期

具体印发的年月日排在间隔线的右上方。

2. 简报的主体

简报的主体包括按语、标题、简报文章、署名。其中，按语根据编发的需要添加，也可不加按语。按语常常是根据领导的意见起草，对简报的内容加以提示、说明和评注，用以表明简报编者的意向，转达有关领导的看法和意图，以引起读者注意。

有的简报一期中刊登两篇甚至几篇文章，那么编发时要在第一篇文章前加写目录，或注明"本期内容"。

3. 简报的报尾

报尾位于简报末页的下方。一般在最后一页的下端用两条间距适度的平行横线画出，在两条平行横线之内写清简报的发送单位，包括："报（指上级单位）"、"送（指平级或不相隶属的单位）"、"发（指下级单位）"。并在平行横线内的右端注明印发份数。

为了便于计算机存查，近年新增了"主题词"一项，位置在第一条线的左上部。有的简报还要加上责编、打印、校对等项目。

特别需要指出，简报报尾各部不是固定不变的，可根据不同情况采用全文尾、半文尾和没有文尾三种形式。一般不将文尾单排一张。

四、简报正文的写法

编发简报，最重要的部分是简报的格式。此外，简报的正文写法也很关键。

1. 简报的按语

对于内容重要的简报，有时要在正文之前加写一段文字，以表示制发部门或制发者的意见，这段文字就是简报的按语。按语是编写者根据简报内容所加写的简要评论，对简报内容加以提示、说明或评注。它简洁、明确，具有针对性和指导性。

常见的按语有三种。一是说明性按语，一般说明编发简报的原因和目的；二是提示性按语，提示简报文章的内容要点、重点，帮助读者掌握文章的内涵，加深理解；三是评价性按语，一般是对简报文章内容的评价，说明赞成或反对的意见，引导读者分清是非。要写好按语，必须对全局工作有透彻的了解，吃透简报内容包含的基本精神。

2. 简报的标题

简报的标题和新闻的标题相似，也有单行标题、双行标题或三标题。
单行标题，通常用一句话概括正文的主要内容。

双行标题，可以有正题和副题，也可由正题和引题构成。正标题揭示正文的内容或意义，副标题起补充说明作用，强化正标题的含义。引题则说明正文内容的意义或背景。

3. 简报的文章

简报文章的内容最关键的是要抓准主要问题。一份简报写出来，效果如何，起的作用大小，主要在于反映的问题抓得准不准。写简报，要认真地研究本单位、本系统在贯彻执行国家的有关法令、方针、政策及上级的指示，开展各项工作中出现的新情况、新经验、新问题。抓住这些重要的、关键性的问题，并及时通过简报反映出来，有利于各级部门、单位做好工作。

简报文章的正文一般分为三个部分。

1）前言部分。一般用简洁、明确的一段话（有的仅一句话），总括全文的主要事实，先给人一个总的印象。接着交代时间、地点、事件、原因、经过、结果。简报的开头类似新闻开头中导语的写法。

2）主体部分。主体部分是简报的主要部分，是对开头部分概括内容的进一步具体化。这部分要选择富有说服力的典型材料，加以合理地安排，中心内容要突出、具体，条理要清楚，语言要简洁。一个自然段最好写一层意思，不要把各个方面的内容都汇集在一个自然段里。段与段之间应按照事物的内在逻辑联系层层深入，环环紧扣，使之无懈可击。

3）结尾部分。用一句话或一段话，概括正文的主要内容，或指明事件发展的趋势，或发出号召，或提出今后的打算。事情单一，篇幅短小的，可不写结尾部分。

简报除了编发者自己根据单位情况编写，也可以登载、摘引相关部门的相关文章。简报的文章可以是议论体的文章，如会议讲话，发言摘要，会议纪要；也可以是记叙体文章，如消息、通讯、调查报告、经验总结；还有的是说明体文章，如公文等。

4. 简报的署名

简报的署名，主要是印发非编简报的单位和人员写的文章时用的。署名位置在文章的最后另起一行右下方处加括号注明，字样如"×××供稿"。如系转抄、摘编，还要注明出处，类似"（摘自《××××》第×期）"等。

五、简报的写作要求

1. 要注意政策性

简报要求及时反映与执行党和国家的路线、方针、政策有密切关系的重要情况和现实问题。这就要求编写人员必须深入领会党和国家的方针、政策，具有敏锐的观察力和较高的政策水平。

2. 要注意材料真实，有新意

材料的真实是简报写作的"生命"。简报是向领导和有关部门传递信息、报告情况的，上级部门将依据这些信息、情况作出相应的决策。因此，材料的真实可靠应该特别注意。

简报不但要注意材料的真实，还要注意所用的材料一定要有新意。那些缺乏新意，尽人皆知的事情或过时的信息，只会使读者失望。简报所反映的问题、经验、观点、信息，都必须具有新意。只有具有新意的东西，才能给人以启发、借鉴。

3. 选材要集中而简洁

简报的内容，反映的问题，必须集中，不管是仅选登一篇文章或是选编几份材料，都要求有集中统一的主题、要义，围绕一个核心阐发问题、观点，为读者或决策者提供有关该问题的方方面面事实材料。切忌没有主题中心，内容芜杂，什么都说，胡子眉毛一把抓，结果什么印象都没能留下。简洁与集中是相辅相成的，简洁就是指简报应以短小的篇幅、简练的文字语言反映最本质的、最丰富的内容。

4. 以叙述为主，议论为辅

简报写作的特点在于让事实说话。简报有观点、倾向，但不像总结和调查报告那样由作者直接说出来，而是通过事实的叙述显示出来。因此，简报在表达方法上应以叙述为主，为读者提供反映客观情况的真实材料，把事情的来龙去脉交代清楚，不过多议论。读者自会对事实、情况加以理解分析，作出判断。

5. 排版用字要与文件一致

简报在排印时，除简报名外，内容都要与文件一致。"密级"、"时限标注""主题词"字体用三黑，标题字体用二宋，正文、报头、报尾及主题词的类别词、类属词、文种词字体用三宋或三仿，印刷附注用四宋或五宋；不要分栏。

例文一

河北供销社简报

第八期

河北省供销社联合社编　　　　　　　　　　　　　1997 年 5 月 27 日

按：新华通讯社于 1997 年 4 月 7 日发表了《河北省供销社兴办专业合作社兴社富农》一文，充分肯定了我省发展专业合作社的做法和取得的成效。这对我省供销社大力推进专业合作社和龙头企业建设是一个很好的外力和机遇。现予刊发，望认真学习宣传，推动专业合作和龙头企业的建设发展。

河北省供销社兴办专业合作社兴富农

新华社石家庄讯（记者吕国庆）　　河北省供销社通过在基层社建立专业合作社和龙头企业，与农民结成利益共同体，走出了农兴社旺、农社繁华的路子。

去年以来，河北省供销社以兴办专业合作社和龙头企业为突破口，确定以市场为导向，以供销社为依托，基层社办专业社，县级供销社办龙头企业，以龙头企业带专业社，专业社带专业村、专业户的发展模式。通过为农民提供优种、优籽、原料、技术、信息、储藏、加工、运输、销售等产前、产中、产后的系列化服务，帮助农民发展生产，促成贸工农一体化、产供销一条龙、农科教相结合的农业专业化生产和规模经营。

专业合作社依托供销社，按照"自愿、互利、民主、平等"的合作原则，吸收生产、经营同一类产品的农民自愿加入，自愿入股，组成经济共同体，入社社员自行管理专业社事务，销售盈余按入股的多少进行分红，对大宗农副产品实行向农民二次返还，即先按市场价格收购上来，然后把销售后纯利进行二次分配。龙头企业则是在加工增值和产品销售等方面起带头作用的工商企业。目前，全省共兴办专业合作社 775 个，其中种植类 410 个，养殖类 93 个，加工类 132 个，其他 140 个，全省 1/3 以上的基层社办起了专业合作社。共吸收入社农户 26.4 万户，实现销售收入 4.5 亿元，为农民增收 1.55 亿元。共办起龙头企业 172 个，实现销售收入 22 亿元，为农民增收 3.05 亿元。

为兴办专业合作社和龙头企业收到了兴社富农的良好效果。

一、有效地促进了农业适用技术推广和应用。供销社建立的专业社往往都是选择当地有一定生产规模和资源优势的产业，由于农民缺少技术，生产难以得到较大的发展，专业社发挥自身技术和人才优势，围绕某一产业开展技术推广和培训，使其不断向规模化、高效化发展。滦县坨子头供销社建立了花生专业合作社，着力引导农民科学种田，帮助农民测土施肥、配方施肥，引进推广 6 个优良品种，推广地膜覆盖种植，使这一地区花生单产提高了31%。

二、缓解了农民"卖难"。供销社发挥自身销售渠道发达的优势，在组织群众进行专业化生产的同时，集中帮助群众销售农产品。献县绣品、顺平县草柳编、霸洲蔬菜、辛集果菜汁、滦南大笤帚等都是通过龙头企业与外商签订合同，专业社组织生产、收购，由龙头企业出口海外。

三、推动了农业向产业发展。专业合作社和龙头企业较好地发挥了龙头作用，在许多地方形成了"龙头企业+专业合作社+专业村+专业户"的产业格局。

四、供销社自身在服务中发展壮大。兴办一个专业社、救活一个基层社，在河北省供销社系统中不乏其例，1996年基层社购、销、盈余三项指标均好于全省平均水平。原来困难重重的基层社找到新的经济增长点，开始出现转机。

主题词：专业合作社　建设

抄报：中华全国供销合作社办公厅，中共河北省委办公厅、省政府办公厅

印发：各市、县（市、区）供销社

抄送：省直机关、局、各新闻单位，各市政府

审批：杨××　　　　责任编辑：范××　　　　　　　共印 600 份

例文二

××大学"三讲"教育简报

第×期

××大学"三讲"教育领导小组办公室编　　　　　　1999 年×月×日

目录

★编者按

★党委开展调研活动，征集对学校工作的意见和建议

★查摆突出问题，研究"三讲"教育方案

★化学化工学院加大改革力度勇于开拓创新

★计算机系抓突出问题加紧制定青年教师培养计划

编者按：在县级以上党政领导班子、领导干部中深入开展以"讲学习、讲政治、讲正气"为主要内容的党性党风教育，是中央和省委进一步落实党的十五大精神，推动深入学习邓小平理论，加强领导班子建设，提高领导干部素质的一项重要举措。我

校被省委确定为全省"三讲"教育试点单位之一，承担了重要的责任。为了切实搞好我校的"三讲"教育，宣传"三讲"教育的重大意义、指导思想和具体做法，交流经验，我们特编辑了《××大学"三讲"教育简报》。《简报》将及时报道我校"三讲"教育的工作情况。欢迎各部门、各单位惠赐稿件，并对我们的工作提出宝贵的意见。

党委开展调研活动，征集对学校工作的意见和建议

1999 年×月×日，学校党委召开由中层领导干部、专家学者、优秀中青年教师和离退休职工代表参加的调研会，全面征集对学校党政工作和班子成员的意见和建议。到会代表共77人，收回调研表74份。参加调研的同志以对学校工作高度负责的精神，结合学校的工作实际和个人的切身感受，对学校近年来取得的积极进展和党政班子的工作给予了充分肯定，同时也对学校工作中存在的问题提出了许多中肯的、建设性的意见和建议。这些意见和建议为学校领导班子查找自身存在的突出问题，并通过"三讲"教育切实予以解决，提供了重要的基础和依据。

查摆突出问题，研究"三讲"教育方案

1999 年×月×日和×日，党委书记×××同志两次主持召开党政联席会议。会议认真听取了关于"三讲"教育调研情况的汇报。

班子成员结合学校的工作实际，根据省委关于开展"三讲"教育试点工作的要求，全面分析了广大群众对学校党政工作的意见和建议，实事求是地查摆了工作中存在的突出问题和不足。特别是针对伙食处存放私宰肉问题，班子成员进行了深刻的检查和反省。大家认为，这一事件暴露了我校管理工作中存在的突出问题，是不讲政治、不讲纪律的表现。这一事件给我们的教训是十分深刻的。班子成员一致表示，一定要从这一事件中汲取教训，举一反三，全面检查工作中的问题和不足。经过认真讨论，大家一致认为，在"三讲"教育中，校级领导班子要解决的突出问题是：理论学习不深入；深入改革的意识不强；坚持民主集中制不力；工作作风欠实；管理落后等。班子成员表示，一定要从自己做起，以办好××大学的高度的政治责任心和解决突出问题的决心，把这次"三讲"教育搞好。

学校领导对"三讲"教育方案进行了认真的研究，就开展"三讲"教育的意义、指导思想、目标要求、基本原则、方法步骤和组织领导工作等内容进行了深入的探讨，对工作方案草案进行了许多补充和修改，为在全校开展"三讲"教育提出了重要的指导性意见。

化学化工学院加大改革力度勇于开拓创新

化学化工学院党政领导班子利用"三讲"教育好时机，总结过去的经验，查找存

在的问题，提出了推进学院改革发展的整改措施，尤其是在增强改革意识，加大改革力度方面，勇于开拓创新，着实下了一番工夫。

第一，在教学改革方面，该院准备通过对个别专业的有关课程和教学内容进行调整，使课程体系优化重组，力求务实创新，打破原有专业界限，在调研基础上，对毕业班学生在开设必修课之余开设选修课，加大素质教育的力度；同时，准备通过改革现有考试制度和补考制度，参照化学基地班试行动态学籍管理制度和不及格重修制度；对专职教师本着以自愿为原则，以发挥个人作用为目的，将进行教学、科研分流编制；对基础课实行课程组长负责制，课程负责制，质量承包，资金承包；对科研人员进行规范管理，放宽搞活，完善科研分配制度；准备成立工程研究生指导小组，由经验丰富的老师任组长，帮助工科教师指导研究生，提高科研能力；加强工科教学，采取请进来、送出去的办法培养中青年骨干教师，加强师资队伍建设的步伐；同时还对研究生的课程门类、课程体系、实验研究、论文答辩等工作做了有关规定。

第二，在科研改革方面，他们首先考虑成立了学院科研工作领导小组，加强对科研工作的领导、协调和管理；集中力量开展大项目研究，力求在高新技术开发上有所突破，在应用项目上注重高科技、高含量、高效益，力争申报发明奖、科技进步奖；继续支持和鼓励重点学科的研究工作；继续出台鼓励改革，鼓励产学研一体化，使科研成果尽快转化为实际生产力，为经济建设服务；同时，强化项目立项登记制度，积极向社会介绍推广。

第三，在管理工作改革方面，他们结合实际，以建章立制、规范管理为着眼点，在深入调查研究的基础上，已先后出台并实施了多项管理制度，如关于教室管理办法、实验室使用和仪器设备管理规定、大学生行为规范奖惩考评办法、学生宿舍测评规定等，另外关于《加强学院教学管理意见》、《加强学院科研工作意见》和《关于后勤改革的过渡办法》也即将出台。这些办法和措施的出台和实施将为学院的发展起到很好的促进作用。

计算机系抓突出问题加紧制定青年教师培养计划

计算机系党政领导班子通过"三讲"教育，结合实际，查找不足。他们从班子自身建设入手，强化改革意识，明确改革思路，针对缺少拔尖学术带头人在某种程度上已制约学科发展这一最为突出的问题，加紧制定青年教师培养计划。

他们着眼于计算机系的整体发展与21世纪对人才培养的需要，在政治思想、职业道德、教学科研水平诸方面，拟定了青年教师培养计划和要求。提出把正确处理好教师队伍整体素质提高与教师个性发展的关系，作为最大限度发挥教师队伍积极性的前提；把政治思想上关心与创造教学、科研上进行发展的土壤和环境作为队伍建设与稳定的根本保障；把树立良好的领导班子集体形象作为保证教师队伍建设健康发展的重要因素；同时加大投资力度，关心教师生活等。在对青年教师的培养计划与要求中，他们还进行了一些量化的指标和考核，如政治理论学习的要求，教书育人、与学生交心谈心的具体要求，青年教师入党的有关要求，对青年教师有关开设基础课、专业课、选修课的门类及相应等级水平考试等方面也做了必要的要求。为保证该培养计划的实施与落实，计算机系将成立负责青年教师培养规划的检查和考核小组，建立青年教师政治、业务档案，培养情况与年终考核、晋级晋升挂钩，对认真完成培养计划的优秀教师，系里将有计划地选送到重点院校和科研单位访问、进修或出国学习，并择优列入学科带头人的后备力量。

他们从实际出发，重点加强青年教师"三支队伍"的培养：即在本世纪末，要选拔一批青年同志走向领导岗位挑起重任；要扶植一批青年同志站稳讲台，成为教学的中坚力量；要培养一批青年同志脱颖而出，成为在学术界具有一定影响的学术骨干。为此，他们积极进行鼓励和引导：一是加强基础研究，鼓励教师参加国际、国内学术交流，力争在国内外学术界占有一席之地；二是提高教师外语水平，适应高科技国际化的发展；三是加强道德修养，提高综合素质；四是要正确处理好红与专的关系、个人发展与整体发展的关系、教学与科研科技开发的关系。

报：中共河南省委"三讲"教育领导小组办公室
送：中共河南省委高校工作委员会、省直有关单位、校领导
发：各党总支、直属党支部、党委各部门

思考与实训

一、选择题

1. 简报报尾部分包括的两项内容是（　　　　）。

    A. 编发单位和编发日期

    B. 发送单位和编发日期

    C. 编发单位和印发份

    D. 发送单位和印发份数

2. 简报的（　　　）部分主要包括简报名称和编号、编发单位和日期、密级等内容。

　　A．报头　　　　　　　　B．正文

　　C．报尾　　　　　　　　D．落款

3. 下列叙述简报写作要求的文句，错误的一句是（　　　）

　　A．简报所反映的问题、经验、观点、信息，都必须具有新意。只要具有新意的东西，就能给人以启发、借鉴。

　　B．简报所要求的简洁就是指应以短小的篇幅、简练的文字语言反映最本质的、最丰富的内容。

　　C．简报在表达方法上应以叙述为主，为读者提供反映客观情况的真实材料，把事情的来龙去脉交代清楚，不过多议论。

　　D．简报要求及时反映与执行党和国家的路线、方针、政策有密切关系的重要情况和现实问题。

　　二、有一份"简报"反映了食糖在省外销售困难的情况，文中说："从全国食糖销售形势来看，近几年来，由于国际市场糖价大幅度下降，进口较多，加之国内食糖增产，各地都有一些储备，去秋广东、福建等省由于甘蔗受灾，食糖预计减产四五十万吨，今年国家进口由每年二百万吨减少到一百万吨，在这种情况下，目前各地要糖的心情并不迫切。"请说说这份简报在材料和观点上有什么问题。

　　三、为下面这则"校园动态"的正文加一个合适的前言

依据市场需要　　加快老专业的改造步伐

（前言暂缺）

　　本学期以来，教务处和教研室经过多次研讨，最后决定，要依据市场需要，以改革教学计划和课程设置为主要内容，加快对老专业的改造。目前，对会计电算化、市场营销、家电维修三个老专业的改造方案已基本形成，并将于下学期开始实施。和以前相比，改造的专业做到了四个突出：

　　1．突出中专学校培养目标是应用型人才的特点。（略）

　　2．突出学生技能培养贯穿教学全过程的特点。（略）

　　3．突出校内教学与社会教学相结合的特点。（略）

　　4．突出对学生德育教育，特别是职业道德教育的特点。（略）

　　四、简报的主体部分要写得简明、真实、忌繁冗。请你删改下面一则简报的主体部分。

根据区选举委员会的安排，我区的选举工作扎扎实实，一步一个脚印地从11月9日转入推荐、协商和确定代表候选人阶段，这项工作是履行民主权利的最具体最生动的体现。各选区选举工作领导小组根据《选举法》的规定，组织本选区选民认真做好推荐代表候选人的工作。一位老大娘说："这是体现我们是国家主人翁的头等重要大事，千万马虎不得！"一位年轻人郑重地说："我们一定要推荐能参政、议政的人做代表候选人。"很多单位按照区选举委员会的要求，做了细致的思想工作。他们挨家挨户登门拜访，宣传推荐代表候选人的重要意义，遇到对选举工作掉以轻心的人，还要摆事实，讲道理，有时要谈到半夜。他们牺牲了自己读书、看报、看电视的机会，一心扑在工作上，结果95%以上的选民参加了推荐代表候选人的选举，同时认真做好提名代表候选人的记录和汇总报表工作。

五、下面的材料零乱无序，请加以整理，编写成一份简报。要求格式正确，文字简洁连贯。

1．××学校在2003年下半年，经校党委研究成立了"业余党校"。

2．三年多时间，结业三期学员，培训409人。

3．在业余党校成立以前，曾连续举办"党的基本知识业余辅导班"。

4．成立后党委很重视，讨论决定由学生科科长任校长，并指定一名素质高、经验丰富的老党员任专职辅导员。

5．现正举办第4期，有学员652人参加，占在校生总数的32.65%。

6．入党积极分子134人，重点培养对象20人。

7．业余党校实行规范化管理，每期开设《入党应具备的条件》、《端正入党动机》、《党的性质和党员基本条件》、《党员的权利和义务》、《党员优良传统和作风》、《共产党员一定要讲政治》等课程，并结合学生思想实际进行教育。

8．发挥电化教学直观生动的特点，组织收看《执著的追求》等多部录像片。

9．组织学员参观了《红岩魂》展览，到烈士陵园扫墓。

10．严格考勤考纪，要求认真听课，记笔记。

11．辅导课结束后，辅导员组织讲体会、谈认识，交流心得，开展争先创优活动。

12．每期学员结业前必须参加考试，不合格不予结业。

13．"以科学的理论武装人，以正确的舆论引导人"。

14．"以高尚的精神塑造人，以优秀的作品鼓舞人"。

六、下面这篇简报是1991年1月5日××省企业工委编发的《企业政工动态》的登载内容，请认真阅读，然后给文章加上标题并结合内容加写一个按语。

（　　　　　　　　　　　　　　　　　　　）（标题）

（　　　　　　　　　　　　　　　　　　　）（按语）

　　唐山××机械厂是集体所有制企业，有776名职工，固定资产680万元，由于管理混乱，经营不善，到1997年5月，累计亏损1480万元，537名职工下岗，职工不能按时足额领到每月60元生活费，多次集体上访告状。1997年5月，唐山水泥机械厂对该厂实施托管。新领导班子到任后，开拓进取，顽强拼搏，尽心竭力保稳定，千方百计图新生，经过一年半的艰苦努力，使企业出现了明显转机。

　　新班子上任后面临的情况是：主要生产车间停水停电；生产设备坏的坏，丢的丢；职工思想消沉，心态复杂，抵触情绪突出；生产骨干多数另谋高就。面对严峻形势，新领导班子规定了"同甘共苦、艰苦创业、一心为公、不徇私情"的准则。他们在业务交往招待中尽量降低标准，能在办公室招待的，绝不到饭店招待。采购原材料，货比三家，拣质量最好、价钱最便宜的买。平整厂区，原材料进厂，厂领导带头干，晴天一身土，雨天一身泥。春节前夕，厂领导带领职工干到年初一凌晨。加班职工每人发30元奖金，厂领导不拿一分钱。到外地出差联系业务，他们吃最便宜的饭，住最便宜的店，从来没报过出差补助，相反，还经常为厂里工作自己掏钱，一名副厂长不到半年就贴进1400多元。由于领导以身作则、廉洁奉公，使职工群众从他身上看到了希望，抵触、观望的情绪逐渐地变成了理解、支持，增强了职工的凝聚力。

　　新班子到任时，工厂已经欠发职工生活费9个月，为切实解决职工生活困难，他们有步骤地做了五项工作。一是稳定情绪制止上访，厂领导多次走访职工，说明情况，沟通感情，解释政策，终于得到职工的理解和支持。二是制定文件，明确范围，解决了下岗职工生活费发放较混乱这一突出问题。三是努力恢复生产，增加上岗职工，到1998年10月份，上岗职工由21人增加到了105人。四是分期分批报销职工医疗费，已累计报销了3万元。一名下岗职工妻子患病却无力支付手术费，厂长当即借给2000元。五是充分利用政策，安排符合条件的老职工退休进入社会统筹，动员下岗职工办理托管手续。先后有100名职工办理了退休退职手续，8名职工自谋职业。下岗职工由537名，减少到321名。同时，他们还成立了再就业服务中心。现在退休工能按时领到退休金，下岗职工有基本生活保障，在岗职工有稳定的收入。

　　新任厂领导针对企业存在问题，采取三项措施。一是整顿干部队伍。他们遵循因事设人、因需设职的原则，坚持德才兼备的标准。不看资历看表现，根据实际表现和工作能力，重新任用了4名中层干部，免职3名，精简了企业管理机构。二是加强生产管理。制订了各种生产制度，并认真落实，使生产管理有章可循。三是严肃纪律。先后对违纪职工给予罚款处理和通报批评；对工作表现突出、为企业做出贡献的 10

名职工给予奖励和通报表扬。

××机械厂近四年间，没有正常生产，低价处理、变卖了大量的原材料、生产设备和生产模具，企业的生产能力和工艺水平已大大降低，相继失去了多年的客户。新班子组织力量对工厂和车间进行了修复和整理，生产一些市场上需要的短平快产品，并承揽对外加工。一方面与有关部门疏通关系，说明情况，争取理解和同情。他们改用小容量变压器，每年节省电费8万元。另一方面请回生产技术骨干。经过不懈努力，电镀车间生产线实现复产。随后，钢木车间也相继复产。随着机器的转动，职工们对生活的希望和对企业的信心也像火一样燃烧起来。企业局部复产后，厂领导班子又积极谋划企业更大的发展，厂主要领导多次带人到上海、天津、北京广交朋友，联系客户，争取到了一批数量较大、有一定利润、回款又有保障的生产合同。目前，已完成了与澳大利亚签订的1100辆物车、1100辆行李车的供货合同和为工北灾区赶制的3000项过冬帐篷金属结构的加工合同。同时，积极开发新产品，已开发出多功能屏风、浴室化妆棚、冰箱侧壁挂、城市栅栏等7个新产品，近期将有4个新产品投入市场。去年1～10月，已实现销售收入44.7万余元，企业盈亏基本持平，职工收入也随之增长。

七、阅读下列资料，以"××省政府办公厅"的名义按简报格式编写一份情况简报。

据国家统计部门测算，全国大中型饭店、酒店的营业额中有60%～70%来自公款请客招待。至今，这股风不减，且花样翻新，数目增大。概括起来，有这样几种：一是招待方式多样。已从过去的单一吃请发展到钓鱼、跳舞、唱卡拉OK、送礼等多种形式。如某单位在1999年一年，仅直接开出转账支票支付某山庄和某娱乐城的包厢费、餐饮娱乐费等达10余次，金额最多的一次达4200元。二是招待标准高档化。过去一般是每人每餐5～10元，现在不少单位每人每餐30～50元，个别每人每餐100元，上的大多是名烟名酒。三是招待地点隐蔽。现在的招待往往是避近就远、南辕北辙。四是招待设施豪华。五是资金来源分散。目前招待开支五花八门，渠道多种多样，有的利用部门职权向下级乱摊派、乱收费和乱罚款等。不仅大量耗掉了国家十分紧张的各种资金，而且严重影响了党风和社会风气。

八、结合本学期内学校开展的大型活动，如校园文化艺术节、专业技术节、校田径运动会等编办一期简报。

第四章

行 政 公 文

第一节 公 文 概 述

一、公文的定义

公文是传达贯彻党和国家的方针、政策，发布行政法规和规章，施行行政措施，请示和答复问题，指导、布置和商洽工作，汇报交流情况的，具有特定格式和程序的书面文字材料。

公文有广狭两义。广义上，它是公务文书的简称，包括通用公文、专用公文和事务公文三大类。狭义上，它是通用公文，一个是行政公文，国务院于 2000 年 8 月 24 日以 23 号文件发布《国家行政机关公文处理办法》，自 2001 年 1 月 1 日起正式施行。行政机关公文文种确定为 13 种。指命令、决定、公告、通告、通知、通报、报告、请示、批复、函、会议纪要、意见、议案；另一个是党委公文，就是中共中央办公厅 1996 年 5 月 3 日制发的《中国共产党机关文件处理条例》中规定的 14 个文种：公报、决议、决定、指示、条例、规定、通知、通报、请示、报告、批复、会议纪要、函。本章只讲述行政公文常用文种写作。

二、公文的特点

公文有四个突出特点。

1. 具有鲜明的政治性和政策性

公文负有传达党和国家政策、法令，处理行政公务的重要职能，它的内容与党和国家的政治生活密切联系，具有鲜明的政治色彩。各级领导机关发布的各种文件，都有很强的政策性，或者是某项工作和活动的准则。

2. 具有法定的权威和行政的约束力

公文是由法定机关制发的，各级法定机关在法律规定的职权范围内，按照自己的意志所制发的各种公文，代表国家和各级领导机关的权利和职责，一经成文，对收文对象就有了行政制约关系和强制执行作用。任何违背公文的表现，理所当然地要受到各级行政机关的制裁，轻则受到纪律处分，重则承担法律责任。

3. 有法定的作者

公文的撰稿人和公文作者不是一个概念。公文的作者即是公文的发布机关或发布人。虽然公文的稿底是由具体的人员草拟的，但其内容是代表机关、单位、组织及其法人代表的。公文的发布机关或发布人，都是依法成立并能以自己的名义行使权力和担负义务的组织或担负一定职务的负责人，以它们名义发布的公文，都属于具有法定的作者。所以，作者必须是在法定的职权范围内的"法人"，根据公务活动的需要和一定的制作过程发文；否则，所制发的文件就是无效的。

4. 有特定的体式和处理程序

公文是以说明为主的一种应用文体。公文在表现形式上，有区别于其他文书的显著标志，有比较固定的格式，有统一的规格要求。《办法》对公文的用纸标准及必要项目、格式都做了明确的说明和要求。公文的制作过程有严格的程序，一般需经拟稿、审核、签发、排印、校对等几个主要环节。如不履行法定程序，就制不成公文，更不能生效。

三、公文的作用

公文是各级领导机关宣传和传达贯彻党和国家方针、政策、法令，指导、联系和处理各项工作的一种工具。这就决定了公文的作用，具体表现为以下几个方面。

1. 法规和准绳的作用

党和国家机关以及各级权力机关所发布的各项命令、决定、决议、通告和各种法规、条例，办法等，对各方面工作和各种活动都起着规范和准绳的作用。这类公文一经发布，就必须坚决执行。在它有效时间和空间范围内，任何单位个人不得违反，否则就要受到行政纪律或法律的处置。

2. 领导和指导作用

党和国家机关以及企事业单位的上下级之间，是领导和被领导的关系。发布公文是上级机关实现对下级机关进行领导和某些工作具体指导作用的重要途径和手段，上级机关发布的各项指示、决定、决议、通知等，对下级工作起规范性的作用，这就是具体领导。有些公文只提出一些指导原则，要下级机关根据具体情况"参照执行"、"研究贯彻"，这就是指导作用。

3. 宣传教育作用

各级领导机关的各种公文，都对广大干部和群众起着宣传作用和教育作用。特别是有些专门着眼于对干部群众进行思想教育的公文，它的宣传教育作用就更为突出和直接。

4. 联系和沟通作用

公文有上行文、下行文和平行文之分。上行文用于向上级请示，汇报工作情况，下行文用于向下级指导、布置工作和询答问题，平行文用于向兄弟单位和不相隶属的机关单位，联系、商洽和询答工作问题。

5. 凭证和记载作用

公文在发挥现实效用的过程中起着凭证和依据作用，当完成了它的现行效用之后，有的将立卷归档，转变成档案，对以前工作起着历史记载的作用。既是评价过去工作的主要证明又是今后工作的重要参考，它是档案的主要来源。

上述公文的几个主要作用，在每份公文中，往往是同时并存的。

四、公文的格式

公文在格式上有其特有的统一性和严肃性，除张贴的公文根据实际需要确定大小外，有严格的标准。按国家质量技术监督局《国家公文标准》规定，文件用纸规定使用国际标准 A4 型（297mm×210mm）胶版纸或复印纸，上边、左边留约 30mm，下边、右边留约 25mm。其次是公文的各组成部分和置排要求，它是公文统一规范的最重要和主要的内容。

公文格式的组成部分可分为基本格式和附加项目两大部分。

（一）公文的基本格式

公文的基本格式就是指能够构成公文的必有项目，它包括：标题、主送对象、正文、附件、发文机关、发文日期、用印、主题词、报送机关等。

1. 标题

公文标题一般由三项内容构成：一是作者，即发文机关；二是公文的事由；三是公文的文种。一般情况下，事由和文种是必要的，而且事由应能准确地概括公文的主要内容。

公文标题除必要的标号（加引号、书名号）外，一般不用标点符号。不论是单行还是多行，均位于版头下面居中的位置。如果没有文头，则是最上端居中的位置。一行排不下的长标题应合理转行，即根据标题结构或语词结构来安排各行。

2. 主送对象

所有公文都有主送对象，也就是负有对文件内容进行答复或需要贯彻执行责任的受文机关。

主送对象名称的位置，在文件标题下方首行顶格起写。

上行文一般只有一个主送对象，如需同时报送其他机关，则用抄报的形式。当下行文的主送对象不那么集中具体时，可以不列出。主送对象较多，一行写不下时，换行也是顶格起写。

3. 正文

正文是公文的主要部分，用来表达文件的内容。其写作好坏关系到公文目的能否得以实现。要贯彻公文写作中一文一事的原则，并严格按照程序要求，表现发文目的。

不同公文，写法各不相同，要求也不完全一样，各种公文所共有的基本要求是：①内容必须符合党和国家的方针、政策、法律、法令；②观点明确，内容具体；③条理清楚，层次明确；④语言精炼，篇幅简短；⑤语句通顺，标点正确；⑥使用的文字、数字、专用术语等都要规范。

4. 附件

附件是附在正式文件之后的文字材料，是公文的有机组成部分。常见的附件有两类：一类是用于补充、说明或证实正文的附件，包括各种不同形式的说明材料、图表、凭据等。另一类是专为向上级机关报送或向下级机关批转的附件，包括"批转"、"转发"、"印发"的文件和随文颁发的制度、办法、规章等。有附件的公文，应把附件说明标写在正文结束后另起一行位置（即当作最后一段），写明附件的标题或名称、件数或页数。

5．发文机关

这是表示公文权限的重要项目，不要因为有版头，有公章而省略，要签署机关全称或规范简称。几个机关联合发文，也须一一列出，并将主办机关排列在前。有的公文是以机关首长名义发的，这时就可以不写机关名称而直接签署首长姓名并列出职务。此项位置在正文或附件说明结束的下 3 行右边。

6．发文日期

在发文机关下面，写清发文的具体时间。

一般情况下，发文日期以签发日或会议通过日为准。年、月、日必须用汉字小写数字完整标写，不得省略。位置在机关署名的下方。

7．用印

公文加盖公章是权威性和凭证性的标志，将印章盖在发文机关署名和发文日期两行字的中间，要求"端正清晰、以红压黑、上大下小、骑年盖月"。（参见公文格式和置排要求图示。）

8．主题词

《国家机关公文处理办法》中规定"正式文件应当标注主题词；上报的文件，应当按照上级机关的要求标注主题词。"目前使用的主题词以国务院办公厅秘书局 1997 年 12 月修订，1998 年 2 月 1 日开始执行的《国务院公文主题词表》为准（国务院办公厅秘书局根据形势发展和实际需要，若干年就对主题词表加以修订；各省政府办公厅也可根据本省实际情况制订补充主题词表）。

主题词由反映文件主要内容的规范性名词或名词性词组成。有类别词、类属词、文种词三部分构成。类别词、文种词各用一个，类属词最多不超过五个。词表中找不到准确反映主题内容的类属词时，可以使用新造词，但需在该词后加"△"以便区别。主题词位置在文件末页下部，报送机关栏上方顶格处。

应该特别指出的是,在一般基层单位特别是企业单位中,对主题词的使用有两种错误倾向,一是不懂得用主题词(其上级单位也不要求),于是干脆不用;另一是想用主题词,但没有主题词表,于是自己按文件标题来编造。这两种毛病的根源就在于普遍存在的文书管理的不规范。

9. 报送机关

指发文机关要求其了解或协助办理所发文文件内容的机关。是上级机关用"报"或"抄报",是平级或下级机关,则用"送"或"抄送"。位置在主题词下方,没有附注标记内容时,用一细横线与主题词隔开;有附注标记时,则用上下各一条细横线隔开。

(二)公文的附加项目

公文的附加项目有版头、发文字号、签发人、秘密等级、缓急时限、份号、文件处理或传阅范围的说明、印制附注等。

1. 版头

也叫文头或文件头。由发文机关全称或规范化简称加"文件"二字组成,一般用初号长宋体居中印出。版头与正文区域间要划一条不长于 160mm 的细实横线。

除联合行文外,各机关团体、企事业单位一般都各自统一印制了版头(即备好印有版头的首页),以增强公文的权威性和统一性。

版头在实际使用中有三种形式:一是大版头,党政领导机关、行政权力机关用于下行文,以及上级指定上报文件的版头形式。位置居首页上方,约占 1/3 版面;二是小版头,各级机关和企事业单位广泛运用的版头形式。位置居首页上方,约占 1/4 版面,划一条细实横线;三是无版头。适用于通告、会议纪要或事务性通知、简单函件等,版头被标题所替代。若有发文字号应置于标题右下方。

联合行文可用文件主办机关一家版头,也可并用几家版头。版头一律用红色套印。

2. 发文字号

这是文件在运行或保存中便于登记、查找、检索和称代,是重要附加项目。它由发文机关代字、发文年号和当年内发文顺序号三部分组成。年号、文号都必须用阿拉伯数字，年号不能简缩且应加方括号。有版头时，发文字号位于发文机关名称下和横线上居中的位置。联合发文时，只用主办单位的发文字号。

3. 签发人

地市级、厅级以上的上报公文须在发文字号位置的右侧注明签发人姓名。"签发人"三字后用冒号，再签法人代表姓名。

4. 密级等级

有的公文有保密要求，分为"绝密"、"机密"、"秘密"三个密级，用三黑标注，有密级的公文应当标明份数序号，用 6 位阿拉伯数字表示标在版头的左上角第一行。

5. 缓急时限

这是对公文办理的时间要求。紧急程度划分为"特急"和"紧急（急）"两等。

以上两项，在国务院办公厅《办法》中没有指定位置，只有先密级后时限的顺序，且要有密级时才需标出份号。根据《中国共产党机关文件处理条例》规定，份号、密级、时限依次分行标于版头右上角（参见公文格式和置排要求图示）。

6. 文件处理或传阅范围的说明

有的公文（主要是下行文）有传达阅读范围的要求，有的不宜公开报道，就需要加以标明。标注的内容用括弧列于成文日期下方左边顶格处。

7. 印制附注

公文的最末尾，有的还要注明印刷日期、打印总份数、印刷单位或翻印等的说明。这些内容依次排在报送栏下方。

公文格式及置排要求图示如下。

份号 000001

密级

时限

×××××××××

×××字［1999］×× 号　　　　　签发人：×××

×××××××××（标题）

××××（主送机关）：

　　××××××···

···

·····························（正文）。

　　××：×××××××（附件说明）

（公章）

×××× 年 × 月 × 日

（······）

主题词：××　××　××

报：××××××

送：××××××

××××××　　　　　　　　　　　　××××××

公文格式及置排图示

思考与实训

一、怎样区别"文书"、"文件"、"会务文书"和"公文"这几个概念？

二、公文制作有几个主要程序？结合制作程序体会"法定作者"这概念。

三、通过调查访问，了解本省供销社合作社系统内单位的级别和隶属情况，画出全系统单位关系图，以次增强上、平、下行文关系的概念。

四、了解本校（或本系统某个处级单位）有哪些职能部门，部门发文时采用的方式？

（提示：注重从使用代字与用印的关系去理解。）

五、认真阅读本书附录一、二、三、四，并以之查照本单元内容，看看能否找出一些毛病或提出若干疑问；或者由教师提供若干正式文件，对其格式正确和准确与否进行讨论。

第二节 命令（令）与决定

命令（令），决定，均属领导指挥性下行文。

一、命令（令）

命令是国家或地方最高行政领导机关分布重要行政法规和规章，采取重大的强制性措施，任免，奖惩有关人员，撤销下级不适当的决定等时所使用的。它是对下级机关发布的带有强制性执行性质的指挥性公文。

命令（令）从用途上可分为四类：一是公布令，公布法律、法规，公布重大事项或必须严格执行的命令（令）；二是任免令，委任或免除政府官员的职务；三是嘉奖令，嘉奖有功人员；四是指挥令，在战争时期或政治斗争较为激烈时，发布采取的某些重大强制性措施等。

二、决定

《办法》规定：对重要事项或者重大行动做出安排用"决定"。决定是各级机关、社会团体、企事业单位常用的公文，它只能以机关单位的名义作出，而职能部门不可以使用决定来发文，因此决定的行政约束和督导作用强于其他文种。决定有两种类型，一是知照性的，如表彰、处分和机构设置、撤销等的决定，二是指挥性的，如安排重要工作和处理重大问题的决定。

1. 拟稿要求

特别是指挥性的决定，承担草拟任务者必须认真领会领导意图和发文目的，对既有的写作材料要仔细推敲。要反复学习和对照与决定内容相关的党和国家的方针、政策及法规，本系统上级的指示精神和任务要求；努力掌握本单位的具体情况，必要时还需进行专门的调查研究。在拟稿阶段，应随时与领导及同事沟通写作状况，不断调整、补充内容。送审稿供讨论时必须是誊清稿。

2. 标题

一般用完整式标题，即发文机关、事由加文种的标题形式。若是会议（指各种代表大会）通过的决定，要在标题下用括弧标明通过的会议名称和时间。

3. 正文

知照性的决定一般内容较单一，篇幅简短，正文多是以决定缘由和决定内容两部分组成，有的还在最后写些号召、希冀性质的语句。指挥性的决定多为对某方面或某阶段工作，或者某一类问题做出安排和要求，内容较繁杂，涉及面较广，篇幅也较长。这类决定一般也由两部分组成：前一部分扼要说明做出决定的原因、依据或目的，这一部分的写作目的是使执行决定者深入领会决定内容的性质、意义和贯彻执行的力度；后一部分写决定的事项，要求写得具体明确，层次清楚，因此大多采用条款式或分类式，或者条文结合式来安排结构。

例文一 知照性例文。

××省人民政府关于表彰
民族团结进步模范单位和个人的决定

近年来，全省各族干部群众认真贯彻党的民族政策，深入持久地开展民族团结进步活动，对促进改革开放、社会稳定和经济发展起到了积极的作用，涌现出一批民族团结进步模范单位和个人。为了表彰先进，推动我省民族团结进步事业深入发展，省人民政府决定，授予镇安县人民政府等40个单位"民族团结进步模范单位"称号，授予马希泉等80名同志"民族团结进步模范"称号。

希望受表彰的模范单位和个人戒骄戒躁，再接再厉，继续发挥模范带头作用，增强全省各族人民的凝聚力，为中华民族的全面振兴作出更大的贡献。

省政府号召全省各族人民以民族团结进步模范单位和个人为榜样，坚持党的基本路线，认真执行党的民族政策，自觉做好民族的工作，为少数民族多办实事，努力改变少数民族聚居地的面貌，加强民族团结，维护社会稳定，为加快我省改革开放和现代化建设步伐而努力奋斗！

附：××省民族团结进步模范单位和个人名单

一九九九年四月十八日

例文二 指挥性决定。

关于开展向林秋贵同志学习活动的决定

各地、市、县供销社，省社各直属单位：

林秋贵同志是莆田市仙游县供销合作社办公室副主任、纪检组副组长，1996年6月15日因病逝世，时年53岁。

林秋贵同志1971年参加革命工作，在县供销社合作社文秘岗位上二十五年如一日，勤勤恳恳，尽心尽职，为供销合作社系统和社会宣传撰写几十万字的文件、工作总结、报道等文稿。他辛勤耕耘，为领导协调决策提供资料和依据，为企业开拓发展出谋献策。由于他爱岗敬业，业绩突出，曾5次被评为县优秀共产党员，多次被评为供销合作社系统省、市、县的先进工作者以及宣传部门积极分子。他不求名，不求利，从不居功自傲、向领导要求什么。他家中亲人病残相加，生活非常拮据，生前却拒绝县社给他的困难补助和额外津贴。他长年工作在领导身边，与领导关系融洽，却始终保持艰苦朴素、严于律己的思想作风，从不为分配住房、安排子女就业等谋取好处。他主动放弃四次升迁的机会，一心与供销合作事业同甘苦共命运，想方设法为供销合作社早日摆脱困境出谋献策，心系供销事业，乐为人民作奉献，就在他病重期间，还为筹备召开县社的一个重要会议起草了三份文件。

林秋贵同志平凡而短暂的一生，始终以兢兢业业的工作，大公无私的奉献，感人肺腑的俭朴，难能可贵的清廉，朴实无华的言行，实践着党的全心全意为人民服务的根本宗旨，塑造了一个新时期优秀共产党员的光辉形象，向人们展示了一个共产党员应有的世界观、人生观和价值观。

林秋贵同志是供销合作社干部、职工的优秀代表，是基层干部的楷模。省社决定在全省供销合作社系统开展向林秋贵同志学习的活动，号召全省供销合作社干部、职工向林秋贵同志学习，学习他爱社敬业，对工作一丝不苟，对事业高度负责，奋斗不止，无私奉献的精神；学习他一生以工作为生命，心中只有国家、集体和他人，唯独没有他自己，淡泊名利，克己奉公的高尚品格；学习他艰苦朴素，廉洁自律的优良作风；学习他一生好学上进，既注重理论学习，又勤于业务钻研，认真学习马列主义、毛泽东思想，特别是邓小平建设有中国特色的社会主义理论，努力改造世界观，干一行、学一行、专一行的进取精神。

各级供销合作社要充分认识在新形势下，开展向林秋贵同志学习的活动，对贯彻落实十四届六中全会和省委六届三次全体（扩大）会议精神，加强供销合作社系统社会主义精神文明建设的实现意义。要把学习林秋贵同志先进事迹同学习孔繁森、林炳熙等模范人物结合起来；同加强领导班子的思想政治建设结合起来。通过学习活动，进一步促进贯彻落实党的十四届四中、五中、六中全会精神，推动供销社系统两个文明建设上一个新台阶；进一步促进贯彻落实中央5号文件、省委3号文件精神，推动供销社改革和发展进入新阶段。各地要采取有效形式组织干部、职工学习林秋贵同志先进事迹，结合理想、纪律、职业道德教育等精神文明建设工作，引导干部、职工树立正确的世界观、人生观和价值观，激发干部、职工的主人翁责任感，爱社如家，乐于奉献。各级社领导要率先垂范，带领干部、职工立足本职工作，学先进，找差距，见行动，讲奉献，开拓进取，为开创我省供销合作事业新局面作贡献。

附：《基层干部的楷模——林秋贵》（通讯报道）

福建省供销合作社
1996年11月8日

思考与实训

一、行政公文中只用决定这个文种，但党委公文中，决定和决议两个文种都用，请参阅本书附录二，注意区别两个文种的不同点，并从报纸上找来最近一次本省党代会召开后发布的指挥性决定和决议例文，加以比较，以认识决定的写作特点。

二、为什么说拟写公文底稿时要反复学习对照党和国家的方针政策和法规，掌握上级的指示精神和任务要求，并充分了解本单位的实际情况？（提示：结合决定例文来分析体会）

三、由教师提供学校教学方面的现实材料，指导写作决定一份（表彰、处分或工作决定均可，有条件或时间则几种都写）。

第三节 公告与通告

一、公告

公告是国家机关、省级政府和地方最高专项管理机构向国内外宣布重要事项或法定事项而使用的宣告性下行文。发布公告一般是授权（或通过）新闻媒介公开宣传。公告的主要性质是告知性，它不具有指令性，但具有庄严性和公证性。目前，滥用公告的现象时有发生，这就损害了公告的严肃性。一般的机关单位如果有事要对外宣布或公布，只能用"启事"、"告××书"的形式。

（一）公告的类别

公告一般可分为两类。

1. 向国内外宣传重大事项的公告

这类公告，主要是公布国家领导机构选举结果，宣布国家领导人出访，答谢国外有关部门人士对我国重大政治活动的祝贺，公布科技成果等。

2. 具有很大影响的专门事项公告

这类公告，是由政府的有关职能部门，依据有关法规文件规定，按照法律程序发布，或是某些特殊部门颁布的。如中国人民银行调整贷款、储蓄利率，与国内外都有关的招投标、拍卖等。

（二）格式与写作

1. 标题

大多数只写出制发公告的机关和文种，如《中华人民共和国全国人民代表大会公告》；也有写制发机关、事由和文种的；也有只标出文种的。不论是新闻媒体播发还是张贴，都可以不列出发文字号。

2. 正文

可以根据内容的需要安排结构。一般来说，开头写发布公告的依据和缘由，可用一两句话交代清楚，即根据什么精神，或根据什么会议精神等，发布什么内容的公告。中间写发布事项。如果内容较多，则分列条款写作。结尾，常用规范语，"特此公告"或"谨予公告"等，行文庄重，用语准确，内涵清晰，高度概括且不加议论。

3. 落款

一般要署上发公告机关的名称和发布日期。如果前边标题已写出发公告机关，此处可省略。

中华人民共和国地质矿产部公告

（总字第十号—一九九四年第二号）

根据《中华人民共和国矿产资源法》和国务院颁布的《全民所有制矿山企业采矿登记管理暂行办法》的有关规定，下列 130 个矿山企业已在地质矿产部办理了采矿登记手续，依法取得了采矿权。国家保护合法的采矿权不受侵犯，保障矿区的生产秩序不受影响和破坏。任何单位和个人不得进入这些已取得采矿权的矿区范围内采矿。现予公告。

附件：已办理采矿登记手续的 130 个矿山企业单位

一九九四年二月四日

中共福建省委组织部、福建省人事厅
福建省 1998 年录用党群机关工作人员和国家公务员考试公告

根据《国家公务员录用暂行规定》和《关于党群机关和人大、政协机关工作人员考试录用有关问题的意见》（组通字[1998]22 字）等有关规定，省委组织部、省人事厅将在近期举行 1998 年公开考试录用党群机关工作人员（简称工作人员）和国家公务员（简称公务员）工作，全省共招考 1471 名（不含安全系统）。现将有关事项公告如下：

一、招考范围

主要面向缺编较多、工作需要加强的单位，开考的主要部门为法院、检察院、公安、安全、司法、地税、国税，以及急需补充工作人员的个别单位。以上开考部门，省直党群机关录用科级以下工作人员，地市及其以下党群机关录用一般工作人员；全省各级国家行政机关录用担任主任科员以下非领导职务公务员。

二、招考对象和条件

（一）招考对象：符合《国家公务员录用暂行规定》和《关于党群机关和人大、政协机关工作人员考试录用有关问题的意见》规定条件的人员。

面向社会招考的职位，用于招考有两年以上基层工作经历的人员（含工人、农民、居民身份的人员）。

面向毕业生招考的职位，用于招考国家任务招收的 1998 年大中专院校毕业和尚未就业的 1997 年大中专院校毕业生（以上毕业生不含成人教育）。

（二）招考条件：①具有中华人民共和国国籍，享有公民的政治权利；②拥护中国共产党的领导，热爱社会主义；③遵纪守法，品行端正，具有为人民服务的精神；④省、市（地）级机关录用工作人员、公务员一般应具有大专以上文化程度；县（市、区）级以下机关录用工作人员、公务员应具有高中或中专以上文化程度；⑤身体健康，年龄一般为35周岁以上；⑥符合录用主管机关批准的其他条件要求。

三、报名时间、地点和要求

报名时间：全省报名工作统一于6月中下旬进行。省直机关于6月20日至21日报名。

报名地点：省直机关报名点设在五一新村前街12号市人事综合大楼，其余市（地）报名时间、地点见各市（地）公告。

有关要求：报名人员需持本人身份证（或户口簿）、毕业证（应届毕业生可凭学校推荐表复印件，尚未就业的1997届毕业生须持毕业生就业派遣报到证）和某些职位所要求的职称证书及近期免冠同底版1寸照片4张，并按规定缴纳报考费。

四、考试时间与考试内容范围

1．7月26日上午8:30—11:00考综合知识试卷，内容为马克思主义哲学、建设有中国特色社会主义理论、社会主义市场经济理论与政策、法律、行政管理、中国国情与国策、公文写作与处理。下午3:30—5:00考行政职业能力试卷。专业知识考试由用人部门另行安排。

2．笔试的公共科目试卷分为两个等级：报考大专以上文化程度任职岗位的考一等卷；报考中专（高中）文化程度任职岗位和报考乡（镇）机关任职岗位的考二等卷。

3．考试复习材料为国家人事部考试录用司组织编写的国家公务员考试公共科目全国统一用书为中国林业出版社出版的《综合知识》。

五、省级机关招考单位与计划

1．省委宣传部1人

2．省直党工委1人

3．省法院5人

4．省检察院3人

5．省台联1人

6．省委党校5人

7．省政府办公厅4人

8．省公安厅26人

9．国税系统120人（均在各市、地招收）

10．省地税系统290人（其中省监狱管理局3人）

11．省司法厅2人

12．省监狱系统 200 人（其中省监狱管理局 3 人）

13．省劳教系统 10 人（其中省劳教局 1 人）

六、各市地招考计划

1．福州市工作人员 85 人，公务员 30 人

2．厦门市工作人员 70 人，公务员 10 人

3．漳州市工作人员 80 人，公务员 24 人

4．泉州市工作人员 160 人，公务员 43 人

5．莆田市工作人员 20 人，公务员 14 人

6．三明市工作人员 65 人，公务员 9 人

7．南平市工作人员 30 人，公务员 10 人

8．龙岩市工作人员 60 人，公务员 12 人

9．宁德市地区工作人员 55 人，公务员 16 人

1998 年 5 月 15 日

二、通告

通告是机关单位就自己职权管辖范围内的事项作出某些规范而需要告知公众时使用的宣告性下行文。它的法令性和政策性很强，有一定的约束力。在特定的社会告知对象和范围内起执行作用和教育作用。通告主要用于地方政府、各专项管理机构及行政事业单位等对社会公众发布各自的规定事项，而中小企业单位要是使用它时，一定要慎重考虑自己工作、生产经营的性质或管理职责范围，及其与社会公众的关系，尽量采用别的方式（如："告××"、"致××书"、"启事"或其他公关手段）来公布须公众遵守或知晓的事项。

通告的标题可根据需要用完整式或不完整式，只用文种也可。张贴或登报时可以不列发文字号。

正文一般先简要写发通告的原因或依据，接着写通告的事项，多用条款式，语言应具体明确，涉及的名称、地点、数量、时间等都应准确规范。最后（有的）写具体要求或希冀等。用语严肃庄重，带制约性质，并以"特此通告"作结。（注意：机关单位内部不能用通告。）

例 文

××省人民政府关于加强棉花市场管理的通告

棉花是关系国计民生的重要物资。根据国务院关于 1996 年继续坚持棉花不放开

148

市场、不放开经营、不放开价格的规定。为进一步强化市场管理，维护正常的棉花收购秩序，打击非法经营，确保棉花收购工作的顺利进行。现将有关法律及地方性法规的有关规定特作如下通告：

一、供销社所属棉花公司是受国家委托收购、加工、经营棉花的唯一指定单位。各地生产的棉花由棉花公司及所属棉绒厂、站统一收购，站统一加工，统一经营。其他任何单位和个人，一律不准收购、加工、经营棉花。

二、严禁棉花上市自由交易。凡违反规定，擅自上市自由交易的棉花，一律没收。非棉花经营单位和个人非法套购、倒卖棉花，除由工商行政管理部门全部没收外，对有违法所得的还要处以其违法所得的1～3倍但不超过30 000元的罚款，对没有违法所得的处以10 000元以内的罚款，情节严重者，移交司法机关依法追究刑事责任。工商行政管理部门没收的棉花，全部交当地棉花公司按国家规定价格收购，所得价款和罚款一律上缴同级财政。对棉花加工点的掺杂使假行为，必须依法打击。

三、坚决取缔小轧花机，禁止收购皮辊棉。除棉花公司所属棉花收购、加工单位和良种轧花厂外，禁止其他任何单位和个人收轧棉花。对社会上现有的小轧花机，由各县人民政府负责，组织工商管理、公安、供销部门予以查封。各县棉花公司的棉绒厂、站要积极为棉农提供方便，做好种籽棉、少量自用棉的脱籽加工服务，保证随到随轧。鉴于皮辊棉质量差，纺织企业难以使用，从今年起禁止收购皮辊棉，也不允许皮辊棉自由上市交易。

四、棉纺企业一律不得到产地参与收购或委托非经营单位和个人在各地代购棉花，违者要追究企业领导者的责任。

五、农业部门所属良种轧花厂只能收购、加工本育种区生产的棉花，所轧棉花要全部交当地县（市）棉花公司。严禁自行销售。

六、棉花公司所属棉绒厂、站要坚持"谁签订合同谁收购"的原则，只能收购责任区域内的棉花，不准跨区收购。要严格执行国家收购质量标准和价格政策，不准抬级抬价，也不准压级压价。各级人民政府要支持供销社棉花收购检验工作，支持棉花收购检验人员执行国家棉花标准。对欺行霸市、强买强卖、殴打棉花收购检验人员，干扰破坏棉花收购秩序的不法分子，要依法从严惩处。

七、省棉麻公司是省外棉花采购代理单位，各纺织企业须与省棉麻公司签订委托代理合同，由省棉麻公司负责国家分配的省外棉调拨计划的衔接、调运工作。

八、在棉花收购期间，产棉县工商行政管理部门按规定程序经省人民政府批准可以在境内设立临时检查站和流动检查队，专门对棉花运销进行监督检查。棉花收购期结束即行撤除。凡省内外调拨、运销的棉花，应持有棉花公司出具的棉花调拨单。无调拨单运销的棉花，要扣留查验。属于非法套购、倒卖的，按本通告第二条处理。

九、棉花市场管理由当地政府负总责，各有关部门各司其职，，各负其责。工商行政管理部门要加强对棉花市场的监督管理，杜绝棉花上市自由交易，打击非法经营。公安部门要配合工商行政管理部门，加强对棉花市场的管理，搞好治安管理。物价部门要加强对棉花价格的监督管理。技术监督部门和专业检察机构要依法加强对棉花质量的监督管理。检察部门要及时查处棉花收购、经营中的大案要案。

一九九六年十月八日

思考与实训

一、为什么说中小企业单位应慎重使用通告？

二、单位内部有事要告知全体员工，能不能使用通告这个文种？如某县农资公司职工刘××一贯自由散漫，不遵守劳动纪律，3月9日这天又与同事李××发生口角，且先动手打人，用小刀划破李××的手臂，影响很坏。为教育本人，公司研究决定给予刘××记过处分，并告知全公司干部职工。根据这个情况，你认为应使用什么文种和形式来达到惩戒本人教育全体员工的目的。

三、请从本省的省委或省府的机关报上查找公告和通知若干例，看看使用这些文种的机关单位的性质，评议用法与格式是否恰当。

四、请你判断下面材料，用公告，还是通告行文？并代拟文稿，字数600字左右。

某县一些中小学，经常受到社会上一些人和某些单位的侵扰。如有人随意到学校内打架、聚众斗殴、酗酒、赌博；还有的人甚至将易燃易爆物品带到学校，还有商贩任意出入学校高声叫卖；还有些单位和个人随意到校园内取土；有些单位长期侵占学校校舍和操场、校办工厂、农场等。

以上种种，不但侵犯了学校的权益，而影响了教学秩序，威胁着师生员工的人身安全。该县教育局、公安局联合制发了一份公文，规定了一些禁止事项，并申明违反规定者，要根据我国《刑法》和《治安管理处罚条例》等有关法令予以处罚。

第四节　通知与通报

一、通知

通知用于发布行政法规和规章，批转下级机关的文件，转发上级机关和不相隶属机关的文件，传达要求下级机关办理和有关单位需要周知或者共同执行的事项；任免和聘用干部。通知是内部性质的下行文。通知的使用范围相当广泛，是使用频率最高的行政公文之一。

（一）通知的类型

根据通知的内容和用途可以分为以下几个方面。

1. 批转、转发性通知

批转、转发性通知是在批转下级来文或转发上级机关、同级机关、不相隶属机关的公文时使用的。这种通知的正文一般用简短的批语，阐明批转或转发的目的和贯彻执行的要求，然后将所转文件作为附件一起印发。如例文一的《国务院批转国家税务总局〈工商税制改革实施方案〉的通知》。

2. 发布性通知

将本机关的法规、制度、措施、方法和会议文件等作为正式公文下文，要求下级单位贯彻执行。这种通知在标题中都用"颁发"、"发布"、"印发"、等的字眼来表示，且都将所发布的文件作为附件。

3. 指示性通知

上级机关对下级机关部署工作，做出带有一定强制性、措施性或决策性的工作部署，但其内容性质又不宜以命令（令）行文时，可以采用通知的形式。如《中共中央办公厅、国务院办公厅关于切实减轻农民负担的紧急通知》。

这类通知要说明发文的目的、意义及依据，阐述工作部署的具体内容，执行的具体方法和要求。使下级机关一看便知如何去解决问题。

4. 事项性通知

事项性通知主要是向有关方面告知某一事项，或交流某些信息，甚至没有执行要求和措施，如成立、调整、合并、撤销某一机构，任免干部职务，启用新印章，更正某一文件的差错等。这类通知正文一般要写明两项内容，一是所告知事项的依据、目的；二是告知事项的具体内容。

5. 会议通知

这是专门用来告知有关部门召开会议的通知。会议性通知在写作上具有要素化的特点，即写清会议的名称，召开会议的目的、依据，会议的中心议题，召开会议的具体时间、地点、参加人员、其他事项等会议性通知必备的要素。

（二）写作要求

1. 标题

有版头时可以只用事由加文种的标题形式，事由多用"关于××××"组成介词短语。也可使用发文单位、事由、文种俱全的标题。批转、转发性通知标题较长要注意转行。

2. 发文字号

发文字号的书写形式同其他公文一样，但通知经常遇到联合发文的情况，这时的发文字号使用主办单位的字号。另外，同性质机关联合发文，版头上主办机关列前；不同性质的机关联合发文，则按党、政、军的顺序排列版头。

3. 正文

通知的正文，结构比较灵活，可根据内容的多少合理安排，或篇段合一，或分条列款，一般情况下，具有以下几个部分：①发文缘由，它包括发文的原因和目的，这是开头部分，文字力求简明扼要，交代清楚。发文缘由主要有两方面：一是上级或本单位领导部门的指示或决定，如"根据××××文件精神"或"经市人民政府批准"或"经××××会议研究决定"，等等；二是工作中出现的情况，如"目前，许多地方普遍出现了……"。发文目的，一般是有一句话："为了……"。常用过渡语转入下文，如"现通知如下"，"特作如下通知"等。②具体内容简单，可直接承发文缘由而写作，不必另起一段，如果内容复杂，事项繁多，可分条列款写作。

4. 附件

批转、转发性通知都要把转发的文件作为附件，应在正文结束另起一行写"附件"二字，然后标出所附件名称、件数或页数。

例文一 批转性通知。

国务院批转国家税务总局
《工商税制改革实施方案》的通知

各省、自治区、直辖市人民政府，国务院各部委、各直属机构：

国务院批准国家税务总局《工商税制改革实施方案》，现转发给你们，请认真贯彻执行。

这次工商税制改革是建国以来规模最大、范围最广泛、内容最深刻的一次税制改革，其目的是为了适应建立社会主义市场经济体制的需要。这次改革必将有力地促进我国社会主义经济持续、快速、健康发展。为此，各省、自治区、直辖市人民政府要高度重视，加强领导，切实抓好《工商税制改革实施方案》的组织实施。

附件：《工商税制改革实施方案》

国务院
一九九×年十二月二十五日

例文二 指示性通知。

陕西省人民政府关于
切实安排好今冬明春灾区群众生活的通知

各地区行政公署，各市、县人民政府，省人民政府各有关工作部门、直属机构：

今年以来，我省发生大面积严重干旱，局部暴雨、冰雹等自然灾害也频繁发生，致使有些地区粮食和经济作物大幅度减产，给生活带来严重困难。切实安排好今冬明春灾区群众生活，是各级政府面临的一项十分紧迫而又艰巨的任务。当前，灾区各级人民政府要坚决贯彻国务院及省政府的安排部署，克服麻痹思想，采取有力措施，扎扎实实地安排好灾区群众生活，确保不饿死人，不冻死人、不发生人口盲目外流、不发生疫病，安全度过灾荒。为此，特作如下通知：

一、深入调查，核实灾情。各地要组织力量深入灾区，认真核实粮食产量；对受灾群众的生活情况，要逐村逐户调查摸底，分类排队，造册登记，做到心中有数，充分掌握安排救灾粮款的依据。特别要注意摸清，哪些是既缺粮又缺钱的特困户，哪些是有一定自救能力的一般困难户，哪些是有购粮能力的缺粮户，哪些是自给户，以便区别轻重缓急，采取相应的救济措施。对当前断炊的特困户，要打破常规，立即安排供应口粮，确保不出问题。

二、抓紧安排救灾粮款，及时落实到户。各地要本着"分别情况，区别对待，保证重点，统筹安排"的原则，以钱粮俱缺的特困户为重点，实行救灾粮款配套的办法，对缺粮群众的吃饭问题一次安排到明年三月底，指标到户，分月供应。分配救灾粮款要实行分配办法和分配结果公开，坚持自报公议，听取群众意见，力求分配合理。对于少数缺衣少被和住房困难的群众也要及时采取措施，帮助解决实际困难，保证安全过冬。各级干部在主持救灾款、物的评议发放工作时，一定要实事求是，秉公办理。坚决克服平均主义，不准优亲厚友，严禁以权谋私。违者严加查处。要教育群众计划用粮，节约用粮，节俭度荒，坚决杜绝铺张浪费。

三、积极组织群众开展生产自救活动。各地在安排好灾区群众生活的同时，要大力发动受灾群众，搞好生产自救，抓好麦田作物冬季田间管理，大搞农田水利基本建设，搞好明年春季生产备耕，努力夺取丰收。要组织群众，广开生产门路，大力开展工副业生产，增加经济收入，增强自救能力。

四、加强对生产救灾工作的领导。灾区各级政府要把生产救灾工作当作今冬明春农村工作的一项重要任务认真抓好，明确专人负责，加强具体领导。各级主管部门要明确分工，落实责任，做好工作。民政部门要抓好群众生活安排，及时下达救灾款物。各级粮食部门要放开灾区粮食市场，保证议价粮的供应和销售。要及时组织好救灾粮的调运工作，保证供应，不得脱销。特别是对偏远山区，一定要赶在大雪封山之前完成粮食调运任务。农牧、水利部门要帮助群众抓好冬春农业生产和农田基本建设，搞好技术服务。乡镇企业管理局、老区建设办和扶贫开发办等部门要积极帮助受灾群众抓好工副业生产。重灾区和特重灾区要抽调得力干部，组织救灾工作队，深入灾区，实行县上干部包片，区乡干部包村，村组干部、党团员和积极分子包户的办法，层层建立岗位责任制，明确责任，抓好落实，确保生产救灾工作的顺利开展。

一九××年×月×日

二、通报

通报是表彰先进、批评错误、传达重要精神或情况时使用的公文，它具有表彰、指导、知照的作用。通报属下行公文。

（一）通报类型

按通报的内容划分，可分为表彰通报、批评通报和情况通报。

1. 表彰性通报

主要用于表彰先进人物和先进集体，分析可贵精神，指出并推广经验，提出具体要求，达到引导、推动工作的目的。

2. 批评性通报

批评性通报是针对工作中出现的影响较大的错误事件或错误作法给予批评的通报。写明错误事实，分析主要原因，指出危害和教训所在，并提出工作要求，使下级能引以为戒，从而促进工作。

3. 情况通报

情况通报主要是将系统内或不相隶属单位已出现的问题或情况，告知下级机关以作为工作的借鉴和参考，同时提出意见和要求，以便统一认识、统一行动，进而推动工作深入开展。

（二）写作要求

通报的写作形式有两种：一种是直述式，一种是转述式。

奖惩通报主要用直述式。首先扼要介绍通报事项的主要事实，如时间、地点、人物、单位、基本过程、主要情节、效果和影响等。接着对事情进行分析、评议，揭示问题的实质，概括说明事件的教育或借鉴意义，指出应该学习或吸取教训之处。最后，明确写出对被通报者表彰或处分的决定，并进一步引申出对下级的有关要求。

情况通报常常使用转述式，这是通过转发其他机关或部门的通报并加以评议和提出要求的写法。这种写法，正文不必直接详细叙述所要通报的事实，只在文件的开头交代转发文件名称，概括出事件的实质，就可以了，然后说明转发目的，即联系本地区、本系统的实际，提出要求。这种通报必须在它的后面带上附件。

撰写和发布通报应注意几个问题：一是要有针对性，要使通报起到应有的作用，必须注意紧扣一个时期的中心工作，选择具有普遍性的典型材料；二是要注意及时性，发布通报必须抓紧时机，如错过时机，就起不到指导工作的作用；三是对通报的材料要认真核实，做到准确无误；四是不论是表彰还是批评都要掌握分寸和恰如其分。

例 文

陕西省人民政府关于表彰社区服务先进单位的通报

近年来，随着改革开放的不断深入和经济建设的稳步发展，我省社区服务事业从无到有、从小到大，不断发展，已经成为城市社会保障和社会化福利服务体系的重要行业。社区服务业的发展，改变了旧的经济体制下单一的福利服务形式，走出了一条社会发展福利事业的新路子；星罗棋布的各种社区服务网点，极大地方便了社区居民，丰富了社区群众的政治和文化生活；社会救助、社会保险、全民教育、卫生保健等社会问题在基层得到解决，有力地保证了城市的社会稳定，促进了社会主义物质文明和精神文明建设。在发展社会服务事业的工作中，涌现出了一大批工作突出、成绩显著的先进集体。为鼓励先进，发挥典型示范和模范带头作用，进一步推动社区服务事业的发展，省政府决定对西安市新城区人民政府等22个先进集体予以通报表彰。

希望受到表彰的单位谦虚谨慎，戒骄戒躁，发扬成绩，继续前进，在社区服务工作中创造新的业绩。各级政府和有关单位要学习、推广先进单位的经验，坚决贯彻"抓好机遇，深化改革，扩大开放，促进发展，保持稳定"的方针，解放思想，振奋精神，开拓进取，扎实工作，为推动全省社区服务事业更加健康地发展作出贡献。

附件：陕西省社区服务工作先进集体名单

一九九×年三月五日

思考与实训

一、批转、转发和发布性的通知，其根本区别是什么？在行文措辞上有没有不同？

二、机关单位内部经常在宣传栏或小黑板写（贴）出"通知"，如"在某室开会"或"某时进行大扫除"等，这些通知是不是正式公文，为什么？

三、怎样理解"领导指挥性下行文"、"宣告性下行文"、"内部性下行文"这三个概念，从哪些角度最能说明三者的区别？

四、你怎样理解通报的叙述和评议要有"有机联系"这句话？

五、通知按内容与用途可分为：A. 批转性；B. 转发性；C. 发布性；D. 指挥、事务性。请辨别下列通知类型，并填入括号内。

（1）《××市商业局关于转发〈××省物价局关于开展物价工作大检查的通知〉的通知》。（   ）

（2）《××市商业局关于批转××公司〈开拓境外市场拜访销售渠道〉一文的通知》。（   ）

（3）《××市供销社关于确保灾后农业生产资料供应的紧急通知》。（   ）

（4）《××省供销合作社联合社关于×××等6位同志工作任免的通知》（   ）

（5）《××市供销社关于颁发〈在职人员外出学习、进修的有关规定〉的通知》（　　　）

（6）《中华全国供销合作总社关于召开 1998 年财务工作会议的通知》。（　　　）

六、请根据下列材料，以×省供销社的名义写一份通报。

吴辉明同志，男，武夷山市星村供销社曹墩购销站营业员，1993 年 8 月 21 日晚上九点多钟，吴辉明同志正与在本村任教的妻子陈瑛在二楼宿舍里整理和清点当天的营业款，猛然间听到楼底啤酒瓶倒地的声响（啤酒瓶是他们放在门市部小门口，作为防盗报警用的）。夫妻俩当即意识到有贼行窃，立即放下手中尚未清点的货款，吴辉明随手操起一根锄头柄，陈瑛也拿起一根竹扁担，并拉亮楼口路灯，关好房门，紧随吴的身后走下楼梯。就在吴辉明同志刚走到楼梯最后一个台阶拐角时，突然间，吴辉明同志的头部遭到狠狠一击，顿时鲜血满面，他正想举棒还击时，隐约见到一个蒙面歹徒，举起凶器，再次向他砍来。乱刀砍中了吴辉明的左脖子、脸下颚等部位，血流如注，吴辉明同志终于支持不住昏迷过去。陈瑛同志眼看丈夫倒在血泊中，把生死置之度外，奋力举起扁担，朝歹徒打去，终因力量单薄，抵挡不住穷凶极恶的歹徒，陈瑛同志头部、左脸部、左下颚等重要部位被歹徒连砍十余刀后而倒下。这时，吴辉明从昏迷中醒来，见歹徒要夺门而逃，他不顾一切，赤手空拳向歹徒猛扑上去，歹徒狗急跳墙，又朝吴辉明同志背部连砍数刀，但他丝毫没有退却，紧紧抓住歹徒的衣服不放。歹徒再次举刀朝吴辉明同志右手砍去，吴辉明右手拇指被砍断。吴辉明同志终因伤势过重，又一次昏倒。当吴辉明再度苏醒时，已是晚上十点半钟，他心中只有一个念头"不能让歹徒逃走，一定要抓住他"。吴辉明同志强忍剧痛，竭尽全力挺起身，紧紧依偎着楼梯扶手向上攀到二楼阳台，身体扑在水泥地栏杆上，竭力呼喊："抓歹徒啊！快来抓歹徒啊"。陈瑛的舅舅听到吴辉明的呼救声，意识到门市部出事，叫来几个村民赶到门市部，将吴辉明夫妇送到当地保健站应急包扎后，即将他俩护送到武夷山市医院抢救。陈瑛同志在送往医院的途中，因伤势过重，停止呼吸，献出年仅31 岁的年轻生命。吴辉明同志在市立医院医务人员的全力抢救下才苏醒过来，现已基本康复。

吴辉明同志在 1979 年参加供销社工作以来，长期坚持在购销站工作，他牢记为人民服务的宗旨，勤勤恳恳，任劳任怨，忘我工作，无私奉献。他每到一处购销站，都能做到想群众所想，急群众所急，帮群众所需，坚持优质服务，做到早开门，晚关店，深更半夜随叫随卖，送货上门，为供销社赢得了信誉和效益。他先后七次被评为供销社先进工作者。

七、结合学校实际，完成或选择完成下列练习题。要求教师给予必要的启发指导（相当于领导授意），学生经充分讨论后各自执笔草拟。

（1）有关动员在校学生积极参加全国高等教育自学考试的通知

（2）关于开展第×届校园文化艺术节的通知

（3）关于深入开展学雷锋、创文明班级和文明宿舍的通知

（4）结合学习生活实际，拟定表彰性通报和批评性通报各一个

第五节　报告请示与批复

一、报告

报告是下级机关向上级机关汇报工作，反映情况，提出意见或者建议，答复上级机关的询问所用的公文文种。

报告属于陈述性上行公文。上级机关通过下级的报告，可以了解有关方面的工作情况和问题，并作为领导决策的重要依据。

（一）报告的类型

报告按其用途可以分为以下几类。

1. 专题报告

专题报告是向上级机关汇报某一特定情况的报告，内容单一，针对某一专门问题或某一专门情况向上级机关报告或反映，要讲清事情的原委、起因或经过，简要分析并提出看法。

2. 综合报告

综合报告是就某一时期全面或几个方面的工作情况向上级机关汇报，要写工作中的成绩、经验、存在的问题、吸取的教训以及今后的打算等。

3. 报送文件或物件报告

报告连同所附文件或物件一起发出。要求内容简短、明确，写清报送文件或物件的准确数量和名称。

（二）写作要求

1. 标题

标题包括发文机关，事由和文种，也可省略发文机关。如《××市人民政府关于一九九八年城市经济改革情况的报告》、《关于审计民政事业费的报告》。

2. 主送机关

报告一般只能标注一个主送机关。属于双重领导的情况，且所报告事项与两个上级均有关时，一个主送，一个抄报。如中专学校要求改校名的报告，一份送系统领导机关，就将其列为主送，将省教委列于抄报；一份送省教委，省教委就是主送，本系统领导机关列于抄报位置上。

3. 正文

正文一般包括报告缘由、报告内容和结束语。

报告正文要注意做到：情况确凿，观点鲜明，办法明确，口吻得体。

报告缘由应简要说明行文目的，一般用一个自然段完成。篇幅较长的报告，也可分成几个段阐述行文目的。并用"现将有关情况报告如下"等启承用语转入主体内容。

报告内容是行文重点，要为缘由部分的目的服务。根据报告的不同目的，或汇报工作，或反映情况，或提出建议。要写清工作进行的情况（包括过程、措施、结果或成效），存在的问题，有些什么经验教训，下一步的工作打算等。这几个方面要根据报告的具体情况有所侧重。要如实反映情况，有分析、有看法。如篇幅较长，可采用分段、分条或列小标题叙述的方式。

结束语常用"特此报告"，"以上报告请审阅"，"以上报告如无不当，请批转有关部门执行"。需要注意的是，不要把请示的请求语作为报告的结束语，如"以上报告当否，请批示"之类，混淆了两者的界限。

4. 落款

落款要写明报告机关和发文日期。

应该特别注意：写报告应掌握第一手材料，实事求是，及时报告，突出中心；报告中不能夹带请示；以叙为主，叙议结合。

关于纠正向农民乱摊派乱收费不正之风
减轻农民负担工作安排意见的报告

省政府：

减轻农民负担，坚决纠正向农民乱摊派、乱收费的不正之风，是党和国家农村工作的一项基本政策，也是中央确定的今年开展全国性纠正行业不正之风的重要任务之一。为了将这项工作落实到实处，现将今年的安排意见报告如下：

一、任务

1. 严格把农民合同内负担控制在 5% 以内，即农民人均承担的村提留、乡统筹费，以乡为单位，不得超过上年人均纯收入的 5%。农村义务工控制在 5～10 个；劳动积累控制在 10～20 个，如确需增加，须经县一级人民政府批准，但最多不超过 30 个。

2. 农民承担的社会负担，严格执行中央和省规定的项目及标准。除中央两办公布可以继续执行的 29 项，修改后降低收费标准的 17 项，省政府审核批准可以继续执行的 15 项，修改后降低收费标准的 2 项，以及省治理乱收费办公室公布的收费项目为合法的收费项目外，任何单位和个人都不得以其他名目向农民收取任何费用。

3. 全面推进农民的负担明白卡。明白卡一户一卡，5 月底以前发送到户，入户率要求达到 100%。

二、措施

1. 要采用各种有效的形式，大张旗鼓地开展减轻农民负担宣读。各地要将保留的、取消的、不许强制摊派和搭车收费的项目，以及正常的收费管理办法，印发宣传，使之家喻户晓。

2. 全面实行村提留、乡统筹费和"两工"的预决算制度，不留空白。预算方案必须在每年 4 月 15 日前向农民张榜公布，接受群众监督。

3. 凭明白卡向农民收费和派工。没有发卡，不许向农民收费和派工；农民没有拿到卡，可以拒绝交费和完工。

4. 监督检查。今年 7 月份，各地区行署、各市、县政府要组织人员对纠风工作进行检查。各地市要检查 30% 以上的县，县要对所有的乡（镇）进行检查，乡镇要查 3～5 个村，每村要抽查 10 户。12 月份，省上将邀请人大代表、政协委员组织抽查验收。验收的标准是：完成上述三项任务，抽查合格率达到 95% 的为合格，达不到 95% 的为不合格。对验收不合格的县，要追究主管县长行政主管部门主要领导的责任。同时要限期纠正存在问题。

5．严肃查处加重农民负担的问题和案件。凡是违反规定，向农民乱摊派、乱收费、乱集资的问题，各级要发现一件，查处一件。非法收取的钱物，要限期如数退还给农民；对直接责任者，要给予党纪、政纪处分；对顶风违纪的，要从严查处；对性质恶劣，造成严重后果并触犯刑律的，要依法追究刑事责任。

三、责任

纠正向农民乱摊派、乱收费、乱集资不正之风，减轻负担工作由各级政府负责。主管领导亲自抓，具体工作由各级农业行政主管部门和引风办共同落实。

以上意见如无不妥，请批转各地执行。

农　业　厅

省政府纠正行业不正之风办公室

一九九×年×月×日

二、请示

请示是下级向上级机关请求指示、批准或帮助的上行公文。

在日常工作中，请示使用比较广泛。有以下几种情况：对有关方针、政策、法律，法令不甚了解有待上级明确批示；本机关，单位职权范围内不能解决或解决不了有待上级批准；工作中发生了重大问题或原无规定难以处理，希望上级给予指示；因本地区，本单位情况特殊，执行统一规定要变通处理，有待上级批准；工作或生产中遇到了困难，需要上级帮助解决；本机关单位意见分歧，无法统一，要求上级裁决等。

（一）请示的种类

请示种类大致有三类：请示批准的请示，请求帮助的请示和请求批转的请示。

（二）请示的写作

1．标题

请示的标题一定要言简意明地写出事由，因为有要事才请示，略去事由是不行的。如《关于加强批发扣税工作的请示》，也有采用完全性标题的。如《国家工商行政管理总局关于在全国逐步执行经济合同示范文本制度的请示》。

2．主送机关

请示只能标注一个请示机关。不可多头请示，以免误事。

3. 正文

正文一般由事由、请示事项和结尾三部分组成。请示的事由即请示的原因，这是写作请示的关键。要抓住主要问题，阐述清楚为什么。若原因比较复杂，则应分几个层次或几个角度说明。请示事项要说明"做什么"和"为此，特请求……""鉴于上述情况，特请示如下"等引出请示的具体事项，要把要求上级机关审批的问题写清楚，并作出具体的重点，写得好坏关系到全篇。因此，下级机关应尽量根据实际情况提出中肯、可行的意见，以供上级机关作出正确的判断和指示。若请示的问题单一，可不分段，如果内容较多，则可分条列出。

4. 结尾用语

结尾用语一般有"以上请示当否，请批示""是否妥当，请批示""以上如无不当，请批准"等用语。

5. 落款

落款要注明发文单位及发文时间，并加盖印章。

（三）撰写请示的注意事项

1. 要一文一事

请示写作内容要单一，不要在一份文件中请示两个或几个互不相关的问题，特别是不能请示不是同时由一个上级机关批复的几个问题。那样请示问题容易产生漏批或无法审批的情况，不利于请示事项的及时解决。

2. 不能越级请示

各级机关都有自己的一定权限，上下级之间也有一定的业务分工，所以一切需要请示的事项都要向直接的主管上级请示。如因特殊情况，必须越级行文时，应抄报越过的机关。

3. 不要过头主送

请示公文只能确定一个主送机关。当某一件事情分不清由哪个上级部门主管时，必须事先搞清楚再行发文。如果属于双重领导的单位，所请示的问题，哪个上级机关负主要责任，就主送给哪个上级机关。

4. 理由要充分合理

请示的理由是否充分合理，是请示事项能否得到批准的关键所在。因此，请示写作的重点在于阐述理由的详细、充分、准确和具有说服力。

5. 用语要得当

写作请示时，要注意行文的语气，一些命令性词语，如"必须"，"务必"等，不能在请示中出现。另外，除领导直接交办的事项外，请示不要直接送领导个人。

例 文

××省人民政府关于
我省遭受特大干旱申请支援的请示

国务院：

继去年大旱之后，今年以来，我省又遭受了特大旱。一是降水少。1 至 5 月份，全省除长安、户县、临潼、泾阳、三原、华县等县市有过 20 毫米以上的降雨外，其余县市降水都很少，特别是渭北、陕北、陕南地区降水比历年同期偏少 7～9 成。陕北北部地区连旱 140 多天，是 40 年来最严重的干旱。二是气温高。今年全省气温比常年偏高 1～2℃，进入 5 月以来。日最高气温一直在 30～35℃之间。较历年同期高 2～4℃，加剧了蒸发，加重了旱情。三是墒情差。据最近测定，陕北、渭河、商洛、安康等地区 50 厘米以上土壤相对湿度仅 20%～30%，几乎全是干土。陕北北部地区干土盈尺，赤地千里。四是河道流量锐减，塘库蓄水不足。全省主要河流、渭河、泾河、洛河、汉江流量均为历史最枯流量，小河小溪大部干涸。据统计，全省塘库总蓄水量仅 20 亿立方米，不到常年的一半。各地当前插秧、夏播普遍困难。五是干旱后果相当严重。据统计，目前全省受旱面积已达 2000 万亩，其中受旱夏田作物 500 万亩，有的已经干死，造成严重减产，个别地方减产幅度达 40%左右。700 万亩早秋作物出苗不好，缺苗断垄严重。800 万亩中晚秋作物难以种下，仅榆林地区就有 600 万亩，占到应播面积的 70%。干旱使经济作物也受到很大影响，烤烟、棉花等作物苗小、苗弱，有的已经枯死，苹果落花、落果率达 20%～30%。同时不少地方人畜饮水发生严重困难。陕北一些地方开始闹水荒，定边山区每标桶水价高达 48 元，为历年所罕见。靖边一些群众要到二三十里以外运水，耗费劳力占到一半以上。商洛地区缺水的机关、学校、厂矿达 1/3。目前全省饮水困难的已有 130 多万人和 50 万头大家蓄。据气象部门预报，近期仍无大的降雨，旱情还将持续发展，形势相当严峻。

面对严重旱情，我省各级政府带领广大干部群众奋力开展抗旱斗争。据统计，冬春灌溉期间，全省每天有 300 万人上阵，开动水利设施 7 万多处，累计灌溉夏田 1800 多万亩（次），点浇 140 多万亩；5 月以后，日上劳力 200 万人，投入资金 3000 多万元，日灌溉农田 20 万亩，是历年同期灌溉最多的。最近，我们又重新作了部署，要求全省上下一致，全民动员，迅速掀起"一抗三保"的群众性热潮，坚持以抗旱为中心，确保夏季丰产丰收，确保夏播种足种好，确保夏管顺利进行。当前重点抓好抗旱灌溉工作。要求各地灌区充分利用一切水源和水利设施，发动群众加快灌溉进度；对无水利设施尚有水源的地方，组织抗旱服务队，全力开展工作，尽力扩大灌溉面积，决心奋战 20 天，把所有能灌的秋田作物全部灌溉一次。最近，省委书记×××、省长×××、省委副书记×××和副省长×××等省上主要领导都深入基层，了解旱情，指导工作，解决实际问题，帮助群众抗旱。旱区各级党政领导全部下到第一线，带领广大干部群众全面展开抗旱保秋斗争。

我省当前抗旱保秋的任务十分繁重，需要大量资金。鉴于我省去冬今春连旱，广大群众开展抗旱斗争已经耗费了巨大的财力、物力和人力，要抗御当前严重干旱，夺取抗旱保秋斗争的胜利，地方各级财政深感不堪重负，力不从心。为此，恳请国家给予紧急支援，拨付我省特大抗旱费 3000 万元，救灾化肥 1 万吨，以应急需。

专此请示，请予审批。

一九九×年×月×日

三、批复

批复是答复下级请求事项的下行文种。批复的行文对象是提出请示的机关。

批复具有单一性、指示性和结论性的特点。首先，批复只是针对下级机关请示事项作回答，不涉及请示事项以外的内容。从行文对象看，仅向请示单位行文，发送范围无需扩大。如需扩大发送范围的，则不能以"批复"文种行文，而应以"批转"形式行文。其次，批复在行文内容上，既要对所答复问题表明同意或不同意的态度，有时还要提出处理意见和办法。这些意见和办法，即属于上级机关对下级机关请示事项或问题的指示性精神，下级机关必须遵照执行。最后，上级机关的批复必须及时，不能拖延，批复的意见要明确，态度要明朗，不能采用模棱两可，似是而非的表达方式。

写作要求如下。

标题：标题是批复事项的摘要。要明确何机关关于何事的批复。上款写受文单位。正文主要是批复依据、批复内容和结束语。批复依据主要是引述下级来文的日期、文号、标题，也可简要地引用请示事项，作为批复的起因和根据。批复的内容是针对请示中提出的问题进行答复和指示，也是批复的目的所在。在批复意见部分，要对请示事项表明同意或不同意的态度，并说明理由。在批复的末尾部分，结束语一般用"此复"，"特此批复"，也可不写结束语。

例 文

国务院关于丹东市
建设边境经济合作区的批复

辽宁省人民政府：

你省《关于建设丹东边界沿江开发区的请示》（辽政[1992]45号）收悉。现批复如下：

同意丹东市在继续实行沿海开放区政策的同时，建立边境经济合作区，根据国务院国函[1992]21号文件规定的有关边境经济合作区的政策。边境合作区的具体地点和范围，由国务院特区办公室会同有关部门审定。

国 务 院
一九九二年七月七日

思考与实训

一、请从行文目的、文种作用、语言表达和内容所反映的时态几个方面比较报告和请示的区别。

二、个人向组织申请解决某事所写的报告与本部分所写的报告相同吗？为什么？

三、省委宣传部、省教委、省团委等数家单位联合发出的《关于开展第×届校园文化艺术节活动的通知》，经学校团委及有关方面认真贯彻执行取得了良好效果，请你以校团委的名义拟写一份艺术活动开展情况的报告给省直团工委。

四、由教师指导或组织学生采访学校有关方面，了解学校申报开设新专业的做法，并动手为学校拟写一份申报设置新专业的公文。

五、请根据本部分例文《陕西省人民政府关于我省遭受特大干旱申请支援的请示》，试写一份批复。

第六节　函

函主要是用于不相隶属的机关和组织之间相互商洽工作、询问和答复问题；向有关主管部门提出请求批准等。

函的应用范围十分广泛，行文方向比较灵活，既可以对上级机关行文，也可以对下级机关、平行机关及不相隶属的机关行文，其具体用法如下。

一、函的类别

1. 商洽工作

商洽工作的函件，多用于平级机关之间，请求协助，或商洽解决办理某一事情，如商调干部、联系学习、参观等。

2. 询问情况

询问情况的函件，上行、平行、下行都可以。询问工作情况或某一具体问题，了解有关方针、政策或工作中遇到的界限不明确的问题等。

3. 告知事项或活动

告知某一事项或活动的函件，如请对方参加某个会议、从事某项活动、选购某项活动、选购某种商品等，其性质类似于通知，但由于双方无领导指导关系，不宜使用通知行文。

4. 回答问题

答复问题的函件，主要是针对来函询问、商洽的问题，给予明确的答复。对下级或平级、不相隶属单位间的询问予以答复，可用答复函。对上级单位的询问，下级答复时，对一般问题可使用复函，而对较重要问题常以报告形式回复，以示庄重。

5. 请示批准

请示批准的函件，向上级主管部门请求批准时，可使用请求批准函。
根据内容、格式可分为公函和便函两种。

（1）公函

属于正式公文，有完整的公文格式，用于联系比较重要的公务事项。

（2）便函

用于一般事务性联系，不属于正式公文，格式也比较随便，类似一般信件。多用机关信笺书写，加上公章即可。

根据行文往来方向的不同，分为去函和复函：

1）去函，又称来函。即主动发函询问，商洽或通知有关事项的函。

2）复函，即答复对方来函中有关事项的函。

二、函的写作要求

函的写作要求如下。

1. 标题

公函、去函的标题与一般公文写法相同，复函的标题写法与批复相同。这三类函若有版头，就要排上发文字号；若无版头，在题目下也可排发文字号。

便函可以不编号（要编号也专用便函号，不是编正式文件的发文字号），标题比较自由，一般可写可不写。如有时写作复函，有时又写为"关于××××问题的答复"等。

2. 正文

公函的正文写作时一般包括三个部分。开头部分多说明发函的缘由和目的，复函则先引述来文的时间、文号、标题或事项；中间部分为函件事项的具体内容，如先告知有关活动和事项，询问答复有关问题等；结尾则视行文关系或内容需要，选用得体礼貌的用语，如"请大力协助为盼"、"特此函达，希见复"、"希查照办理"、"以上意见妥否，请指示"、"请予以支持为荷"、"特此复函"等。

函写作应注意的问题：

1）函要写得专一集中、简明扼要、篇幅短小、一函一事。

2）内容要切实可靠，确凿可信，不夸大，不缩小，必须对人民负责。

3）内容要质朴得体，语气恳切，不要讲客套话，不要多评议或抒情。

平行的函语言应诚恳有礼，上行的函语言应庄重谦恭，下行文函应坚定明确。

例文一

关于建立××民福贸易公司的请求批复函

××市计划经济委员会：

为促进我市民政工作发展，拓宽福利生产市场，积极发展外向型经济，我局拟建立××民福贸易公司。

该公司为集体所有制企业，实行独立核算，自负盈亏。经营范围：主营民政福利企业产品，兼营各类生产资料及其他民用商品。经营方式：零售、批发、代购、代销及调拨。

当否，请批复。

××市民政局

一九××年×月×日

例文二

国务院办公厅关于公开发布天气预报有关问题的复函

中国气象局：

你局《关于加强发布天气预报归口管理的报告》（国气发[1993年]13号）收悉。经国务院同意，现将有关问题函复如下：

一、为保证向社会公开发布天气预报和灾害性天气警报的准确性，更好地为国民经济建设和保障人民生命财产安全服务，国务院对公开发布天气预报和灾害性天气警报实行统一发布制度。由中国气象局管辖的各级气象台（站）负责发布，其他部门，单位及个人未经省级以上气象部门同意，均不得向社会公开发布天气预报和灾害性天气预报。

二、其他部门所属的气象台（站）或机构。只负责向部门发布专业天气预报。

三、通过广播、电视、报刊、电话等手段向社会公开发布的天气预报和灾害性天气警报，一定要利用气象部门提供的适时气象信息。

国务院办公厅

一九九三年七月一日

一、请你仔细阅读下列这篇函稿，分析写作存在的问题。然后根据所提供资料进行改写。

××市××区人民政府关于在新建、扩建住宅点设立商业网点等事宜致中央、市属有关单位的函

×××××：

目前，你们在我区新建、扩建了许多的职工宿舍，但不考虑商业网点、学校、托幼和医疗设施。这样，不仅给你们的生活带来困难，也给我们带来许的麻烦。要知道，我区与居民居住有关的生活服务设施异常紧张，其中商业网点、学校、托幼和医疗设施的紧张程度更为突出，实在没有能力再承受新负担。希望你们在新建、扩建职工宿舍时，务必把生活设施规划进去，否则后果自负。

此致

敬礼

×××市××区人民

一九九×年×月×日

有关文件精神提供如下。

国务院发[1979]244号文件规定：今后凡新建（包括统建和自建）、扩建宿舍，都应把必需的生活服务设施包括进去，商业服务网点应占新建、扩建面积的7%左右。

二、根据下面所给的材料，拟写一份请求批复函。

××市计经委研究决定，成立"节约能源中心"，以便加强全市的能源管理。"节能中心"对市经委政策提出建议，进行行业管理，负责全市的节能工作指导、监督、并负责节能的科研工作，节能工作新技术的推广等。

关于成立"节约能源中心"一事，已上报市政府，市政府批复，同意成立此"节能中心"。"节能中心"确定为副局建制，设立8个科室，需用人员32人。"节能中心"的人员调配由市经委解决。"节能中心"的科室设置及人员配备，已制定表格一份，还需向××市编制委员会一份公函，时间是1999年3月6日。

三、××省供销社人事处给×××省商贸学院发函，拟派10名文秘人员参加1998年9月份该院开办的文秘业务培训班培训，委托代培，请你代拟一份商洽函。

第七节 会 议 纪 要

会议纪要是会议的组织者根据会议记录整理而成的，专门记载和传达会议情况和议定事项的公文。

因为会议纪要是传达会议议定事项和主要精神，要求与会单位共同遵守贯彻执行的陈述性公文，所以，具有很强的权威性、概括性和时间性。

一、会议纪要的类型和作用

会议纪要大体可分为三类。

1. 行政例会纪要

行政例会纪要是指按照规定时间进行的工作例会所撰写的纪要。如各级党委、行政机关办公会议、各级管理部门工作例会中的会议纪要都属这种类型。它是反映机关集体领导活动、主要决策和对日常工作处理情况的指挥性公文。

2. 工作会议纪要

工作会议纪要是国家机关以及职能部门解决当前工作中某些实际问题，专门召开的工作会议所作的会议纪要。它所反映的内容，都是当前急需解决的问题，政策性强，并带有指示性质，是一种决议性的会议文件。

3. 讨论会议纪要

讨论会议纪要是为解决某一问题，有关部门召集相关单位或成员参加，通过讨论、协商，取得比较一致的意见而形成的会议文件。例如，科研部门或学术组织的会议纪要就属于这一类。

会议纪要的作用主要有以下几方面。

1. 通报作用

会议纪要能把会议的主要精神简明扼要且及时地汇报给上级机关和传达给下级机关。

2. 指导作用

下达或供上级批转的会议纪要往往具有一定的行政约束力，要求有关单位贯彻执行。

3. 依据作用

会议纪要是存档备查的文字依据，又是上级检查督促工作和下级贯彻执行工作的依据。

二、写作要求

除了行政例会形成的纪要外，大多数纪要采用无版头格式。

会议纪要由标题、正文、文尾构成。

1. 标题

标题有两种，一种是严肃朴实地写何种会议纪要，让人一目了然。如《全国中等专业教育工作会议纪要》。另一种是简明扼要概括标明议决的问题，然后以副题写明什么单位什么性质的会议纪要。如《继承、吸收、创新——××单位弘扬民族优秀文化座谈会纪要》。

2. 正文

正文由开头、主体、结尾三部分组成。

（1）开头

这一部分是对会议情况的概述。主要写开会的原因、依据、时间、地点、会议名称、与会范围（主持人或主持单位；参加人或参加单位）、会议议题、会议情况、会议的结果以及对会议的评价。

（2）主体

这是纪要的核心部分。主要写会议议决事项或会议精神。包括会议讨论的意见、作出的决定及会后工作的任务、要求和具体措施。

（3）结尾

结尾主要写号召或希望。一般情况下可以不要结尾部分。

3. 文尾

除公开发布外，作为文件发布或上送下达，要按公文要求注明主送、抄送、发送的范围。

三、写作方式

1. 记录提要式

这种方式与会议记录相似，分别按时间、地点、参加人、主持人、会议过程、议决事项顺序分项写出。这种方式的特点是清楚醒目、简洁明了。一般常用于内容比较简单的办公会议纪要。

2. 总分概括式

这种方式常用于内容比较复杂的大型会议纪要。先总述会议的基本情况。开会的时间、地点、与会人员、议程简要介绍，然后按一定的顺序把决议事项和决议精神分别采用分条或列小标题等不同手法叙述清楚，并进行深入详尽的阐述，要注意语言的说理性。

四、写作会议纪要的注意事项

1）全面掌握会议材料，明确会议主旨。
2）实事求是，客观反映会议内容，不得随意增减和发挥。
3）要反映会议的基本精神和要点，真正摘其"要"。
4）有条理，眉目清楚，使之一目了然。
5）会议纪要可以不加盖公章。

例文一 工作会议纪要。

××省常委扩大会议关于一季度经济形式和二季度经济工作的纪要

1999 年 4 月 13 日，××省委召开常委扩大会议，省委书记×××主持，省委常委、省政协主席、副省长、省级有关部门的负责同志参加了会议。会议同意×××同志代表省政府党组所作的《一季度经济形式及做好当前经济工作的意见》的汇报，对一季度的经济形式形成共识，对二季度的经济工作提出要求。纪要如下：

一、对一季度经济形式的估价

今年一季度，我省各级党委、政府认真贯彻党的十五届三中全会、中央经济工作会议和省委九届二次全体扩大会议精神，正确处理改革、发展和稳定的关系，国民经济继续保持稳定增长，开局良好。实现国内生产总值 244.14 亿元，同比增长 6.4%，增幅上升 2.4 个百分点。农业遇到历史上罕见的秋冬连旱，全省掀起"一抗双保两防"高潮，春耕春播工作全面展开。工业生产大幅度回升，全部工业实现增加同比增长 8.8%，其中规模以上工业企业增长 8.6%，增幅回升 14 个百分点。受投资需求的拉动，重工业增长率达到 13.7%。国有工业由去年同期下降 2.4% 转为增长 10.1%，固定资产投资继续强劲增长，全省国有单位固定资产投资额同比增长 49.2%，高于全国平均水平 26.5 个百分点。全省社会消费品零售总额同比增长 114.2%。全省金融机构各项存款余额同比多增 56.58 亿元，增长 1.17 倍；各项贷款余额同比多增 13.24 亿元，增长 64.65%。全省地方财政收入 18.16 亿元，比上年同期增长 13.49%。

一季度，我省经济增长虽然高于去年同期，但仍低于全国平均增长速度，经济发展还面临比较严重的困难。主要是农业旱情十分严重，工业企业产品积压、亏损增加、效益下降，基础设施设备、地方筹建资金需要进一步落实，外贸出口继续下降，有效需求不足，我省产品结构不合理的矛盾仍比较突出。

根据上述分析，会议强调，一定要保持清醒，既不能因为开局好就盲目乐观，也不能因为困难多就动摇信心。宏观形式对于我们加快发展总体上是有利的。中央继续扩大内需和实行积极的财政政策，同时加大向中西部倾斜，这是双重的推动力。党的十五大以来，省委、省政府发展经济的思路和措施，经过实践越来越得到广大干部群众的赞同和支持，全省上下思想更加一致。去年全省经济增长 9.3%，许多重要政策措施的效应将在进一步显现出来。我们要认清形势，坚定信心，乘势而上。

二、二季度经济工作的主要措施

做好第二季度的经济工作，对于实现今年经济增长 9% 的目标十分关键。要继续落实省委九届二次 全体扩大会议关于"主体不变、两个确保"的总体要求及其确定的各项任务，把扩大内需作为拉动经济增长的主要措施，工作着眼点放在调整结构、体制创新和提高效益上，千方百计提高城乡人民的收入水平。组织好二季度的生产和经济工作，关键在农业，重点在工业，希望在三产。

（一）继续把农业放在经济工作的首位，全力以赴抓好农业农产。农业和农村工作的重点是农民增收和农村稳定。要不违农时地搞好以"三防一追"（防病、防虫、防热风、追肥）为主的夏粮中后期田间管理，种足种好秋田作物，以秋补夏、以果补粮、争取夏粮少减产，力争秋粮大丰收。要利用农事间隙加强农田水利基本建设，努力扩大"南塘、北窖、关中井"的工程规模，提高农业抗灾能力。大力推广农业实用技术，抓好优果工程，完成 10 亿只苹果袋；加快发展蔬菜、畜牧等多种经营和乡镇企业，推进农业产业化经营；扩大劳务输出，多渠道增加农民收入，坚决按保护价敞开收购农民余粮，切实解决好土地延包中机动地超标问题，严格实行"三提五统"限项定额一定三年不变的和农业特产税据实征收政策，清理省级有关部门涉及农民负担文件项目，清退乡镇不在编人员。

（二）加快基础设施重点项目建设，确保今年600亿元固定资产投资规模的全面完成。加快基础设施重点项目建设既是积蓄跨世纪发展后劲的战略措施，也是拉动当前经济最重要、最直接的手段。"五一"前，由贾治邦同志带队，组织一个精干的、层次比较高的班子，赴京向国家有关部委汇报、衔接，落实项目，加快资金到位，争取再上一些新建项目，全面完成600亿元的投资规模，还要力争再超过一些。对在建、续建、投产项目的资金缺口要落实责任，限期解决。所有建设项目都要坚持质量第一，认真落实重点项目建设责任制、工程建设招标制。加强建设资金管理，严禁截留、挪用。各地市县要认真做好群众工作，改善重点项目建设的外部环境，积极推行封闭管理，确保工程建设的顺利进行。

（三）坚持抓大放小、"三改一加强"方针，深化国有企业改革。精心制定亏损企业脱困方案，争取二季度出台，把脱困责任分解落实到人，突出抓好500万元以上的亏损大户。加快行业调整和改组步伐，再形成几个技术水平高、市场竞争力强的企业集团，在发展信息工程、机电一体化、生物技术制药、精细化工、新材料等方面取得实质性发展，规范和完善省医药、建材、建筑、石化、纺织、煤炭运销等总公司的运行机制。切实搞好纺织压锭、小煤窑关井等工作。加速产品结构适应性调整，增加名牌产品、适销对路产品的生产。要加强综合协调，搞好产销衔接，增加资金供应。严格按照中国人民银行、国家经贸委的要求，对亏损企业中有市场、有效益的产品，及时给予信贷支持，实行封闭管理，并要简化程序，提高效率，降低收费，确保落实到实处。政府要与银行共同研究，提出一个新的密切银企关系、加强银企合作的方案。继续以多种形式开放搞活国有小企业，并且把"放小"和"扶小"结合起来，促进企业在"三改一加强"上下工夫，努力提高经济效益。力争在年内构筑起重点为国有中小企业服务的六个体系，即人才培训服务体系、融资服务体系、科技服务体系、信息服务体系、市场准入服务体系、社会保障体系。其中最重要的是融资服务体系，探索在地市一级由政府、银行、企业共同出资以股份形式组建和启动中小企业信用担保机构。首先选择××、××、××、××市进行试点。在地市试点的基础上，省上可组建和启动中小企业信用再担保机构。省级领导同志都要联系一到两户国有大型企业，还要组织专家学者到大中型企业"会诊"，帮助寻找出路。国有企业下岗职工基本生活保障和再就业工作仍然是我们的头等大事，必须千方百计落实下岗职工的基本生活费。充分利用国家对国有企业下岗职工兴办的企业三年内免征营业税、所得税及相关的城市建设费的政策，为下岗职工创造更多的就业机会。积极、稳步地建立社会保障制度，养老保险覆盖面达95%以上，收缴率要提高到90%。

（四）着力创造更为宽松的环境，促进非公有制经济更大更快发展。要进一步优化软环境，简化登记手续，抓好政策落实，提高服务水平，使个体私营经济特别是民营科技企业加快发展。积极引导有实力的私营企业向基础设施投资。重点扶持100家科技型、外向型和有开拓市场能力、起到辐射带动作用的私营企业，促其上规模、上档次、上水平。年内非公有制经济在国内生产总值中的比重要提高到25%以上。

（五）采取积极措施，开拓市场特别是消费市场。要把启动市场特别是消费品市场作为当前经济工作的一个重点来抓，积极研究市场，开发市场，提高陕西产品的市场份额。一是投资需求拉动要向省内供给全面倾斜。尽快把招标有形市场建立起来，在同质同价或符合技术标准、保证工程质量的前提下，优先使用省内产品和省内产品施工力量。二是加大房产力度，扩大经济适用房销售。三是积极发展个人信贷消费。开展个人购买抵押贷款、农用车及大中型农机具专项贷款、购买耐用消费品分期付款、信用卡支付等信用消费。四是培育新的消费热点。推动科技产业化和非义务教育产业化，发展精神文化消费。开发汽车、电脑、家电等潜在市场。五是启动信息消费。发展电子信息产业，扩大信息网络入网户。六是积极探索适合省内产品特点懂得营销策略。发展便民店、连锁店、超级市场、购物中心、商业陪送中心，以直销、代销、连销、代理、电子商务等多种促销手段，扩大产品的市场占有率。七是鼓励农民消费，开拓农村市场。抓好三个延伸，实行总经销、总代理的产品向农村延伸，积极发展联结城乡市场消费的中介组织，推进贸工农一体化。由主管副省长牵头，尽快形成一个可操作的启动市场意见。

（六）提高旅游业对经济增长的贡献率，扩大利用外资和外贸出口。要加快执行省委、省政府关于发展旅游业决定的工作进度。一要抓紧做好秦俑股份有限公司的改制组建工作，为上市做好准备；二要尽快拿出省级旅游景区规划，对大景区实行有力度的开发；三要进一步搞好宣传促销，抓紧筹备日本"丝绸之路游"、欧美"总统之旅"等专项来陕旅游活动，充分利用昆明世博会，推出一系列旅游项目和活动。力争改变外贸出口下滑局面，保持利用外资持续增长。在保持有稳定亚洲市场的同时，积极开拓欧美、中东及南非市场。大胆开展境外带料加工业务和网上技术出口贸易活动。根据国家扶持机电产品出口的意见，大幅度增加机电产品出口。对99中国东西部合作与投资贸易洽谈会签约项目，实行跟踪管理，提高项目合同履约率、资金到位率和投资产开工率。

（七）依靠科技进步，提高经济运行的质量和效益。抓住结构调整的有利时机，搞好技术改造，加速产品更新和技术升级，重点实施好70项重大创新工程和19项重大技术引进项目，尽快落实1000个产学研相结合的开发项目，以"三区一带"为依托，以市场为导向，把高新技术产业化项目选准选好、做实做大。对已定的现代农业、电子信息、先进制造技术、新材料与新能源、新型医药、环境保护新技术等6大领域的30类80个"三高"产品，在认真筛选的基础上，加快技术攻关，促其早见成果。

三、加强领导，转变作风，改进方法，真抓实干

做好二季度的经济工作，关键取决于领导班子和领导干部的精神状态、工作作风和工作方法。最近，国务院发出了《关于克服官僚主义，进一步转变工作作风，提高办事效率有关问题的通报》，通报的一些问题在我省也不同程度地存在。对此必须高度重视，认真加以纠正。各级党委和政府要切实减少会议，减少应酬，减少外出，以主要精力抓好本职工作，特别是主要领导要坚守工作岗位。对落实省委、省政府的决定、下达的工作任务、交办的重要事项，不能停留在开会和发文件上，主要负责同志要亲自抓紧落实、搞协调。要进一步转变作风，坚决反对弄虚作假，做表面文章的不良风气。大力提倡扎实务实、一抓到底的作风，一个一个地解决复杂问题，一项一项的落实工作任务。在深入开展反腐败斗争中，既要抓经济上的大案要案，也要注意抓违反党的政治纪律的典型案件。对那些有令不行、有禁不止，对中央和省委的决议阳奉阴违、顶着不办，搞上有政策、下有对策的极个别班子和个人，必须严肃查处。我省省级机构改革下半年进行。各单位党组织和党政领导都要加强思想政治工作，教育干部职工顾全大局，严守纪律，做到思想不散，秩序不乱，工作正常运行，厅级干部尤其要起表率作用。要继续高度重视和认真做好维护社会政治稳定的工作，全面落实省委的十二条意见。要密切注意敏感期的社会动态，审慎对待民族宗教问题，严厉打击严重刑事犯罪，妥善处理好农村股金会、基金会可能出现的挤兑问题，为经济建设创造良好的社会政治环境。

会议要求全省各级党委和政府坚定信心、抓住机遇、振奋精神、真抓实干，把二季度的经济工作搞好，为实现全年的经济发展目标而不懈努力。

例文二 讨论会议纪要。

××省人民政府 ××市人民政府
关于加强经济、科技合作的座谈纪要

1992年5月10日至13日，×××市长×××、副市长×××率××市政府科技合作社考察团到××进行访问，受到了××省政府的热情接待。考察团在××期间，××省省长×××、副省长×××、×××、××市委书记×××、副市长××××及省、市政府有关部门的负责同志与××市政府考察团进行了座谈。考察团还同××省部分高等院校、科研单位和企业洽谈了建立科技合作关系以及合作发展高新技术产品等有关事宜。现纪要如下。

××省认为，××市是我国以工业为主，工科贸相结合，外向型、多功能、综合性的经济特区，且批邻港澳，具有商品机制较灵活，信息较灵通等优势；××市认为，

××省虽地处内陆，但具有综合科技能力强、自然资源和旅游资源丰富，工业门类齐全，加工工业有一定实力等优势。双方一致认为，建立两省、市高等院校、科研单位和企业间的长期稳定的经济、科技合作关系，实行优势互补，对于促进双方的经济建设和社会发展，是十分必要的。

双方确定在以下方面加强交流与合作：

一、技术合作方面。（一）××省大专院校、科研单位与××市建立科技合作关系，共同研究开发高薪技术产品；（二）××省可以多种形式同××市联合办企业，也可与××市或通过深圳市与外商搞"三资"企业，进行中、外合作；（三）××省可与××市联合举办科技难题招标会，解决技术难题；（四）适时组织两省、市的技术人才进行技术交流活动；（五）××省高等学院、科研单位在××市开设技术窗口，或举办科技成果交易洽谈会，××市将提供方便。

二、人才交流方面。××省高等院校可为深圳市代培所需人才；对于××市需要的大专院校毕业生、研究生，××省优先考虑分配。××市也可为××省培训的一些企业管理人员。

三、对外贸易方面。发挥××市渠道多、外贸经营能力强的优势，加强相互合作，采取代理出口等形式，扩大××省对外贸易，增加出口品种和数量。

四、产品加工方面。××省加工工业实力较强，××市一些加工产品的转换、扩散和配套，优先考虑由××省承担。

五、资源开发方面。××市融资能力强，××省自然资源丰富，双方可以互惠互利，联合开发矿产资源和原材料产品。

思考与实训

一、怎样理解会议纪要的"纪"和"要"，它与会议记录有何不同？

二、省或市的中专各学科教学研究会（或教学委员会）召开年会，所形成的会议纪要属哪一类型，要不要加盖教研会印章，为什么？

三、由教师与有关单位或部门事先商定，安排一次会议纪要实践写作。先抓住部分记录能力强的学生代表列席参加会议，然后由这些学生向其他同学传达（或模拟会议全况）会议情况，教师加以补充和必要的指导，由个人或分组写出会议纪要，最后由教师进行比较和讲评（学校内各职能部门，以及各教研室的会议，只要是较重要、较集中或较严肃的即可）。

四、下面是一篇用记录提要式写的会议纪要，它的毛病有三点：一是格式不规范；二是决议事项中有空语套话的倾向；三是内容概括性不强。请逐项逐句进行评点，并提出应怎样修改。

×××局办公室会议纪要
（一九九五年三月七日）

时间：1995 年 3 月 7 日

地点：××会议室

出席人：×××，×××……

主持人：×××

记录人：×××

会议决议事项（会议议程）：

会议经过讨论，一致认为：一、这次会议开得必要，开得及时，对今后工作有一定的指导意义。二、当前的市场供应问题和物价问题不单纯是经济问题，也是政治问题，是直接关系到改革的问题，大家要认清形势，统一认识，在大好形势下，千方百计安排好市场的供应，稳定物价，把工作做好。三、会议同意计划处、业务处提出的对市场形势的分析和安排意见，要求近期内提出具体措施，组织落实。4月上旬的汇报落实情况和效果。

五、请详细记录你们班级的一次主体班会，或者团支部的一次会议，在会议记录的基础上撰写一份会议纪要。

第八节　议案与意见

一、议案

（一）文体知识

议案是各级人民政府按照法律程序向同级人民代表大会或人民代表大会常务委员会提请审议事项时使用的一种行政公文。

议案是政府机关与人大及其常务委员会之间政府行政工作时使用的公文，政府各部门和党群机关不使用这一文种。

议案有以下特点。

1. 法定性

从制定议案到处理议案，每个环节都必须按照有关规定进行。

2. 特定性

各级人民政府向本级人大或其常委会提交的议案，其内容都是关于本区域内法律、政策、经济计划与财政预算、决算、行政机构的建设及其人事任免等方面的重大事项。这些事项都属于该级国家权力机关的职权范围，超出其职权范围的事项，各级政府不能作为议案提出。另外，属于各级政府职权范围的日常务性事项，也不宜作为议案提出。

3. 可能性

议案提出的问题必须是经过有关部门努力后能够解决的，议案的可行是议案获得审议的基本条件。

4. 时限性

议案有严格的时限要求。各级人民政府必须在人民代表大会或人民代表大会常务委员会举行会议期间所规定的时限内提出议案，以供会议审议表决。

根据内容的不同，议案主要有三种：

立法性议案。这类议案适用于国务院及地方各级人民政府向全国人大、全国人大常委会和地方各级人大及其常委会提请审议立法事项。如《××市人民政府关于提请审议〈××市九年制义务教育条例（草案）〉的议案》。

重大事项议案。这类议案适用于国务院或地方各级人民政府向同级人民代表大会或其常务委员会提请审议本行政区域内的重大事项，并请求作出决议或决定。如《国务院关于提请审议兴建长江三峡工程的议案》。

任免性议案。这类议案适用于国务院及地方各级人民政府向相应的人民代表大会或其常务委员会提出关于任免本级国家行政机关及其职能部门工作人员的审议事项。如《国务院关于提请审议×××等二位同志职务任免的议案》。

由于人民代表大会，人民代表大会常务委员会涉及的工作范围较大，议案的种类也很多。除上述三种外，还有"批准条约议案"、"机构变动类议案"等。但从各级人民政府的应用看，主要是上述三种议案。

（二）写作要求

依照全国人民代表大会和地方各级人民代表法第九条规定，代表提出的"议案应当有案由，案据和方案"，这个规定也适用公文范畴的议案。议案的写作格式由以下几部分构成。

1. 标题

议案的写作由于多数是按照专用的议案稿纸的格式要求逐项填写，因此，标题多采用省略发文机关的形式，即事由＋文种，如《关于提请审议修改后的国务院机构改革方案的议案》。也有的采用完整性标题的，即发文机关＋事由＋文种，如《××市人民政府关于全面开展依法治市的议案》。

2. 主送对象

主送对象是议案提交的法定机关即同级人民代表大会或其常务委员会的全称，规范化简称。如"全国人民代表大会"、"市人大"等，其位置在标题之下，正文之上，靠左顶格书写。

3. 正文

议案的正文由案由、案据、方案和结语构成。
（1）案由
案由即议案的开头部分。要写明提出的问题，有时要写明要求哪一部门解决这一问题。
（2）案据
案据即提出议案的依据。这部分是议案写作的重点，也是议案能否成立的关键，要写明提出议案的事实和道理。也就是"分析问题"，只有经过透彻的分析合理的论证，才能保证议案得以在同级人民代表大会或人民代表大会常务委员会上予以审议和通过。
（3）方案
方案即提出解决问题的途径和办法。

4. 落款

落款要标明议案的作者及写作时间。如果标题采用完全性标题形式，落款只标写作时间即可。

××市人民政府关于提请审议
《××市乡镇企业条例（草案）》的议案

××市人民代表的大会常务委员会：

为保障乡镇企业的合法权益，规范乡镇企业的行为，促进乡镇企业高效、持续、健康发展，我们经过调查研究，在广泛征询各方面意见的基础上，草拟了《××市乡镇企业条例（草案）》。这个草案已经市政府同意，现提请审议。

××市人民政府

一九××年×月×日

国务院关于提请审议兴建长江三峡工程的议案

全国人民代表大会：

长江是我国第一大河，流域面积占全国面积的 19%，养育着全国 1/3 的人口，工农业总产值占全国的 40%，在我国国民经济发展中占有重要地位。长江中下游的洪水灾害历来频繁而严重。新中国建立以来，国家在长江流域进行了大规模的防洪建设，对保障中下游地区的经济建设和人民生命财产安全，发挥了很大的作用。但由于多方面的原因，长江资源还没有很好开发利用，水患尚未根治，上游洪水来量大与中下流河道特别是荆江河段过洪能力小的矛盾，依然十分突出，两岸地面高程又普遍低于洪水位，一旦发生特大洪水，堤防漫溃，将直接威胁荆江两岸江汉平原和洞庭湖区的 1500 万人口，2300 万亩良田，人民群众的生命财产、一些重要的大中城市、工矿企业个交通设施，将会遭受重大损失，严重影响国民经济全局，这是我们国家的心腹大患。

如何解决长江的防洪问题，更好地开发长江资源，中共中央和国务院一直很重视，社会各界也十分关注。几十年来的治理实践和对各种意见、方法的反复研究和论证。证明要解决长江中下游的防洪问题，必须采取综合措施。兴建三峡工程是综合治理的一项关键性措施。三峡工程兴建后，可将荆江河段防洪标准由目前的十年一遇提高到百年一遇；配合其他措施，可以防止荆江河段发生毁灭性灾害；还可减轻洪水对武汉地区及下游的威胁。同时，三峡工程还有发电、航运、灌溉、供水和发展库区经济等巨大的综合经济效益和社会效益。三峡工程建成后年发电量 840 亿千瓦时，占目前我国年发电量总量的 1/8，可为华东、华中和川东地区的经济发展提供重要的能源；可以大大提高川江航道通过能力，万吨级船队在丰年①时间可直达重庆，为发展西南地区的经济、长江航运事业创造条件。三峡工程还有利于长江中下游城镇的洪水，有利于南水北调。总之，三峡工程的兴建，对加快我国现代化建设进程，提高综合国力，具有重要意义。

国务院对兴建三峡工程历来采取既积极又慎重的方针，近40年来，有关部门和大批科技人员对三峡工程做了大量的勘测、科研、设计和试验工作。特别是1984年以来，社会各界提出了许多新的建议和意见，对库区百万移民的安置、生态与环境的保护、上游泥沙的淤积、巨额投资的筹措和回收等超难问题，从不同角度提出意见，这些意见对于开拓思路，增进论证深度，完善实施方案，起到了十分有益的作用。

经过多年的研究、论证和审查，三峡工程坝址选在湖北省宜昌三斗坪镇。工程的拦河大坝全长1983米，最大坝高175米。水库正常蓄水位175米，总库容395亿立方米。水电站总装机容量1768万千瓦。工程静态总投资570亿元（1990年价格）。主体工程建设工期预计15年。工程建设第九年，即可发电受益，预计在工程建成后不太长的时间里，即能偿还全部建设资金。国务院三峡工程审查委员会对可行性研究报告进行了认真的审查，认为三峡工程建设是必要的，技术上是可行的，经济上是合理的，随着经济的发展，国力是可以负担的。

三峡工程的规模空前，技术复杂，投资多，周期长，特别是移民难度很大。对于已经发现的问题要继续研究，妥善解决，对今后可能出现的各种问题和困难，要有足够的思想准备。要谨慎从事，认真对待，使工程建设更加稳妥，努力办好这项造福当代，荫及子孙的事业。

国务院常务会议经过认真讨论，同意建设三峡工程。议案将根据兴建三峡工程列入国民经济的实际情况和国家财力物力的可能，选择适当时机组织实施。

请审议。

国务院总理　　李鹏

1992年3月16日

二、意见

（一）意见的概念及特征

意见是对重要问题提出见解和处理办法时使用的文种，一般用于领导机

---

① 丰年：除枯水期外的正常水流量。

关和各专项管理机关。它具有如下特征。

1. 指导性

意见承载的是对重要问题或重要工作的见解、主张，它具有强烈的指导性、规范性和行政约束力，尤其是下行时，其作用类似于原文种指示（现不再使用）。

2. 原则性

意见的原则性主要表现在对重要问题提出见解和看法，总是立足于宏观，立足于政策及导向的层面，使贯彻执行机关在一定精神或方向的指导下，结合实际来办理。

3. 针对性

意见都是针对某一重要问题而制发，它在下行时，对下级机关起到指向树标的作用；对上级、平行机关起到建议、参谋和备照的作用。

4. 灵活性

意见的灵活性有两层意思：一是指行文方向的灵活，上、平、下行均可；二是指装载内容的灵活，批示性、建议性、计划性、呈请性、咨询性的内容均可使用。

（二）意见的分类

意见按其内容性质可分为三种。

1. 规划性意见

它是较高级别机关或专项管理机关适用的，就职责职权范围内某一时期的工作或某一方面工作提出方向性、总括性的设想，与计划中的规划、纲要相似，它使受文执行的单位有了根据实际情况进行调整的较大灵活性。

2. 实施性意见

它适用于承转性机关就贯彻实施相关方针、政策、法律、法规、重要会议或文件精神等提出指导性意见，它重在对所要贯彻实施的事项或精神进行阐发和释要，以使下级更好地理解和贯彻。

3. 具体工作意见

它适用于各级机关就某项重要工作提出具体处理的方法，有较强的针对性和可操作性。

（三）意见行文方向

1. 上行意见

这是下级机关就某一重要工作或难以解决的问题提出打算、做法、报请上级批准的意见。使用这种意见行文上类似请示，它上报的目的通常是为了批转下发，以供下级或相关机关执行。

2. 平行意见

这是一种作用上类似平行通知的意见，主要用于在业务上有关系，但又不一定相隶属的机关之间，它略有指导性，但更表现为建议性和参考性。

3. 下行意见

这是上级向下级传达对某项重要工作或重大问题的政策、原则、见解和办法等的意见，具有最强的指导性。

（四）意见的写作

意见的写作结构一般分为以下三个部分。

1. 标题

标题一般有两种形式：一是由发文机关、事由和文种组成，如《中共中央、国务院关于进一步加强社会治安综合治理的意见》，下行意见多采用这种完整式标题；另一是由发文事由和文种组成，如《关于深化学校治安综合治理工作的意见》，一般上行批转的意见多采用这种形式。公开发布的意见的成文时间都标注在标题下方居中；还有一种联合发文的情况，联合发文的机关名称可标注在标题之下，或成文时间之上的位置。

2. 正文

正文通常有开头、主体、结尾三个层次。开头主要写明发意见的缘由。主体着重讲明对某一工作的见解和处理办法，包括该工作指导原则、发展目标、应遵循的基本原则、精神或应依据的政策、法规，采取的措施、步骤等；若是建议性意见，就要写明现状、分析问题、提出解决问题的具体建议。结尾则根据行文需要，或强调主体中的要点，或提出要求、希冀等。

3. 落款

这一部分通常用在文件形式上（公开发布的一般不需要这一部分），主要就是成文时间，并在其上加盖公章。

例文一 关于清理检查"小金库"的意见。

财政部　审计署　中国人民银行
(一九九五年三月二十九日)

这几年来，私设"小金库"的问题在一些单位较为突出，屡禁不止，不仅造成国家和单位收入的流失，导致消费基金非常增长，加剧通货膨胀，扰乱了经济秩序，而且诱发和滋生各种腐败现象，败坏党风和社会风气，人民群众反映强烈，必须坚决予以制止。根据党中央、国务院关于反腐败斗争的部署，建议在全国范围内开展一次清理"小金库"的专项检查。现提出如下意见：

一、凡违反国家财经法规及其他有关规定，侵占、截留国家和单位收入，未列入本单位财务会计部门账内或未纳入预算管理，私存私放的各项资金均属"小金库"，都要列为这次清理检查的范围。对 1993 年以来"小金库"各项资金的收支数额，以及 1992 年底"小金库"资金滚存余额，要进行重点清查。

二、清查工作建议安排在今年 5～8 月，采取单位自清自查和有关部门抽调人员重点清查相结合的方式进行。所有机关、事业单位和国有企业、集体企业、联营企业及社会团体，都要认真开展自清自查。在此基础上，各地区和有关部门组织力量，选择一批单位进行重点清查。特别要重视对有行政性收费和罚没收入的单位执行"收支两条线"情况的清查。

三、对清查出的"小金库"资金按照"自查从宽，被查从严"的原则进行处理。凡自清自查出的资金要如数转入单位财务账内，除按照税法的有关规定单独计算交纳流转税、所得税或全额上交财政外，还要按照 1992 年底"小金库"资金滚存余额和 1993 年以来"小金库"资金发生数之和处以一至二倍的罚款。对私设"小金库"情节严重且有主动自清自查的，除按上述规定处理外，还应追究单位领导人和其他有关人员的责任，构成犯罪的移交司法机关处理。清查出"小金库"资金应补交的税款和处以的罚款，一律按现行财政体制专项上交中央财政和地方财政，不得混作正常缴库。

四、清查"小金库"是维护经济秩序和加强廉政建设、深入开展反腐败斗争的一项重要措施，各地区、各部门务必高度重视，把这项工作摆到重要位置，加强领导，切实抓紧抓好。要重视做好舆论宣传和政策解释工作，并选择一些典型案例公开曝光。同时广泛发动群众举报，对举报有功人员应给予适当奖励，对打击报复举报人的一律从严惩处。通过清查，要进一步严肃财经纪律，增强法制观念，强化财会和预算管理，完善财税监督机制，杜绝私设"小金库"现象。

五、清查工作在各级党委、政府的统一领导下进行。清查的具体办法和规定，由财政部、审计署和中国人民银行负责制定并组织实施，其他有关部门要积极支持配合。各有关单位自本意见经国务院批准下发之日起，一律不得再私设"小金库"，现有"小金库"资金必须停止使用或支付，违者从严处罚；要严格贯彻国家关于清查"小金库"的规定，按要求做好清查工作。

六、清查工作结束后，各地区、各部门要认真总结经验教训，研究制定行之有效的防范措施，写出专题报告于8月底前送财政部、审计署和中国人民银行，由三部门汇总报告国务院。

例文二 指导性意见。

福建省人民政府关于促进
房地产市场持续健康发展的实施意见

各市、县（区）人民政府，省政府各部门、各直属机构，各大企业，各高等院校：

为进一步促进我省房地产市场持续健康发展，根据《国务院关于促进房地产市场持续健康发展的通知》（国发[2003]18号）精神，结合我省实际，提出以下实施意见，请认真贯彻落实。

一、进一步明确房地产业发展的指导思想（略）
二、以市场为导向，完善房地产市场体系（略）
三、加强政策引导，调整供应结构（略）
四、积极发展房地产信贷，改善管理服务（略）

福建省人民政府
二〇〇四年×月×日

例文三

意见常与通知搭配使用，上行的意见经转发变成上级领导部署工作的通知。

福建省人民政府办公厅转发省教育厅等部门
关于重点建设高等学校若干意见的通知

各市、县（区）人民政府，省人民政府各部门、各直属机构，各大企业，各高等院校：

为加快我省高等教育改革和发展步伐，更好地为海峡西岸经济区建设提供人才支持，经省人民政府同意，现将省教育厅、发展改革委、财政厅制定的《关于重点建设高等学校若干意见》转发给你们，请认真贯彻执行。

福建省人民政府办公厅

二〇〇四年九月十四日

关于重点建设高等学校若干意见
省教育厅 省财政厅 省发展改革委

（二〇〇四年九月十日）

为实施"科教兴国"和"人才强省"战略，加快我省高等教育改革和建设步伐，构建科教支持体系，推进海峡西岸经济区建设，根据省人民政府《关于实施项目带动战略的若干意见》的部署，我省将重点建设好一批高等学校，现提出如下建设意见。

一、适应经济社会发展和科技进步需要，重点建设好一批高等学校（略）

二、以学科建设为核心，全面提升重点建设高等学校的整体水平（略）

三、以开展重点项目建设为突破口，促进重点建设高等学校的跨越式发展（略）

四、创新建设体制，全面推进重点建设高等学校（略）

五、组织管理（略）

例文四　建设性意见。

福建省人民政府办公厅关于夏季高峰
福建电网错峰及送华东电网电力的意见

闽政办函[2004]22 号

华东电网有限公司：

据从贵公司《关于进一步做好 2004 年电力需求侧管理工作的通知》（华东电网计[2003]166 号）中获悉，2004 年华东电网夏季高峰时要求福建电网错峰 160 万千瓦，高峰时送华东电网 130 万千瓦电力。经我省认真研究分析，现结合我省实际提出如下意见：

一、福建电网需求侧管理工作开展情况

（一）加强组织领导，出台需求侧管理办法。我省经贸委已制订了《福建省电力需求侧管理办法》，以各级政府为主导，采取行政与经济手段相结合措施，加强用户需求侧管理，建立和完善权责明晰、高效运作、快速反应的限电工作机制。

（二）强化电力市场分析预测，强化用电管理。（略）

（三）建立限电约束机制，加强宣传解释和优质服务。（略）

（四）组织企业开启自备机组发电，缓解电网供电压力。（略）

（五）组织安排企业错避峰生产。（略）

（六）积极推广应用负荷管理系统。（略）

二、2004年福建用电形势和送华东网电力电量分析

经研究分析，福建电网2004年电力形势预计呈以下主要特点：

用电快速增长。（略）

新增发电能力小。（略）

电网供电能力受天气制约。（略）

可错避峰容量有限。（略）

三、关于夏季高峰限电160万千瓦送华东电网的意见

（略）

福建省人民政府

二〇〇四年三月十五日

思考与实训

一、各级人民代表大会（包括学校的教职工代表大会）在开会期间都有若干由代表提出的提案，并经大会主席团提案组审查后予以立案处理（办理）。请问这个提案与议案相同吗？为什么？

二、请讨论本节例文，从内容结构和写作格式两方面加深理解议案的写作特点。

第五章

专 用 文 书

第一节 商品说明书

商品说明书，也叫"产品说明书"，它是一种对商品的成分、构造、性能、规格、使用方法和维修保养等各方面的知识进行介绍和说明的应用文体，和人们的生活密切相关。它按内容的繁简以及形式上的差异可分为单张的简单说明书和成册的复杂说明书两类。

商品说明书的特点是：

1）解说性。把商品的特征、性能向人们解说清楚，其目的在于通过介绍使人们了解商品的性能，教会人们使用此商品的方法。

2）客观性。即准确、客观地揭示商品的本质特征。

3）知识性。能使人们获得商品的有关知识。

商品说明书与广告两种文体都是用简明的语言说明商品的名称、产地和特征。不同在于：

1）前者必须较为详尽地说明商品的各方面知识，帮助消费者正确认识使用该商品；后者的目的在于宣传商品、把商品推销出去。因此，它对商品的性能、特点、用途等方面的说明往往高度概括且有所侧重或取舍。

2）在形式上，商品说明书是一种纯客观、朴实的介绍，必须做到语言准确、内容完全真实；而广告的形式则比较艺术化、形象化和多样化。

另外，商品广告除介绍商品特征外，还有接洽的方法、时间、地点，而商品说明书则可写可不写。

简单商品说明书的写作要求一般分为标题、正文和落款三部分。

（1）标题

标题写在第一行正中间，可以写成"×××说明书"或"××使用说明"

的形式，如《家用粘合剂说明书》；也可以只写出商品名称作标题，如《太阳神生物健口服液》。

（2）正文

正文是说明书的主要部分，要根据介绍的对象和目的来确定内容的写法。它一般包括商品规格、成分、产地、发展史、制作方法、性能、特征、用途，维修保养等项目。写作时必须根据商品的性质而有所侧重。常见的表达方式有条款式和概述式两种。

（3）落款

落款在正文的下面注明商品的生产单位、厂址、批号、有效期、电话等。

复杂商品说明书则一般内容比较详尽，全面介绍产品的有关情况，项目多，专用术语多，有时可编成一本小册子，多用于介绍技术性较高、使用较复杂、价值较昂贵的产品，如家用电器系列。

这种说明书结构一般有以下五个部分。

（1）封面

封面要写上产品名称、商标、规格、型号等，有的还附有图样及"××说明书"字样。

（2）目录

目录主要列出商品说明书的内容条目，有的则用产品简介或功能简介来表现，方便用户查阅并借此大致了解产品的性能。

（3）概述

概述即概括叙述商品说明书的目的、商品的性能、特点，原理、使用范围和使用条件等，有些说明书省略本节，内容纳入正文中。

（4）正文

正文是说明书的主要核心，商品的属性不同，其写法也就不同。一般分层叙述产品的性能和规格、各部分的名称、使用方法、保养和维修并附上产品解剖图样。

（5）封底

封底注明厂址、电话号码、电报挂号、传真等通讯工具，方便用户联系。

写商品说明书要求如实介绍商品的作用和性能，不能失实夸大；要抓住商品特点来写；语言力求通俗易懂，准确简洁，条理清楚。

例文一 简单商品说明书。

电动剃须刀使用说明书

一、特点

本剃须刀采用 1.5 伏一号电池作电源动力, 剃须刀需擦皂沫, 使用方便, 安全舒适。

二、规格

额定电压 DC.1.5 伏。

三、使用方法

剃须时, 先将后盖旋开, 放入电池, 然后将后盖旋紧, 一拇指向左推动开关, 内刀片即开始转动, 除去塑料保护罩, 以外刀片接触面部有须部位来回转动, 胡须即被剔除。

四、注意事项

1. 勤剃须, 否则因胡须过长, 不易进入外刀孔, 会影响剃须的速度。

2. 剃须后, 旋开外刀片用毛刷轻轻刷去须屑和油污, 保持须刀清洁。

3. 如不经常使用, 须将电池取出, 以防电池漏夜腐蚀零件。

五、特邀修理部

1. ××家电服务部。地址: 北京××北大街 236 号。

2. 厂修理部。地址: 上海××路 281 号。

例文二 复杂商品说明书。

(见学生的计算器使用说明)

思考与实训

一、请写一份电饭锅或复印机的产品说明书, 然后与原来对照。

二、请在日常学习或生活用品中任选一件, 写出它的产品使用说明（如粉笔擦、西瓜太郎卷笔刀、洗面奶等）。

三、让学生到社会上搜集几份同一商品但不同品牌的商品说明书, 如化妆品防晒系列（旁氏、玉兰油、雅芳等）, 比较写法上的异同并加以评议。

四、根据材料写一份药品说明书。

养血安神片由武汉洪山制药厂生产, 它具有滋阴补血, 安神镇静的作用, 由仙鹤草、合欢皮、熟地黄、首乌藤等成分构成。它对精神倦怠、失眠健忘、卧寝多梦、腰酸头晕等病症均有显著疗效。此药宜密封保存, 口服一次 5 片, 一日 3 次。注册商标:

鄂卫药准字（81）597号。

五、下面是一份雨衣使用说明书，其正文说明顺序不对，请清理顺序。

雨衣使用说明书

（1）雨衣淋湿，须挂阴凉通风处阴干，忌在烈日下暴晒。如有皱纹折印，不可整熨。

（2）本品系塑料雨衣，故不宜在摄氏5度以下气温中穿用。

（3）选购雨衣尺寸宜大不宜小。解扣时应用双手。穿脱时不要用力过猛，以免损伤接缝。

（4）在摄氏5度以下气温时搬运，应轻拿轻放，以免脆裂。

（5）存放时，不能与樟脑丸、卫生球放在一起。

六、根据下列内容拟写一份产品说明书。要求：条目清楚，文字简洁，明白易懂。

××技工学校校办工厂生产的白炽灯泡系一般照明灯泡。使用这种灯泡时，必须接通电源，要小心谨慎，注意安全，严防发生触电、燃烧、爆炸等危险。使用时，注意灯泡上的所标电压（伏特）是否与供电电压相符。须在额定电压范围内使用，不能超过220伏。上卸和擦拭灯泡时，须将电源关断，以免发生触电危险。螺丝灯泡的一根火线，必须接于灯座中心，以免触电危险。灯泡使用灯罩，不能用易燃物做灯罩。用于露天的灯泡，须装防水灯座和灯罩；以免漏电和灯泡爆炸。灯泡通电后，不能用湿布去擦，更不能用沾了冷水的衣物去包裹。如果新灯泡刚使用时就断丝、冒白烟和漏气，可调换。调换时，凭发票向原售处接洽。如果新灯泡灯头松动，也可以调换。调换时，也凭发票向原售处接洽。如果属于自己不小心碰损，则本厂概不调换，本厂坐落在风景秀丽×江之滨××市市郊，电话号码是×××××××，电报挂号是×××。

第二节　广告文案

广告可分为广义广告和狭义广告两种。凡是以文字、图画或口头介绍的说服方式向公众宣传商品、劳务和文娱节目等信息，均属广义广告的范畴。狭义广告是指商品经营者或服务提供者承担费用，通过一定媒介形式直接或间接地介绍自己所推销的商品或所提供的服务，影响舆论扩大销售，即商业性广告。本文主要介绍狭义广告。

广告随着商品的出现而产生，也随着商品的发展而发展。我国迄今为止记载最早的广告是宋代的一个酒家在酒店门口"悬帜甚高"作宣传的幌子广告。广告不仅属于经济范畴，也属于社会范畴，它具有一定的社会价值，因为现今的信息广告不仅与商业经营活动有关，而且和文化信息，教育宣传等社会系统广泛地发生联系，直接影响着人们的现实生活。

一、商业广告特点

1. 信息传递的中介性

商业广告具有商品、服务信息双向传递的中介性，其表现在商品、服务信息的双向流动均以商业广告为中介。商品经营者或服务提供者通过广告把产品、服务信息传递给社会消费者，社会消费者又通过购买活动，把市场需求信息反馈给商品经营者或服务提供者，以提高商品品质和服务水平，促进商品和服务质量的提高，以便影响新一轮的商品生产销售和服务。

2. 再生价值的无形性

制作广告必须耗费一定的资金、人力和物力，这就使它凝聚着人类的劳动，具有一定价值。而广告一经播放后，它所介绍的商品或服务得到了极大限度的宣传，刺激了商品的销售，取得了更大的利润，这时广告的价值就不仅是原始的价值，还具有再生的无形的价值。

3. 内容的专一性

商品广告主要向人们介绍某种产品或某项服务的专项信息，内容较专一。

4. 载体的多样性

广告往往借助多种多样的载体形式来宣传产品、服务信息。作为一种传播媒介，其载体材料具有多样性。一般地说，有电波（电视、电影、幻灯等）、印刷（报纸、杂志、书籍、传单）、交通（公共汽车、机场）、户外（路牌、橱窗）、电器（霓虹灯、灯箱）、公共场所（展览会、体育馆等）以及其他媒体（通过包装、文艺节目制作的广告）等几种形式。各种载体均有其优缺点。

二、广告无定式

文字广告一般都由标题、正文和落款三部分组成。

1. 标题

一则好的广告标题，文词不多却能画龙点睛，使广告大为增色，使消费者印象深刻，因此商家往往在广告标题上苦下工夫，常常"语不惊人死不休"。常见的广告标题写法有以下10种类型。

（1）寓意式

常借用成语或名言生动地反映企业和产品的形象，在简明的广告语言中，含有某种深刻的哲理，给人留下想象的余地。如"'闲'妻良母"是洗衣机的广告；牙刷广告是"一毛不拔"；"默默无'蚊'的奉献"是蚊香广告；"当太阳升起的时候，我们的爱天长地久"为太阳神口服液广告；十（食）全九（酒）美是餐馆的广告等。

（2）造境式

创造意境，意在言外，使人回味无穷。如日本一则酸奶饮料广告词"甜而又酸的酸奶有初恋的味儿"。这种意境只能意会，不可言传。再如机械配件广告这样写"愿作绿叶陪牡丹"。牡丹是花中之王，绿叶用作陪衬，诗情画意跃然纸上。

（3）新闻式

通过公布产品的特点、销售方式等消费者感到兴趣的新闻构成广告标题。"春节酬宾大甩卖"、"全新自动洗衣机上市"等即属此类。

（4）夸耀式

采用赞扬、夸张广告商品的特点的语句作为标题，激发消费者的购买欲。如"张小泉剪刀三百年名牌不倒"；美国一本书的广告"100元买一位广告大师的一生智慧"；台湾某洗发精的广告："现在可以从头发上洗刷掉岁月的痕迹了"。

（5）疑问式

设身处地地站在消费者的位置上，提出"为什么"或"怎么办"的问题，引起消费者的注意。如意大利琴查诺汽酒广告标题："你为什么不能少喝琴查诺汽酒呢"；汰渍洗衣粉广告"你为什么不试试汰渍洗衣粉呢"；"Hungry?日清方便面"等。

（6）效益式

向消费者许诺使用广告所推销的商品能获得某种好处，劝其购买。如日本山叶牌钢琴广告"学琴的小孩不会变坏"；苹果广告"日食一苹果，医生远离我"；玉兰油广告"我们能让你看起来变得更白更年轻"等。

（7）悖论式

广告标题采用不近常理的语言，令人初看上去莫名其妙，进而激发人们兴趣，仔细回味、联想，然后才恍然大悟。如一家航空公司的广告标题"大西洋将缩短四分之一"生动说明了该航空公司的飞机横渡大西洋比一般客机快 25% 这个主题，以及类似"从某月某日起太平洋将缩小一半"的语句等。

（8）对比式

采用比较的手段来显示自己的商品或劳务的优越性，给人留下深刻的印象。如美国丽明顿刀片广告："从前刮 10 人，以后 13 人，现在可刮 20 人"；容声冰箱广告"生活在变，而容声的品质不变"；手表广告"不在乎天长天久，只在乎曾经拥有"等。

（9）悬念式

采用悬念的方法吸引消费者。如药物广告"两块钱与生命的选择"；颜庄精华素化妆品提前三天打出广告词"有一种东西能使你看起来容光焕发，请关注×月×日的广告"；飘柔采用系列情景剧的形式打出疑问，借柔顺的头发来吸引男主角的目光，到处追寻，最后落到头发的保养上，点出宣传的主题等等。

（10）口号式

广告标题采用直接号召或告示人们的方式用来塑造企业或产品形象。如"喝了哇哈哈，吃饭就是香"；"旭日升冰茶，爽口爽心"等。

以上介绍的 10 种类型并不能囊括文字广告的所有写法，此外还有夸张式、层递式、诙谐式、俗语式等，就不逐一介绍了。

2. 正文

正文主要内容一般包括以下几点：

1）提供商品（经过厂商）的有关资料，包括历史、工艺、荣誉、效果等，以取得消费者信赖。

2）介绍商品（经厂商）的特色引起消费者兴趣。

3）介绍商品的使用方法或售后服务项目，以消除消费者后顾之忧。

4）提出建议，希望消费者能优先考虑购买该商品。

以上各点写法形式比较灵活，不必面面俱到。

广告正文体式多种多样，常用的有以下几种。

（1）陈述体

用朴实的语言直接陈述产品的名称、规格、用途、特点、效果、价格等，帮助消费者认识和鉴别商品。

（2）证书体

用权威方面的鉴定或正式的文件证书来证明产品品质的优良。

（3）问答体

用一问一答的方式传达广告内容，吸引顾客。这种体式在使用广播作为媒介的广告中经常使用。

（4）告示体

用严肃庄重、条理清晰、朴实简练的语言，交代清楚广告所要宣传的内容。一般属于张贴性广告。

（5）文艺体

采用小说、戏剧小品、诗歌、曲艺等人们喜闻乐见的形式来宣传商品优点，语言清新、幽默、风趣、结构曲折跌宕，引人入胜。如"润发100年的洗发水"广告就采用一段动人心弦的爱情故事来演绎。

3．落款

广告结尾一般包括单位名称、地址、邮政编码、电话、电报挂号、电传及联系人等。

三、广告的写作要求

1）必须清晰明白。把需要消费者了解的情况介绍得清楚明白，不能含糊不清。

2）必须实事求是。不能夸大商品的优点，弄虚作假蒙骗消费者。

3）内容必须健康，符合大众的审美情趣。

4）要写出产品自己的特点，突出产品的形象宣传。

例文一

穿一双不好的鞋子，在一条平坦的路上跑，结果，感觉上还是等于在一条坏路上跑；穿一双爱迪达的鞋子，在一条坏路上跑，结果就等于跑在一条平坦的路上。

【简析】

这是台湾省"爱迪达"鞋子的广告，它以优美的描绘语言和对比手法赞扬了"爱迪达"产品的品质，文字的写作颇具匠心和功力。

例文二

丰田牌柴油汽车既节省燃料耗费，又具有与汽油汽车并驾齐驱的强大功率和乘车的舒适性。为适应节省资源、节约能源的世界趋势，丰田公司以研制更为优异的柴油机为目标，充分运用最先进的技术，终于创造出走在世界前端的优异的柴油机。这种发动机燃料效率高，使得燃料消耗格外经济，而且克服了以往柴油发动机的噪音高、振动大、起动慢的缺点，进而具备了舒适、静肃、起动性好等性能。目前，丰田汽车备齐了从轿车、商业用车到载重车的多种柴油汽车……

例文三

丰田汽车公司生产从轿车、客车、商业用车、越野车到工业用车等各种汽车，并将车种按其使用条件、用户爱好再细分为丰富多彩的各类车型，仅基本车型就达1000多种。各种车型都具有丰田车共同的耗油低、经久耐用、驾驶方便、行车灵活、乘坐舒适的性能，销量居日本首位，名列世界第二的丰田车产量足以证实丰田车的性能是可靠的，丰富的车型是令人满意的……

【简析】

这两则都是丰田公司的汽车广告。例文二介绍柴油车，说明柴油车能与汽油车并驾齐驱，克服了一般柴油车噪音高、振动大、启动慢的缺点，强调了柴油车经济合算的优点。例文三则介绍丰田公司生产的车型多种多样，都具有共同的优异性能，目的在突出丰田车品种齐全、性能可靠的优点。内容虽不同，但都写出了丰田车的长处。

思考与实训

一、指出下列广告标题的类型并在现实生活中找出各种类型的其他广告标题实例。

1. 皮鞋广告"一脚50元"。
2. 日本亚当牌地板漆广告"你曾为地板漆脱落、褪色而烦恼吗"。
3. 日本理光拷贝机广告"我的辛劳，你的逍遥"。
4. 德国ANT电信公司电视电话广告"昔日梦幻今成真"。
5. 美国美术镜框广告"看我们帮你点铜成金"。
6. 雀巢咖啡广告"它好，它真好，它就是雀巢"。

二、分析比较下列广告的优劣。

1.（1）车到山前必有路，有路就有丰田车。

（2）福建汽车厂敢问路在何方。

2.（1）青岛电视机省优、部优、国优。

（2）天上彩虹，人间长虹。

3.（1）清除感冒，黑白分明——白加黑感冒药。

（2）康泰克早一粒晚一粒清除感冒困扰。

（3）叫你喝"快安"，你就是不听！感冒找"快安"，"快安"找感冒。

4.（1）矮人的福音——人体物理增高鞋垫，平均每日可使增高 1 厘米。

（2）200 平方米=半个地球。如果你到唐城百货大厦美食街转一圈，你可以吃遍半个地球。

5. 鲁迅为《苦闷的象征》编写的广告：

"这其实是一部文艺论，共分四章。现经我以照例的拙涩的文章译出，并无删节，也不至于很有误译的地方。印成一本，插图五幅，实价五角，在初出版两星期中，特价三角五分。但在此期间内，暂不批发。北大新潮社代售。"

6. 下文是一则具备六种功能的电视游戏机广告，请评析。

本机游戏内容十分丰富，它具有 6 种功能，使人爱不释手，它将为您的业余生活增添无穷的乐趣，它可培养您敏捷的思维，准确的判断，实为一种高尚的有益有趣的智力游戏工具。本机采用大规模集成电路，全套元器件均为进口，由我厂装配生产，造型美观，质量可靠，国内市场首次投放，欢迎看样选购。

7. ××话剧团创作的 9 场话剧《网下情丝》广告：

兄弟残杀，姐妹成仇，夫妻离异，冤家聚头，冤魂不息，苦海沉浮，惹情惹恨，欲罢难休，善有善报，恶有恶报。

自张贴后受到了舆论的严厉谴责，为什么？

三、下列广告词有各种各样的毛病，请修改。

1. 某某鞋油对皮革有良好的柔软性能。

2. 本品实为最新的心脑血管治疗和预防之良药也。

3. 美国博士伦隐形眼镜……并荣誉地被选定为第十一届亚洲运动会唯一指定隐形眼镜。

4. 我厂是生产汽车保修机械专业厂，设计合理、结构新颖、工艺先进、畅销全国各地。为提高修车质量，加快修车速度，提高经济效益，深受用户欢迎。

5. 从正规演奏的标准键盘到供一般消遣的乐器，具有丰富多彩产品系列的 510 电子琴均能胜任。

6."欢迎订阅内容丰富多彩，形式生动活泼，负责投送到家的《书讯报》。"这个广告标题能引起你的注意吗？试把它改为能引人注意的、祈使式的标题并总结广告写作中的要诀是什么？

7."双桶5型白兰牌自动洗衣机是北京洗衣机厂的最新产品。右桶喷淋、漂洗与左桶脱水交替作业，自动转换，原因是装有程序控制器。高波轮，新水流，容量大，喷淋漂洗均为半自动，每次可洗脏衣服三公斤左右。"指出这则广告正文的毛病并予以修改。

8."天丽牌洗发香波使你的头发添姿采，天丽牌洗发香波领导世界新潮流！天丽牌洗发香波是你的最佳选择！"这则广告缺点在哪里？请修正。

四、陈望道先生曾将修辞分为两大类，一类是可以使人感受的"积极修辞"，另一类是可以使人理会的"消极修辞"。在一般情况下，文学作品多用积极修辞，应用文体多用消极修辞。试分析下列广告词，想一想广告在修辞上的特点是否和其他应用文相同。

1．金狮牌自行车"骑"乐无穷。

2．你只要压一下按钮，其余的事由我负责。（"柯达"相机广告词）

3．如烟、如雾、玉洁、冰清、飘飘然使您入仙境，甜蜜蜜陪君入仙乡。借问蓬莱何处寻"就在那荷花帐中。（荷花牌蚊帐广告词）

4．何以解忧？唯有杜康。（杜康酒广告词）

5．书，全国每年出版4万余种，令人眼花缭乱！怎样选？

书，古今中外如山似海，让人手足无措？怎样读？

书，不朽永存、有益当代、利传后人、催人著书立说！怎么写？

《书讯报》将助你一臂之力，它是买书的向导、读书的指南、业余创作的助手。欢迎订阅。

（《书讯报》广告）

五、有人说广告标题能决定广告的成败，这有一定道理。标题不醒目就不能吸引读者注意，好的标题往往能使广告达到事半功倍的效果。请看下面事例。

（1）把"新鲜"直接拉出来。

（2）有如第二皮肤。

（3）说英语就像说国语一样棒。

（4）日晒后，让你的皮肤也来杯饮料吧！

（5）除了钞票，承印一切。

（6）"福日"牌电视机维修服务部工作最清闲。

（7）怎样使35岁以上的妇女看上去更年轻？

（8）在罗斯·罗爱斯轿车以每小时 60 英里的速度行驶时，车里最大的声音不过来自里面的电钟。

（9）此地禁止抽烟，连皇冠牌香烟也不例外。

（10）"吉普"打火机每天使用，20 年后唯一该更换的部件无非是它的铰链。

分析讨论上面几例广告标题写法，猜猜是什么广告并说明这些广告标题制作之妙，请模拟示例为下列商品制作广告标题：①石英表广告②微波炉广告③胶水广告④洗衣粉广告⑤小汽车广告⑥洗发水广告

六、请评析以下广告的文字特点及影响力，并模拟同样的笔法写一则"琵琶牌"洗发乳广告。

迎着朝阳，漫步在海滨沙滩上，北京日化四厂生产的紫罗兰防晒霜、防晒乳将伴随您度过这美好的时光。

七、若干年前，美国一出版商有一批书滞销积压，他忽然想起一个主意，三番五次地找总统，每次都给总统送一本书，然后征求意见。第一次，总统随意回答了一句："这本书不错。"第二次，总统奚落书商："这本书糟透了。"第三次，总统不作任何回答。出版商三次送不同的书，都巧妙地做广告宣传，书均被抢购一空。假如你就是那位出版商，你将如何写这三则广告。

八、从校内取材，写一则理由诉求广告或情绪诉求广告（如校内学生服务部销售广告、学校招生广告等）。

九、请搜寻广州宝洁公司系列产品的广告并予以评析。

十、请写出五个你认为最佳的广告和最差的广告并予以分析点评。

十一、趣味题。

对联是人们喜闻乐道的一种文学形式，它不但可以作为厅堂书斋的装饰，也可以当作招揽顾客的广告。请你指出下列对联是什么店的对联广告？

1．秤虽小掌管人间烟火，店不大有关国计民生。

2．细竿生赤焰，腐草化青烟。

3．挥毫列锦绣，落纸如云烟。

4．玩物岂真能丧志，居奇原只为陶情。

5．刻刻催人资警省，声声劝尔惜光阴。

6．步月凌云去，登堂入室来。

7．白雪阳春传雅曲，高山流水觅知音。

8．十美国中资润色，众香园里展经纶。

9．灯光天欲笑，泡影月争辉。

10．悬将小日月，照彻大乾坤。

11. 笔行神至龙纹画，刀走力到金石开。

12. 虽然毫末技艺，却是顶上功夫。

13. 还我庐山真面目，爱他秋水旧丰神。

14. 舞台小天地，天地大舞台。

15. 万里路程同轨辙，九州脉络尽分明。

16. 只愿世间人无病，不怕架上药蒙尘。

第三节 经济合同

经济合同是指法人之间为实现一定的经济目的，按照法定程序签订的关于确定、变更和终止相互权利、义务关系的协议。订立经济合同不仅是一种经济活动，而且是一种法律行为，合同一经公证就具有法定权威性和约束力，合同中规定的当事人拥有的权利受法律保护，所承担的义务受法律监督。

按照《中华人民共和国合同法》规定，我国现在规范合同主要有九类：购销合同、建设工程承包合同、加工承揽合同、货物运输合同、供用电力合同、仓储保管合同、租赁合同、借款合同、保险合同等。实行经济合同制是加强横向联合，实现专业化合作的纽带；是改善经营管理，加强经济核算，提高经济效益的重要手段；是保护合同当事人合法利益的法律依据；是发展对外贸易的主要形式。签订经济合同必须严格遵循我国《经济合同法》的有关规定，贯彻合法性、合意性、政策性、有偿性的原则。

订立合同有一定的步骤。首先要"要约"，即由一方向另一方提出订立合同的要求，"要约"时明确提出合同将要订立的主要条款，并指明希望答复的期限。对方如果愿意按这些条件签约。叫做"承诺"。"承诺"后双方就可以订立合同。实际签订同时如果对方对"要约"中提出的条款有修改或补充意见，或者要提出新的条款，这些要求也叫"要约"。经过反复要约，直到双方都同意才由承担产品制造或提供劳务的一方拟定合同初稿，合同初稿双方都满意后再印刷或抄写，双方签字盖章才能生效。大多数合同的签订，要经过"要约——新要约——再新要约——承诺"的过程。合同的签订原则上必须在法人之间进行。合同的内容及签订合同的手续都必须是合法的才予以生效。

合同的格式比较固定，大致可以分为条款式或表格式两类。表格式一般用于内容比较简单的购销订货等合同；条款式则用于内容比较复杂的建设工程承包、财产租赁等合同；有些合同也兼用两种形式。一般地说，合同在格式上可分为以下四个部分。

1. 标题

标题也叫"约首"。居中写明"某某合同"。一般由合同性质和文种组成。如《农副产品购销合同》、《××联营合同》等。标题下一行右侧要写上合同编号。

2. 立约单位

在双方（或多方）单位名称前方注明"订立合同单位："。单位名称应按营业执照上核准的填写，为行文方便，可在名称后面注明"甲方"、"乙方"，也可注为"供方"或"需方"。例如：

订立合同单位：×××××××××（以下简称甲方）
　　　　　　　×××××××××（以下简称乙方）

3. 正文

正文一般由立约开始语、立约款项和附件组成。

（1）立约开始语

立约开始语即必须写明立约的依据或目的，标在签约单位之后（或下一行），可写成："根据……为了……经双方协商一致，签订本合同"，也可写成："为了……经双方研究，特订立合同如下"或"为……经协商，议定下列各条，以资共同恪守"等。

（2）立约款项

立约款项是经济合同的主体，应该详细、严密，条款式合同必须写明双方（或多方）议定一致的条款，写明甲乙双方所承担的经济、法律责任和应享受的权利。表格式合同则按表中所列项目，充分协商，逐次填写。根据《经济合同法》第十二条规定应具备下列条款：

1）标的。是指经济合同中当事人的权利义务所共同指向的对象，表现为产品、劳务或工程项目等。标的必须具体、明确，不得过于笼统、含糊不清。

2）数量和质量。两者都是合同的基本条件，必须规定得明确、具体。前者决定着双方权利、义务的大小和范围；后者指物品或劳务满足人们需要的属性，包括成分、含量、纯度、重量、色泽、性能、精密度等。切忌使用"一堆"、"一套"、"大约"、"左右"等表意模糊的词语。

3）价款和酬金。是指取得合同标的一方向另一方支付的用货币数量来表示的代价，一般包括单价和总金额两部分。内容应具体明确，若需分期付款的应在合同中详细注明。

4）履行的期限、地点和方式。指按规定时间交货、确定接受场所、交货方法、运输方法、结算方式、验收方法等。

5）违约责任。指违反了合同的规定应承担的法律责任，主要采取违约金和赔偿金的形式，维护了合同的严肃性。

6）附加条款。包括合同生效时间和有效期限，注明附件和其他应注明的事项、合同份数和保存方式等。

4. 结尾

经济合同结尾包括双方单位名称、盖章、法人代表人盖章，有关机关签署的审核、鉴证、公证意见及盖章。必要时要写明双方单位所在地址、电话、电挂、账号等。最后写明签订日期。

订立经济合同要注意以下几点：

1）内容要合法、具体，条款要完备、周密；防止前后矛盾、上下脱节。

2）用字措辞要力求准确，文字表达不能含糊、模棱两可，产生歧义。

3）书写要工整，不能随意涂改。确需变动，须经双方同意，另请盖章。

例文一

流动基金借款合同（样式）

编号：

借款单位：＿＿＿＿＿＿

贷款单位：＿＿＿＿＿＿

中国工商银行：＿＿＿＿＿＿

（中国工商银行吉林省分行制）

根据国务院颁布的《借款合同条例》第二十三条规定的精神暂制订本合同文本。

立借款合同单位＿＿＿＿＿＿（以下简称甲方）向中国工商银行（以下简称乙方）申请流动资金贷款，甲方除遵守有关办法规定外，并保证恪守下列条款：

第一条：甲方执行核定的流动资金计划占用额＿＿＿万元（或商品库存周转限额＿＿＿万元，核定流动资金贷款指标＿＿＿万元，核定产成品库存限额＿＿＿万元，落实挖掘潜力计划＿＿＿[其中压缩产成品(商品)库存＿＿＿，清理资金损失和挤占挪用＿＿＿万元]。

第二条：甲方向乙方借＿＿＿贷款人民币（大写）＿＿＿元，用于＿＿＿，借款利率月息＿＿＿厘＿＿＿，这次借款一次签订合同，分次借用，并分次偿还，于＿＿＿年＿＿＿月偿还＿＿＿元，于＿＿＿年＿＿＿月＿＿＿日偿还＿＿＿元，于＿＿＿年＿＿＿月＿＿＿日偿还＿＿＿元，于＿＿＿年＿＿＿月＿＿＿日偿还＿＿＿元，全部还请贷款。

第三条：甲方按合同规定的期限，按期还本付息，过期不还款的加收利息20%。

第四条：甲方不按合同规定用途使用资金，将借款挪作他用或进行非法活动时，乙方除按规定加息50%外，停止发放新贷款，并限期追回已占用贷款。

第五条：甲方自有流动资金达不到＿＿＿%比例的，每年要从生产发展基金中拿出＿＿＿%来补充自有流动资金。不按上述比例的乙方对企业未按规定补充部分加收利息20%。

第六条：甲方不完全具备申请借款条件，但遇特殊情况需要借款时，要有经济实体单位（符合法定条件的保证人）担保，由公证部门公证，经乙方审查同意，报请上级行批准后，才能签订合同，进行借款。如果甲方不能按合同规定还本付息，由担保单位负责归还。

第七条：乙方按照合同规定的借款金额，应在上级行批准的存贷差额和信贷规模控制内，从管好用活信贷资金的目的出发，保证重点，区别缓急，坚持符合国家的政策和计划，有经济效益，并能按期偿还的原则，向甲方提供信贷资金，实现合同规定的条文。如果由于乙方没有及时提供贷款，影响甲方资金作用，要追究乙方的经济责任。

第八条：借款合同的附件，如借款申请书、借款借据、协议书、承保书和公证文本等是合同的组成部分。

第九条：本合同适用于国营工商企业、集体工商企业、科研和事业单位。合同的变更、解除或发生纠纷，须经甲、乙双方协商解决。

第十条：甲、乙双方根据实际情况，共同商定增加下列条款：

……

甲方负责人签章   乙方负责人签章

（具有法人地位）   （具有法人地位）

甲方单位公章   乙方单位公章

年 月 日   年 月 日

【简析】

这份条款式合同（空白样式）有明确的政策依据＿＿＿国务院发布的《借款合同条例》第二十三条；标的清楚＿＿＿"甲方"向"乙方"申请流动资金贷款；合同的条款完备＿＿＿共十条，从贷款数量到违约责任都做了周密规定，最后署名和日期。这些都是符合条款式合同的写作格式的。

产品购销合同

合同编号：

立合同单位：×××百货公司（以下简称甲方）

×××电视机厂（以下简称乙方）

兹因甲方向乙方订购下列货品，经双方协商同意，签订本合同共同严格履行。

一、产品名称、商标、型号、数量、金额、供货时间及数量。

产品名称	牌号商标	规格型号	计量单位	数量	单位	金额/元	交货时间及数量		
							合计	7月1日	9月1日
电视	熊猫	彩色	台	100	2000	200 000	100	50	50

合计人民币金额（大写）贰拾万元整

二、质量要求技术标准：按轻工部 A 级指标。

三、供主对质量负责的期限：自交货日起 3 年。

四、交（提）货方式：乙方送货到甲方仓库

五、运输方式及到站（港）或费用负担：运输由乙方负责，费用按每台 20 元甲方支付给乙方。

六、合理损耗计算方法：无。

七、包装标准、包装物的供应与回收和费用负担：包装纸箱由乙方负责，不计价，不回收。

八、验收方式及提出异议期限：抽查，一个月内。

九、随机配件、备品数量及供应方法：详见装箱清单，不另行供应。

十、结算方式及期限：货到三日内，以银行汇兑结算。

十一、如需提供担保，另立合同担保书，作为本合同附件。

十二、违约责任：延期交货或付款，每延期一天，按损失金额的 1%支付违约金给对方。

十三、解决合同纠纷的方式：由签订机关仲裁。

十四、其他约定事项：本合同自签订机关签订后生效。

十五、有效期限：至20××年×月××日。

甲方	乙方	签（公）证
单位名称（章）： 　　××百货公司 单位地址：×××× 法定代表人：××× 电话：××××× 电挂：×××× 开户银行：××支行 账号：××××× 邮政编码：××××××	单位名称（章）： 　　××电视机厂 单位地址：×××× 法定代表人：××× 电话：×××××× 电挂：×××× 开户银行：××支行 账号：×××××× 邮政编码：××××××	意见： 本合同符合有关法律规定，同意签证生效。 经办人：××× 签（公）证 机关（章）

签订日期：2005 年 2 月 10 日

思考与实训

一、改错题。

1. 请阅读下列材料，指出合同语言中不够确切的地方，并加以修改。

（1）某合同的交货时间条款写："乙方力争于 2004 年底前全部交货。"

（2）某合同的交货地点条款写："交货地点：广州。"

（3）某工程承包合同关于酬金的规定写："按实际费用结算"

（4）某合同的标的数量条款写："煤炭五车。"

（5）某合同的货物包装标准写"袋装。"

（6）某合同的质量条款写："大豆含水量大约 15%。杂质不超过 1%左右。"

（7）某合同结算方式及期限条款写："乙方验货后用信汇方式分三次付清全部　款项。"

（8）某合同违约责任条款写："乙方不能按期交货，每延期一天，应偿付给甲方 10%的违约金。"

2. 指出下列合同不合规范之处，并予以纠正。

临时劳动协议书

甲方：北京市××街副食基层商店

乙方：×××

经甲方同意，乙方到甲方劳动，双方特签定本协议。

一、甲方提供劳动场所，乙方要服从分配，并遵守甲方的一切规章制度。

二、乙方按时参加劳动。每天劳动 8 个小时左右。劳动期限 3 个月左右。乙方要求解除协议，终止劳动时，需提前通知甲方。

三、甲方按月付给乙方一定的劳动报酬。

四、甲方有责任向乙方进行安全劳动教育。

五、如劳动期限需要延长，甲乙双方另议。

六、本协议一式叁份。甲、乙方各一份，报公司一份。

甲方：北京××街副食基层商店（章）

乙方：×××（章）

2002 年 2 月 10 日

二、分析题。

1. 某购销合同的供需双方约定分四批交货，供方担心需方收下第一批货后不按合同规定付款，怕继续交货会造成更大经济损失，不交第二批货又违反合同，需方可以以此为借口不承担自己的违约责任。你认为在合同中应如何规定，才不至于出现这种情况呢？

2. 甲方明知乙方将一批劣质烟伪装成名烟，因价格十分优惠而决定购买，并准备以名烟卖出，从中牟利。在双方签订的合同中规定：交款提货。但在履行合同时，甲方以一时周转不开为由，只支付了一部分货款就将货物全部提走。以后乙方多次向甲方催要尚未支付的货款，甲方拒付。在这种情况下，乙方向合同仲裁机关申请仲裁。请问：（1）该合同是否有效？并说明理由。（2）应当如何处理？并说明理由。

3. 下面是一份某省新华电机厂签订的一份产品购销合同，请分析并指出不妥之处。

经 济 合 同

立合同单位：某省新华电机厂第一车间主任（以下简称甲方）

某省光明轴承厂供销科（以下简称乙方）

甲方为生产需要，向乙方购买轴承作为电机配件，为生产正常进行，经双方协商，订立本合同共同严格履行。

（1）产品名称	规格	数量	单价	金额
轴承	205	10 000 套	8.50	85 000 元
轴承	206	5000 套	9.00	45 000 元

合计人民币金额叁拾万元整

（2）交货时间：2002 年底前分三次交货。

（3）交货方式：乙方送交甲方指定的地点。

（4）结算方式：甲方收到货物后付款。

（5）本合同正本一式两份，甲方双方各执一份。副本一份送工商行政管理部门。

立合同人：

甲方：某省新华机电厂第一车间（章）乙方：某省光明轴承厂供销科（章）

主任：×××   科长：×××

签订日期：2002年1月5日

三、写作题。

1．请结合所学专业的实际，由每两位同学分别代表甲方、乙方签订一项合同。

2．请搜集有关资料，替本校食堂老板和学校签订一份食堂承包合同。

3．假如你想租学校门口的店面开店做老板，请你针对自己的意向，草拟一份和学校签订合同的正式文件。

4．请用下面资料按经济合同例文的格式写一份产品购销合同。

××省××县农机公司（简称甲方）法人代表林峰于2003年2月3日与××县水泵厂（简称乙方）的法人代表张明签订了一份合同，双方议定：甲方购买乙方生产的农用水泵60台，每台单价500元，要求2003年6月交货30台，12月交货30台，（型号、质量标准见附表，资料略），款项于合同签订生效一个月以内预付10%，交货方式为乙方送货到甲方仓库验收，甲方在验收货物后三天内必须通过银行转账付款（第一次付总金额的40%，第二次付50%）。如果延期交货或付款，每延期一天，违约方按损失金额的10%计算罚金付给对方。合同由××县工商行政管理局签证后生效。合同正本二份，甲方双方各执一份，副本一份送工商行政管理局。甲方地址：××支行，账号：023587。乙方地址：××县西门路53号，电话：428341，开户银行：××支行，账号：358671。

5．你作为乡建筑工程队的代表，与学校签订一份建筑工程承包合同，请根据下面的合同格式，填写有关内容。然后再模拟写一份简要的建筑承包合同。

建筑承包合同

建设单位：（以下简称甲方）

施工单位：（以下简称乙方）

甲方经_____号文件批准，兴建（大修）工程。同意承包给乙方施工，经双方充分协商签订如下合同。

一、工程概况

1．工程名称：

2．栋数：

3．层次：

4．建筑结构类型：

5．建筑面积：

6．建设地点：

二、承包形式

本工程经双方商定，并经基建主管部门批准同意，采用承包结算的方式。

三、工程质量及验收交工

1．工程质量应全部达到设计要求和符合国家验收规范以及评定标准。

2．隐蔽工程由乙方提前一天通知甲方代表到施工现场进行检查，办理隐蔽工程签证手续。若甲方代表因故不能按时参加检查验收，乙方可单独检查隐蔽工程，并作出记录，甲方予以承认。如果甲方事后需检查，由此而发生的一切费用应由甲方负责。

3．工程竣工后，由乙方提出竣工验收材料，明确交工日期，通知有关主管部门及甲方进行工程验收。如果甲方不按时参加办理交工验收手续，自通知之日十日后，视为甲方无条件默认验收，即可办理竣工手续和结付工程尾款，否则由此而产生的一切经济损失均由甲方负责。

4．工程竣工交工验收后即由甲方负责保管。自工程验收之日起工程质量保修按国家有关规定办理，确定保修期为×年。

四、双方职责

甲方：

1．做好动工前一切准备工作，做到"三通一平"，负责接电、接水的一切手续和费用，并协助办理好施工许可证。

2．派驻工地代表，对工程进度、工程质量进行监督。检查隐蔽工程，办理中间交工工程验收手续，负责签证，解决应由甲方解决的问题以及其他事宜。

3．负责组织设计、施工单位共同审定施工组织设计，工程价款和施工结算，负责组织工程竣工验收。

4．施工工程中，因设计变更或停建，对乙方已备的物资造成积压或改制代用所发生的一切费用由甲方负责。

乙方：

1．负责施工场地的布置，施工区域以内的用水、用电、道路和临时设施的施工及所有材料组织和供应。

2．严格按照施工图与说明书进行施工，确保工程质量。按合同规定时间如期完工和交付。

3．编制施工组织设计（或施工方案），做好各项施工准备工作。

4．及时向甲方提出开工通知书、施工进度计划表、施工平面布置图、隐蔽工程验收通知、竣工验收报告。

5．按照施工工程中及在合同规定的保修期间，凡由施工造成的工程质量问题，负责无偿修理。

五、施工工期

该工程从＿＿＿动工至＿＿＿竣工验收，交付使用。

六、付款办法

合同签订之日付款＿＿＿元，基本完成付款＿＿＿元，屋面完成后付款＿＿＿元，其余款项工程验收后一次付清。

七、奖励办法

1．乙方施工必须确保工程质量，施工中如有不符合质量的部位由乙方负责返工直到达到验收标准为止，其一切费用由乙方自理。经验收工程质量合格不奖不罚，质量符合优良标准，甲方按城建局有关规定给予乙方奖励。

2．本工程乙方提前竣工，并经有关方面办理竣工验收手续后交付使用，实行工期提前奖。每提前一天竣工，按工程总造价2%奖给乙方，如乙方延期交工对等罚款。

3．合同双方如不按合同规定拨付工程款，按银行有关部门逾期付款办法或者"工程价款结算办法"的有关规定处理。

八、安全责任

乙方施工必须高度注意安全生产，严格按照操作规程施工，如发生一般安全事故由乙方自理。如万一发生重大伤亡事故按国务院有关规定处理。

未尽事宜，双方协商解决。

补充条例：……

甲方：　　　　　　　　　　　　代表：

乙方：　　　　　　　　　　　　代表：

签证机关：　　　　　　　　　　代表：

二〇××年×月××日

第四节　经济活动分析报告

经济活动分析报告是依据统计数据、会计核算、计划指标以及调查研究得来的资料，对某单位或某部门经济活动状况进行分析研究作出恰当评价而写成的一种书面报告。

经济活动分析报告是企业现代化管理的一个重要环节和方法。它通过对大量的分散的经济现象进行分析，反映和说明企业经济活动的状况，揭示某种经济活动的规律，有利于企业挖掘潜力，有效地利用人力、物力和财力；有利于企业检查生产经营各个环节执行国家方针、政策和计划的完成情况，促使各部门、各单位更好地执行国家政策和财经制度；有利于加强经济核算，建立健全各种经济责任制；有利于经济管理部门总结经验教训并获得决策依据；有利于企业提高经济管理水平，提高经济效益；有利于预测市场变化，作出正确决策，掌握竞争主动权。

一、经济活动分析报告的分类

经济活动分析报告按其目的和内容所涉及的范围来划分，可分为综合分析报告、专题分析报告和进度分析报告等。

1. 综合分析报告

综合分析报告又叫全面分析或系统分析报告，一般是对某一部门或单位在某一时期的经济活动进行比较全面、系统的分析研究而写成的书面报告。它重在抓生产经营中普遍性和关键性的问题,时间多为一个季度或一个年度。报告不仅总结了上一个阶段生产经营等方面的工作，而且可以作为下一阶段企业经营管理的可靠依据。

2. 专题分析报告

专题分析报告又叫专项或单项分析报告，是对某一单项专门问题进行比较深入分析后写出的书面报告。它一般结合当前的中心工作，或就某个行业的某项工作，或就某一行业在经济活动中存在的薄弱环节，或就某项新政策所引起的变化等，进行单项分析。报告要求内容集中，重点突出，一事一题，针对性强，分析透彻，反映及时，使企业领导既能找到生产经营中产生问题的原因，又能看到企业发展的趋势，从而更好地加强经营管理工作。

3. 进度分析报告

进度分析报告多在旬、季、年末结合报表编写。报表为进度分析报告提供依据，进度分析报告为报表提供情况和文字说明。进度分析报告具体反映某种计划完成情况，如生产进度分析、资金运用、原材料供应、产品销售等分析。这种分析内容单一、具体，反映问题快；写作中更多用一些实际资料，反映具体情况，分析评议极少。因此在实际使用中大多以简报的形式出现。

二、经济活动材料的收集工作

写经济活动分析报告的第一步是根据经济活动分析的目的收集材料，掌握企业实际经济情况。这是写报告的前提。企业经济活动分析所依据的资料有文字资料和数字资料；有现实资料和历史资料；有本企业资料和外企业资料；还有计划资料、会计核算、统计资料。这些资料都是进行企业经济活动分析的重要依据。下面简要介绍几种收集方法：

1）查资料法。即直接向单位收集各种现成的文字材料。

2）现场调查法。对一些比较重要的问题必须深入现场体验观察，并做好记录，取得第一手材料。

3）采访法。找一些对象进行访问、开座谈会取得材料。

4）问卷调查法。

三、经济活动分析的主要方法

要写好经济活动分析报告，在材料收集比较全面的前提下，还需作好经济活动分析。因为它是经济活动分析报告的内容来源和形成的前提和基础。经济活动分析的好坏决定着报告质量的高低。这里简要介绍几种基本的分析方法。

1. 分组（分类）分析法

分组（分类）分析法是根据研究目的按照某一种标准将研究对象分成若干不同性质的部分，将相同的现象归纳在一起。如一定时期社会商品零售额分析，可分为居民消费、社会集团消费等。通过不同的分组，从不同角度对研究对象进行分析，从中可以找出有规律性的东西来。

2. 经济指标对比分析法

指标对比分析法是将两个有联系的经济指标在不同空间、不同时间进行对比，找出异同，分析原因。指标一般可进行以下几方面对比。

（1）与计划指标数值比

这个对比是检查计划任务完成的情况。其计算公式为

$$计划完成程度（\%）=实际完成数/计划完成数 \times 100\%$$

（2）各组指标数值与总体指标数值比

这个对比用以反映总体内部某一部分占总体的比重。其计算公式为

结构相对数（%）=各组总量指标/总体的总量指标×100%

（3）与先进单位的指标数值比

这个对比可以找出本单位的差距，用类比相对指标。其计算公式为

类比相对数=本单位实际指标/先进单位实际指标

（4）同一指标不同时期进行对比

这个对比可以考察经济发展速度。其计算公式为

发展速度（%）=报告期水平/基期水平×100%

（5）两个有联系的经济指标对比

这个对比用以反映经济现象的强度、密度、普遍程度。其计算公式为

强度相对指标=某种现象总量指标/另一有联系的不同总体总量指标

3．动态指标分析法

动态指标分析指研究现象在时间上的变动情况，从发展的观点来研究现象的变化趋势及其规律的一种分析方法。主要指标有：发展水平、增减量、发展速度、增减速度、平均发展水平、平均发展速度、平均增减速度、增长 1%的绝对值等。

（1）因素分析法

因素分析法又称连锁替代法。指运用指数体系分析事物的总变动受各因素变动的影响程度的分析方法。进行因素分析时要注意，观察一个因素变化的同时要固定其他因素，以起到对比、逐一因素分析的作用。

（2）预测分析法

主要通过对现象的过去和现在状况的研究，从变化中找出规律，从而预测未来发展趋势。

四、经济活动分析报告的写法

经济活动分析报告的格式一般分为标题、开头、正文、结尾和落款五个部分。

1．标题

标题一般包括单位名称、时间、内容加上"分析"二字；如《杭州丝绸厂 1999 年第一季度经济活动分析报告》；有的在标题中省去单位名称，如《1999 年主要经济指标完成情况分析》；也有的采用一般的文章标题，如《实现方针目标，效益扭降回升》；有的以建议作为报告的标题，如《要提高企业

的消化能力》等。无论采用哪一种写法都要点明分析主题，力求简洁、醒目。

2．开头

也叫前言或导语。介绍两方面的情况：一是以简练的语言介绍经济分析的原因和目的；二是针对分析的问题，运用数据说明基本情况，突出指标的执行情况。

3．正文

首先是情况概述。主要介绍分析对象的情况，揭示分析主题，并交代清楚社会背景和客观条件，为下一步的分析打好基础。介绍时必须做到准确、完整、真实可靠。其次是情况分析。根据国家的政策和经济规律，从分析的目的出发，对有关部门的数据进行推导运算、分析研究，揭示事物发展变化的原因，表明成绩、总结经验或找出存在的问题。分析时要注意将数字和情况结合起来，避免两者脱节。在写作中可以按分析目的的不同在内容上各有所重，但都要做到一切从实际出发，实事求是。

4．结尾

根据主体部分的分析结果，对企业在生产过程中所取得的成绩和存在的问题作出评价，并提出建议和改进措施。内容要有针对性、中肯、切实可行。

5．落款

在正文的右下方写上单位名称和日期。如果标题中有单位名称，则只写日期。

以上介绍的只是经济活动分析报告的一般写法。在实际写作中，格式上会有一些灵活的变动。如有的没有开头，先在前面列表说明基本情况，然后用简要的文字进行说明；有的将开头放到正文中一并介绍；有的在开头部分先简要说明，在主体中列出表格介绍情况，然后再作详细的分析等。总而言之，不管采用何种方式，都要做到有情况、有数字、有分析、有评价、有解决措施，才是一篇好的经济活动分析报告。

例　文

阜丝绸厂1988年第一季度经济活动分析

一季度已经结束，为了更好地开展二季度的工作，现对一季度的生产、经营、成本、利润和资金等情况作如下分析。

一、利润分析

1．一季度销售收入为 59.43 万元，丝为 24.35 万元，绸为 35.08 万元，付染费 4.44 万元，销售利润为 9.44 万元，再减去退休工人的工资、福利等，实际盈利 0.68 万元。

2．全年利润计划 6 万元，一季度计划 0.65 万元，实际盈利 0.68 万元，完成季度计划的 104.6%，完成本年度计划的 11.33%，比去年同期增长 51.11%，增长幅度比较大。

一季度利润计划偏低，原因是新增加的 60 台立车尚未形成生产能力，无经济效益；而且新学员培训开销很大，还要负担工资等。估计二季度以后形势会好些。

二、成本分析

白厂丝成本计划比上年度的平均下降 2%，一季度比上年度的平均水平上升 1.6%，但比上年度的同期水平下降 3.3%。其主要原因如下：

1．原料和燃料的消耗指标完成得比较好。茧耗计划 3600 公斤/吨丝，实际为 3419 公斤/吨丝，比计划下降 5%，比去年周期下降 6.7%。煤耗计划 18.14 吨/吨丝，实际为 17.1 吨/吨丝。比计划下降 5.7%，比去年同期下降 14.9%。

2．成本比上年度平均水平高，其原因：

（1）生产费用比上年高，每吨丝比上年增加 1266 元，增加 2.2%，其中工资增加 1 万元，利息支出增加 0.22 万元。工资增加主要是因为 166 个新工人进厂。

（2）机物料消耗每吨丝比上年同期上升 1%。

（3）电耗计划每吨丝 2990 度，实际耗电 3299 度，比计划超 10%，但比去年同期下降 9%。虽比去年同期下降，但也是成本计划中较高的一个因素。

3．存在亏损品种。绸一季度生产 9 个品种，其中旗纺和人丝羽纱亏损，主要问题是效率太低，人丝羽纱一台车半个月台产 196 米，用工同样多，产量减少一半。

三、资金分析

本季度共花去总成本为 52.61 万元，再加上税款 6.70 万元和染费 4.44 万元，合计支出 63.75 万元，但产品销售后资金回笼的只有 59.43 万元，还有 4.3 万元积压。主要原因：

1．白厂丝生产 9 吨，销售 7.07 吨，还有 1.93 吨未销售，增大库存 5.8 万元。

2．华达呢生产 2.7 万米，销售 2.5 万米；旗纺生产 2 万米，销售 1.2 万米；美丽绸生产 0.67 万米，销售 0.21 万米；合计占用资金 3.3 万元，其他品种销售量还是比较好的。如：人丝羽纱生产 0.05 万米，销售 1.2 万米；人丝花线绨生产 0.83 万米，销售 0.96 万米。实际减少占用资金 1.4 万元资金周转加快。

加快的主要原因：

（1）原材料库存 28.52 万元，比年初下降 14.6 万元，下降 33.85%，低于我们核定数，是比较好的。

（2）车间的再生产及半制品 12.37 万元，也比年初下降 18.32 万元，下降 59.69%，也低于核定数，也是比较好的。

另一方面，资金周转还未达到理想的要求。主要问题是：产成品占用的资金不但没有比年初下降，而且还增加 7.552 万元，增加 18.72%。主要原因：

（1）白厂丝库存比年初增加 1.9 吨，多占用资金 6 万元，财务上是有责任的，主要是没有督促车间及时报出，车间也没有重视这个问题。这个既有仓库方面的问题，又有销售方面的问题，按归口应属供销科负责。

（2）绸原来库存就大，今年一季度销售形式还比较好，生产 9.13 万米，销售 9.94 万米，销售大于生产，但库存仍然不小（达 40 万元，大于定额核定的 21.26 万元）。

四、今后采取以下措施

1．抓车台的运转率和开车效率，千方百计地提高产量。产量增加，成本就会降低。用较小的费用可办较多的事情。这是提高经济效益的基本点。

2．抓费用定额的考核，明确经济责任，应奖则奖，该惩则惩，奖惩分明。

3．白厂丝凡成档的要及时整理好，后缫在 25 号前全部报出（除零担丝），如超过时间，追查有关人员责任，酌情处理。

4．抓紧坯染色、加工和色绸的销售，减少库存，加快资金周转。

【简析】

这份报告写得很规范。正文开头部分写明了分析的目的："为了更好地开展第二季度的工作。"主体部分对该厂一季度的利润、成本、资金等情况作了具体分析。分析时主要运用了对比分析法和因素分析法。尤其因素分析法运用得很好，很有说服力。

思考与实训

一、到附近地区搞一次经济活动调查，搜集有关资料，进行分析研究，写成一篇"经济活动分析报告"（综合分析、专题分析、进度分析均可）。

要求：①自拟恰当标题；②符合文体要求；③不要超过 2000 字；④书写整洁。

二、请试着将下列材料编制成一份财务分析报告。

（1）××工具厂是一家具有 30 年经营历史的老厂，2003 年该厂利润的计划情况如下：

产品销售利润	220 000 元
其他销售利润	10 000 元
营业外支出	20 000 元
利润总额	210 000 元

2003 年实际利润情况如下：

产品销售利润	243 000 元
其他销售利润	12 000 元
营业外支出	24 000 元
营业外收入	2000 元
利润总额	233 000 元

（2）该厂流动资金利润率为 10 %，流动资金平均余额为 243 000 元， 2003 年国家计划要求该厂流动资金利润率提高到 11%，同期同行流动资金利润为 11.7 %。

（3）2003 年该厂固定资产原值 5 600 000 元。

（4）固定资产利润率公式为：

固定资产=产品销售利润/固定资产平均总值×100 %

周期计划规定固定资产利润率为 4.4%。

（5）该厂只生产 H-13 型可比产品的一种，产品的总成本 283 000 元，单位成本 200 元/台，与计划相比，单位成本提高 13 元/台，与同行业相比，邻省相同产品的单位成本为 194 元/台。

三、对你所熟悉的一个小型百货商店进行调查，写一份市场预测报告。要求：认真做好调查和收集材料工作，在充分占有材料的前提下进行科学分析判断：要实事求是、并讲究时效。如对 2008 年鞋类、服装类、化妆品类或其他类别市场预测的调查。

第五节　招标书与投标书

为了实现最佳效益，招标单位通过报刊、广播、电视等媒体发布通告，公布标准和条件，招人承包、承办或承买的书面材料称作招标书（包括招标通告和招标文件）。

投标单位或个人按照招标通告和招标文件提出的标准和条件，向招标单位报价并填具标单，用于这种交易行为的书面材料称作投标书，也称作标书或标函。

招标投标是一种引入竞争机制、适用范围极其广泛的商品交易行为。它不同于一般的交易磋商程序，而是首先由招标单位公布自己的条件和要求，公开征求投标者，由许多投标人同时以一次性递盘方式进行竞销的交易方法。如招人承办建筑工程或买卖大批货物时，先由招标一方把有关图样、材料、货样等对外公布，凡愿意按照条件进行交易者，可估计价格，开列清单向事主投函，称为"投标"。到一定时期，由事主召集所有投标人当场开标，选择其中最优秀者（最优者为得标人），然后由事主与得标人订立合同，进行交易。近年实行的企业承包责任制，也采用了招标方式，征聘承包人，择优录取。

随着改革开放的不断深入和经济活动国际化，竞争机制被引入社会各个领域，招标书、投标书的使用范围日益广泛。目前，在我国招标、投标不仅可用于承包兴建工程或进行大宗商品交易，也可以用于采购材料、机械设备、科研攻关、技术合作、规划设计、租赁承包等各个领域。

一、招标书的体式

招标书一般包括招标通告和内部招标文件两部分。

（一）招标通告

招标通告是招标单位在购买大批物资、发布建设工程项目或合作经营项目前，用发布通告的形式吸引众多投标单位或个人前来投标的书面文字材料。

它的格式一般分为标题、招标号及配套工程名称、正文和落款四部分。

1. 标题

标题由招标单位名称、事由和文种组成。如《××市交通局海门大桥建设工程招标通告》；也可以省略招标事由，如《中国机械进出口总公司国际部招标通告》；也可以省略招标单位，如《××公路大桥工程施工招标通告》；或采用文章式的标题，如《谁能救活一个小厂》。

招标号、配套工程名称。招标号由发文单位的英文缩写、年度和招标通告的顺序号组成，如[招标例文]中的"CMC9001042"。招标号下一行居中写配套工程的名称，如[招标例文]中的"内蒙古河套灌溉区配套工程""1885—CCA 号"，即是国际开发协会信贷协定号。如系世界银行贷款，必须写上这一项，国内招标通告则不必写。

2. 正文

正文由前言、主体、结尾三部分组成。

（1）前言

前言部分写明招标者的产品名称或工程项目名称、介绍招标单位的基本情况、招标目的、原因、依据和范围等。写明项目名称使投标者能明白有无参加投标的可能；写清目的，以便招标者明确努力方向；说明依据，可让投标者知道它的合法性；写明招标范围，可让投标者了解自己是否可作为投标对象。

（2）主体

主体部分包括招标项目具体内容（如商品名称、型号、数量、规格或工程概况、工程规程、质量要求等）；招标方式（写期）；招标的整个步骤（即招标起止日期、投标者购买招标文件的时间、价格和方式、开标日期的地点等）。

（3）结尾

结尾部分写清招标单位的名称、地址、电话、电传、电报等，以便投标人送达投标书。如果是国际招标通告，还应该写明招标范围包括哪些国家，用什么贷币、付款办法等。

3. 落款

落款一般写明制定招标通告的日期。如果前言部分已注明时间，落款可以省略。

（二）内部招标文件

内部招标文件是招标单位为适合条件的投标单位准备的详细资料。它主要包括招标章程、投标企业须知、技术质量要求、购销合同等四部分内容。它们的基本结构由标题和正文两部分组成。

1. 标题

招标章程的标题，一般由招标单位的名称、章程的中心文件组成，如《××招标办公室外购、外协作招标章程》。其他内部发布的文件标题结构基本是固定的，如《投标企业须知》由名称和文种组成;《技术质量要求》是由范围和文种所组成。

2. 正文

1）招标章程的正文主要说明指标宗旨，介绍招标的法律依据，招标、投标、开标的要求和方法、时间、程序，以及招标、投标双方应遵守的原则等。

2）投标企业须知即把没有写进招标通告和招标章程的，而投标单位又必须做到的一些具体问题写进这个文件。比如在投标企业须知里，关于图纸资料购买的问题就作了具体、明确的规定，投标企业购买图纸只限于投标的单项图纸，任何投标人不能购买全套图纸资料。

3）技术质量要求即工程项目、设备或零部件的性质、用途分组归类编制，以利于投标单位分组购买。此文件用表格较适宜。

4）购销合同详见合同一章节。

二、投标书的体式

投标书的书写格式一般由标题、正文、附件、签署和日期组成。

1. 标题

可以直接写"招标申请书"、"投标书"、"招标书"或"标函"；也可写成投标项目+文种，如《承包××水电安装工程铁投标书》；或投标单位+文种，如《××公司投标书》；个人投标则可写成《我的投标书》。

2. 正文

正文的开头部分应简要说明投标单位或个人简况，如企业生产、地址、负责人姓名，企业所有制性质和隶属关系，企业生产、资金、设备等情况，最后表明投标态度。

正文的主体部分主要写明以下几个方面内容：

（1）投标项目具体指标

如果是投标承包企业，应写明几项经济指标；如果是投标建设工程应写明建设标价、建设工期、工程质量等；如果是大宗货物贸易，则应说明保证按合同履行责任、义务等。

（2）实现指标、完成任务的措施

这部分重点陈述实现应标方案的各项措施（包括技术措施、组织措施、管理措施和资金情况等）。

（3）对招标单位提出要求

1）附件。

2）签署和日期。包括落款、盖章的投标日期。有的还要写明地址、电话、电挂、联系人等。

三、写作标书注意事项

1）标语主要采用条款式来写，内容按主次为顺序，结构明确简洁。

2）注意标书内容的详略得当。应抓住问题的关键，结合实际，提出可行性文案；对其他事宜只作简要陈述。

3）要重视附件的作用。标书广泛应用于建筑等工程技术行业，所要材料（图纸等）很多，而这些材料又不能写入标书，因此常常作为标书的附件材料出现，构成标书的一部分。

4）语言简练，具有概括性、条理性。

例文一

中国机械进出口总公司国际招标部招标通告

招标号：CMC9001042

内蒙古河套灌溉区配套工程

（国际开发协会开发信贷协定第 1885—CHA 号）

根据 1988 年 4 月 30 刊登在联合国《发展论坛》商业版第 245 期上总采购通告，特刊登此商品招标广告。

中国机械进出口总公司国际招标部利用国际开发协会信贷向合格厂商就下列商品进行招标。

一号标书：水泥（4000 吨）

二号标书：轻型卡车（1.5 吨 10 辆）

三号标书：通讯设备（一批）

凡愿参加此项投标者，请洽中国机械进出口总公司国际招标部。招标文件将于 1990 年 12 月 15 号开始出售，出售时间为每日上午 9:00—11:00，下午 2:00—4:00（星期日，节假日除外）。招标文件每册 450 元人民币或 100 美元，售款概不退还，若邮购需附加 30 美元作为邮资。

上述招标文件的投标截止时间为 1991 年 2 月 25 日上午 9:00（北京时间），超过该期限之投标文件恕不接受。

本标将于 1990 年 2 月 25 日按下列时间在中国北京二里沟谈判大楼公开开标。

一号标书：水泥（4000 吨）

上午 10:00

二号标书：通讯设备（一批）

上午 10:00

中国机械进出口总公司国际招标部

办公地址：

中国北京西直门内大街 172 号西直门宾馆（10035）四号楼 105 房间

电话：（010）6013819

　　　　（010）653031—3105

通讯地址：中国北京西郊二里沟（100044）

电传：22881CMIEC CN

传真：（010）6013813

电报：MACHIMPEX Beijing

例文二

投 标 书

工程名称：××纺织印染厂移地改造工程

投标企业：××省第×建筑工程公司

企业负责人：王××

一、投标综合说明

根据××地区建设工程招标办公室 1989 年 1 月 6 日发布的《××纺织印染厂移地改造工程招标启事》以及长沙有色冶金设计研究院设计的扩建设计图纸内容，我公司具备承包施工条件，决定对以上工程投标。

本公司经历了长期建筑工程的施工实践，于 1984 年企业整顿验收合格；1985 年经省建委审定为一级土建施工企业。公司现在职工人 520 人。公司设有四个建筑处，共 20 个队，并配有预制品厂、机修厂和大型运输车队。公司具有液压滑模、全框架现浇、大跨度钢架，预应力和经验，具备大型土石方工程，建筑工程和水电安装工程总承包施工能力。

我们决心在此工程建筑中以全面质量管理为核心，严格编制施工组织设计，发挥企业优势，挖掘企业潜力，保证缩短工期，力争在该项上创优良、优质工程。

二、工程标价

预算总造价为 2500 万元，标价在预算总造价的基础上降低 1‰，即 2.5 万元。(详

见报价表）

三、建设工期

在接到"中标通知书"后 15 天进场，做好开工前的一切准备工作，1989 年 6 月 16 日正式破土动工，1991 年 12 月 10 日竣工。总工期为 774 个日历工作天。（详见进度计划）

四、工程质量（略）

五、合理的施工措施（略）

六、建议

建设过程中如有设计变更、材料串换代用等现象出现，相互间都应本着实事求是的原则来处理。

××省第×建筑工程公司（章）

1998 年 4 月 28 日

例文三

投标申请书

一、我为什么投标

我是公司的一名职工，现任《××报》社的副刊编辑，新闻记者。听到××宾馆招聘经理，真有些跃跃欲试。我想：我正年富力强，也该为公司出把力，此时不干更待何时呢？况且自己也"自我感觉良好"，认为能胜任这个工作，完成这一使命。是使命感让我在改革大潮袭来之时，做一个弄潮儿，用自己的贡献实现自己的"人生效益"。为提高宾馆的经济效益，进而为公司的振兴献绵薄之力，我愿站出来，接受党的考验、改革的洗礼。

二、我的设想（完成指标）

1．床位综合利用率为 68%：其中客房利用率为 70%，会议室利用率为 40%。

2．上缴利润 27 万元，争取 30 万元。

3．第二年利润递增 12%～15%。

4．上缴一切费用：①折旧费；②企业费；③工资附加费；④营业外支出费；⑤其他有关费用；⑥各种税金。

三、承包方案

1．有关完成床位综合利用率

××宾馆虽然耗资 700 余万，但设备还不太完善，并且地理条件不佳，既不是市中心，又不在地区的核心。另外知名度较低，连我们的家属（其中也包括一部分职工）都不知道公司有这样一座宾馆，更不知其中的设施……再加上服务人员的思想素质、技术素质偏低，服务不良，造成客源不足。这无疑将影响客房及床位的利用率。还有人不知这里餐厅的服务情况，上座率也不高，这些都不利于经济效益的提高。

① 我上任后，首先、要大张旗鼓地宣传宾馆的一流设施和上乘的服务（有待整顿），利用我这几年当记者的优越条件，请新闻界的朋友，提高宾馆的知名度，并帮助拉客，利用我交际广的条件把实业界的真空地带填充上，尤其劳动服务公司是一个不容忽视的市场。让他们帮助联系房客，招揽生意。

② 为扩大××宾馆的知名度，更需要交叉宣传，客户之间，×××名职工更是得力帮手，我要让×××公司的×××名职工来参观宾馆，并为之拉客，视拉客的效益提成赠送纪念品。

③ 利用电视、广告牌、报纸、电台，体育比赛赞助等方法提高知名度。

④ 在列车的广播里广播，名次列车到沈阳时的旅店介绍也是其中的一个重要环节。

⑤ 设立接车组，派客房及富余人员组队进行接站服务，有客车往回拉客，按接客多少给服务员与司机补贴的方法，也是增加客源的一环。

⑥ 餐厅对外营业。

⑦ 与附近的宾馆广交朋友，通过他们介绍会议。

知名度提高了，酒香不怕巷子深，自然客源就充足，能完成68%的床位综合利用率。可把会议室中的两个改为"业务洽谈室"、"台球游艺室"。40%的利用率也可保证。

2．关于年营业收入

① 客源的满负荷是3 900多元/天，按4000元/天计算，70%则为2800元；每月：2800×30=84 000元；年均：84 000×12=1 008 000元；客车年收入为1 008 000元。

② 会议室12个按40%计算为4.8个，120元×4.8=576%；月累计：576×30=17 280元；年收入：17 280×12=207 360元。

③ 餐厅按前7个月的实际收入算，月均收入：356 635÷7=50 947元。

按20%的毛利算，月获利10 189元；年盈利122 268元，还有30%的潜力。小卖店按以前平均月收入4 591元计算。但这个数字是不能令人满意的，我准备把它包出去，每月上缴2000元纯利。年收入为20 000元。1008000（客房）+207360（会议室）+149475（餐厅）+30%的经营收入+20000（商店）=1 384 843元。其中缴营业税：1 384 843×5%=692 42.15元；缴城建税：69 242×7%=4845.54元；教育税：484.5元；三项合计为：74 571元。总而言之，总收入：1 384 843元；上缴税金：74 571元；各种摊派：938 208元；最后盈余：372 064元。

各种摊派包括：①折旧费；②正常低值易耗品更换；③工职附加费；④置装费；⑤报纸费用；⑥水电、电话费；⑦取暖费；⑧日常维修、管理费；⑨还公司低值易耗品投资；⑩营业支出。共计月为 78 184 元，年为 938 208 元。

完成上述效益还有如下补充设想：①开办舞厅：年收入 5000 元；②台球室：年收入 5000 元；③保龄球：(外宾娱乐) 年收入 5000 元；④酒吧间、录像厅：5000 元；⑤洗衣房的开发利用；⑥建立美容、美发厅；⑦明星摄影部：对外结婚拍照，结婚录像收入 30 000 元；⑧餐厅的开发利用，糕点生产 (有技术力量)；冰淇淋的生产 (有设备)；⑨缝纫部加工童装。这些部点的开设，可完成近 100 000 元的收入，又是一个补充。

我提出的口号是：立足××，面向社会，全方位服务。

四、我的措施

1．请智囊团。(略)

2．改革分配制度。(略)

3．改革用人制度。(略)

4．推行目标管理。(略)

5．加强培训，提高人员素质。(略)

6．增加感情投资，重视民主管理。(略)

……

主要措施有：①45 岁以上的职工过生日，放假一天，并送 20 元礼品；②25 岁以上的晚婚男女青年，结婚送 30 元左右的祝贺礼品；③职工家生小孩送 10 斤鸡蛋；④职工住院送 15 元的慰问品；⑤宾馆的职工享受公司干部的季度假，以便处理应急杂事；⑥建立文化活动室、舞厅等，培养高尚的情趣；⑦"三八"、"七一"都组织文艺活动、郊游等；⑧如条件许可，每年可去旅行一次。

要让职工参加民主管理，使他们懂得自己是宾馆的主人，有对部主任以上干部进行监督的权利，有提意见及建议权，对领导决策有批评权。定期召开群众咨询会、民主评议会、家属恳谈会，虚心听取群众的意见，倾听家属的呼声，以便把工作做得更好。

7．一点多余的话。

做一个宾馆的经理，一是要胆量过人，二是要见识超群；不仅是苦干家，还应是巧干家。我想，别人能干的，我也一定能干，自己没干过的事，更应该去干，并争取干好。在实践中实现自我。20 世纪 80 年代的企业家必须敢于正视困难，并接受挑战，战之能胜，我正是要在改革的激流中表现出勇士的风采。

投标人：×××

1988 年 5 月 27 日

思考与实训

一、改错题。

1. 分析这段投标书语言运用上的毛病。

创业 86 年的洛阳建筑机械厂，自中国第一台压路机在该厂诞生以来，数十年如一日致力于压路机制造，现已发展成为中国最大的压路机专业制造厂。它生产的洛阳牌压路机畅销国内各地，出口 57 个国家和地区，素有中国压实机械"王冠"之称。目前，它生产的静碾压路机全部更新换代，振动压路机形成系列，集"国优""部优"于一厂，成为"主导产品全优企业"，品种达 38 个，适用于各类压实施工。

2. 请指出下面这份投标书的开头、正文和结尾分别存在什么问题。

×××关于《××日报》广告科招标揭榜的投标书

《××日报》社引进竞争机制，对报社广告科负责人实行公开招标，我决定参加。我今年 37 岁，年富力强，多年从事广告工作，有一定经验，并且有广泛的社交关系。这些都是我招标的有利条件。当然，我也考虑到报纸广告工作的不利因素，但有利条件和优势是主要的。如果我能中标。我打算抓好一下几个任务：建立各种规章制度，抓住广告科的管理，实行经济民主，开展"上门广告"业务，还要坚持在办公室值班，改进服务态度等。这些都是初步打算，等中标后，我再拿出具体细致的打算和细则。

领导和同志们，我中标后，决不会忘记全体同志和党委对我们投标人的希望。请看我实际行动吧！

二、尝试写出与例文一相对应的投标书和与例文二相对应的招标书，具体项目自拟。

三、具体分析例文三的各部分内容及格式，参照写一份某建筑公司招聘经理的投标书，并且根据例文内容试写《××宾馆公开招聘宾馆经理的招标书》。

四、根据下列材料，先以学校名义写一份招标书；然后以个人承包者的名义，写一份投标书。内容包括下列几项：①承包者简况；②标的可行性分析；③提出投标方案及具体措施若干。要求语言简明扼要，结构安排分条列项。

某学校食堂是可提供 1000 多人就餐的场所。现在在校学生 1200 人（其中走读生 600 人、寄宿生 600）。食堂有锅炉、炉灶、炊具、烤箱、冰柜等设备；有固定工人 3

名（管理员、锅炉工、采购员各一名）。由于管理不严、经营不善，饭菜品种、质量都不令人不人满意。而且连年亏损。校内行政给予的补贴日益增多。为改变现状，经研究决定：学生食堂实行承包经营并在校内公开招标。要求：①满足师生饭菜品种、质量要求，保证正常饮食供应，价格合理；②严格卫生防疫管理，不发生意外事故；③除三名固定工工资由学校发放外，其他人员工资由承包者负责；④自负盈亏，并上缴利润，最低每年2万元。上不封顶；⑤煤、电、水等费用自理；⑥承包期1年。

第六节　外经贸文书

随着改革开放的逐渐深入，我国外事活动十分频繁，对外经贸事业的发展也越来越快，各行各业几乎都离不开外经活动，因而外经贸文书的使用也就越来越普遍了。常用的外经文书主要包括进口业务文书、国际经济合作文书和对外经贸仲裁文书三种。

外经贸文书具有以下几个特点。

1. 面向国外行文

外经贸文书的行文对象都是国际上的经济组织或机构，以及外国的一些政府、公司、团体、企事业单位或个人。

2. 相对固定的格式，平等互惠的原则

外经贸文书的写作必须遵循国际惯例，以平等互惠作为自己的原则。外经贸文书由于涉及的国家和地区较多，因而都有相对统一的书写格式，使用比较方便。

3. 语言表达上强调准确性

外经贸文书多涉及国家与国家之间的经济贸易往来，因此内容表达上特别强调准确性。比如在对外经济贸易过程中，向对方报某一商品价格，写"每吨××元"，这种习惯用法在国内贸易中表达似乎很明确，但在对外贸易中就显得很模糊。因为这个"吨"是"公吨"还是"长吨"、"短吨"？这个"元"是人民币、美元、港元或是日元？这个报价是 CIF 价还是 CFR 价？一点点的疏忽都可能酿成无法弥补的损失。

CIF（Cost Insurance and Freight）指到岸价，指定目的港的成本、保险费加运费；成本、保险费加运费是指在装运港当货物越过船舷时卖方即完成交

货。卖方必须支付将货物运至指定的目的港所需的运费和费用，但交货后货物灭失或损坏的风险及由于各种事件造成的任何额外费用即由卖方转移到买方。但是，在 CIF 条件下，卖方还必须办理买方货物在运输途中灭失或损坏风险的海运保险。CFR（Cost and Freight）是全球广泛接受的"成本加运费"术语的唯一的标准代码。

一、进出口业务文书

在对外贸易中，一种商品如果要达成交易，一般都要经过建立联系，了解经营情况，介绍商品，询盘、发盘和还盘，确认、签约和履行合同等环节，其间所使用的文书种类繁多，我们把它们统称为进出口业务文书。其主要类别有：接待方案、出访方案、出口经营方案、价格方案、生产经营背景介绍、国际市场调研和预测、商品介绍、商品广告、外贸业务函电、销售合同等。下面仅选择其中几种常用的文书，做一些简单的介绍。

（一）接待方案与出访方案

接待方案是指对外贸易过程中，在外商到来之前，必须事先安排好活动的日程和内容，接待的人员、规格和费用等，并将这个具体的安排写成书面材料呈报上级主管部门审批。出访方案是指我方在走出国门到对方的国土上进行访问、考察和调研之前，必须将出访的人员、国别、出国的目的和任务、出访的时间、活动等预先作出具体安排，写成书面材料报上级主管部门审批。

接待（出访）方案的写法常见的有条款式和表格式两种。条款式的接待（或出访）方案通常包括以下几个部分。

1. 标题

标题通常由事由和文种组成，如《日本×××贸易代表团接待方案》,《中国××贸易代表团出访德国方案》等。

2. 正文

接待方案正文首先说明有关情况（如应我方邀请或是客商提出来访要求，是否已获有关部门批准以及来访对象的国别、身份、与我国以往的交易情况等）；其次作出接待的具体安排（如接送人员、洽谈宴请、参观游览、活动费用等）；最后是请示语（如以上安排是否妥当，请批示等）。出访方案正文通常先写出访目的和介绍出访国的基本情况；其次写此次出访的任务、完成任务的措施以及活动的日程安排；最后写请示语。

3. 附件

有些接待（或出访）方案需附上来访和出访人员名单，对方以往与我们的贸易往来资料及经营背景等。

制定方案的部门、日期。

在拟订方案时应注意以下几点。

1）注意政策性和策略性。接待和出访都必须符合党和国家的方针政策，把握好分寸。

2）目的明确，情况要清楚。对来访客商和出访国的情况必须认真调查研究，掌握详实可靠的资料，才能作出正确的决策，达到接待或出访的目的。

3）安排要明确具体。

4）要做到条理清楚，语言简练平实。

（二）外贸业务函电

在对外贸易过程中，不可能也没有必要在商品交易的每一个环节都与客商直接会晤，而更多的是借助函电这一外贸业务文书的形式。外贸函电已经成了商品国际交易中的一个有机组成部分，它可以对外贸合同加以说明、补充或修改，也可以在交易双方履约过程中发生争议时提出索赔和理赔。因此，外贸函电也是具有法律效力的交易文件。

函（信件）与电（电报或电传）在使用中各有其特点。函费用较低，不受篇幅长短限制，交易双方能详尽地表述看法、意图和磋商条件，但它速度慢、效率低。电报或电传速度快、效率高、费用也高，所以文字要求极其简练，并且对办公设备有较高的要求。因此，在对外贸易中要根据实际情况来选用函或电。

外贸业务函电的一般格式包括以下几部分。

1. 标题

标题函的标题由事由和文种组成。如《向××国×公司介绍我工艺品的函》;《给××公司提出继续联系的复函》等。

2. 编号

编号包括公司（或机关）代字、年号、贸易业务函的顺序号（不编入正常行政文件中），有些交易磋商的信函常常不编号。

收文单位。应写明国别或地名、企业名称，有时还须写明其负责人的职衔、姓名等。而电报或电传中有电报挂号的单位可用电报挂号代表单位名称。

3. 正文

正文大多包括发函电的缘由、交易条件的具体磋商、结尾语三部分。有些函电涉及项目太多，或者是祝贺函就不需要写缘由；在具体磋商交易条件时要开门见山地说明发函者的意图，如果是复函则先写明×月×日收到对方哪一封来函，并概述对方来函的内容，然后再作具体答复。结尾语往往表示希望尽早答复或提出与本函的主要意见有关的其他具体要求。如"相信你方能给予理解，并惠予配合，候复"或"货源不多，希尽早寄来定单"等。有些函电在结尾中会写上致敬语，以表祝愿。

4. 附件

附上与正文有关的材料，如销售确认书、报价单等，一般在信函中使用。附件的名称、号码、件数必须写清楚，一般另起一行空两格写上"附件"二字（有些函件纸上印成"ENC"字样）。

5. 落款

落款即发函电的企业名称（或其负责人、或电报挂号）和发函时间。

（三）进出口合同

对外经济合同的写法与国内经济合同的写法大体相同，但其名称、适用范围和部分条款又各有其特点。

进出口合同有"合同"和"确认书"两种形式。合同包含的条款比较全面详尽，它除了要有标的、数量、规格（质量）、包装、价格、装运方式、支付方式等"要件条款"外，还要有保险、商检、索赔、不可抗力、仲裁等"担保条款"。成交确认书则是合同的简化形式，内容不那么全面和详尽。而采用哪一种合同形式一般由贸易双方协商而定。一般说来，普通的、金额小、批数多的货源，加上有长期的贸易关系的多用成交确认书；大宗、贵重的货物多用合同。对不同的国家和地区也有不同的习惯做法。如对日本多用中文合同；对西方国家多用英文合同；对港澳台和东南亚地区多用确认书的形式。此外，我国在与外商签订合同时，还根据我方是"进口"还是"出口"的身份，习惯上对合同名称予以区别，若我方为买方，则称之为"购货合同"或"购货确认书"；若我方为卖方，则称之为"销售合同"或"销售确认书"。

在多数的对外贸易场合，我们都是使用已经印好的成交确认书，双方只要将有关条款填写清楚就可以了。

二、国际经济合作文书

改革开放以来，我国加强了同世界各国在资本、资源、技术、科研等各个领域的合作，这些我们称之为国际经济合作。在国际经济合作中所撰写的文书，我们称之为国际经济合作文书。常用的有项目意向书、项目建议书、可行性研究报告、国际经济合作合同和中外合资企业章程等。下面简要介绍几种国际经济合作文书。

（一）项目意向书

项目意向书是中外各方对某一项目表示合作意向的协议性文书。它是中外双方在某一项目上进行经济合作的基础文书，有助于双方以后在该合作项目上进行更深入和实质性的谈判。其主要内容包括：协议双方（或各方）的名称、时间、地点、项目合作内容、合作的方式设想、表示进一步的谈判意愿等。项目意向书的格式比较简单，标题写明意向书的名称，如《×××（经济合作项目）意向书》；正文先写协议双方在何时何地就何项目进行谈判、接触；后分条写明双方的意愿；落款是双方的签字盖章和签订日期。

（二）项目建议书

项目建议书是我方与外商在某一经济领域里就某一项目达成合作意向后，向自己的上级主管部门申报的一种文书。它是项目报批的依据，也是开展经济合作中我方工作的依据。项目建议书的结构与意向书大体相同，只是项目建议书各部门的内容要求更为详尽些。

1. 标题

标题包括经济合作双方单位名称、项目名称和文种三部分。如《××厂与×国×公司合资生产××项目建议书》。

2. 正文

正文开头一般只署名编制单位、负责人姓名和编制日期等。主体部分则分条述说建议书的各项内容。如《技术引进项目建议书》。一般包括：项目名称及主办单位、项目内容及申请理由、进口国别及客户名称、承办单位概况、产品名称、规格、生产能力及销售方向、我方具备的条件、资金来源、项目进度安排及初步技术经济分析等。

3. 附件

若有附件，应写明附件名称及份数。

4. 落款

落款即署上编制单位及日期。

（三）经济合作合同

涉外经济合同是进行经济合作的中外各方明确相互权利义务的一种协议性文书。一般在签署前都必须报有关部门审批，并附上有关的法律文件（如由涉外经济律师事务所出具的法律意见书等），因此，这类合同对双方都具有法律约束力。

涉外经济合作合同由于合作项目的不同而有不同的名称，如国际技术贸易合同、中外合资合同、中外合作合同、来料加工装配合同、补偿贸易合同、国际租赁合同、国际劳务合同、国际承包合同等。

涉外经济合同的基本格式与国内经济合同大体一致。只是在一些条款的具体内容上有较大差异。国内有此类合同样式可供参考，拟写时可依照参考样式填写。

三、对外经贸仲裁文书

在对外经济贸易中，协议各方常常由于对协议条款的理解产生偏差，或某些客观因素或一方有意违约而产生争议。发生争议后，大多采取协商的方式来解决；如果通过协商仍无法解决，则可将争议提交双方都认可的仲裁机构解决；假如合同中无仲裁条款，那么，一方可向有管辖权的法院直接提出起诉，以迫使对方应诉。

用仲裁的方式来解决交易双方之间的争议，程序比较简单、费用较少、处理也能较迅速且裁决具有法律效力，因此为人们所普遍采用。仲裁文书包括仲裁申请书、仲裁答辩书、仲裁裁决书三种。

（一）仲裁申请书

仲裁申请书是在对外经贸活动中发生争议后，一方向对方索赔而向某一仲裁机构请求裁决的一种文书。

仲裁要按一定程序进行，一般先由某一方提出仲裁申请，然后指定仲裁员组成仲裁庭，接着是仲裁案件的审理，最后是裁决和支付仲裁费用。一经仲裁机构裁决之后，有关各方一般不得再向法院起诉。

仲裁申请书的格式在国际上基本相同，它包括以下几方面。

1. 标题

居中写明"仲裁申请书"。

2. 仲裁机构名称

因为是呈递文书，因此机构前要加"致"字，如"致中国国际经济贸易仲裁委员会"；也有将这部分内容放在文后（如同专用书信），用"此致××（仲裁机构名称）的形式。

3. 正文

正文一般包括：
1）申诉人、被诉人及其各自法定的代理人和地址。
2）提出仲裁的依据（即双方原来签订合同时的仲裁条款）。
3）仲裁要求（即争议的中心）。
4）索赔理由（即有关的事实和根据）。
5）指定仲裁员及说明仲裁费用（一般由败诉方承担）。

4. 附件及正本说明

凡与本仲裁案有关的合同、往来函电和其他有关资料，都应作为附件附在本申请书之后；正本说明指说明本申请书的份数（一般是一式五份）。

5. 署名和日期

（略）

仲裁申请书在写作时应注意叙述事由要简明扼要、科学充分。交易的经过、争议产生的来龙去脉要叙述清楚、突出重点；提出申诉和索赔的理由要有科学根据，要充分，这是取得胜诉的前提；提出要求应具体、明确、完整。申请要求包含对仲裁程序（如指定仲裁员和承担仲裁费用等）的要求和索赔要求，这是申请的目的所在，因此一定要具体、明确、完整地写出来，切不可含糊其辞或有所缺漏；语言表达要求平实、严密、准确。

（二）仲裁答辩书

仲裁机构在接到仲裁申请书后，认为可以立案，就必须将申诉人的申诉内容告知被申诉人。被申诉人接到通知后就要开始为自己辩解了。

仲裁答辩书就是被申诉方在仲裁审理过程中就对方所提出的事实和理由，有针对性地为自己辩解的文书。

仲裁答辩书的写法比较灵活，一般可以包括以下几个部分。

1. 标题

居中写明"仲裁答辩书"。

2. 仲裁机构名称

写法同"仲裁申请书"。

3. 正文

（1）前言

说明为什么要进行答辩，明确亮出自己的观点，强调对方的说法与事实不符、理由不能成立。如果委托律师答辩，则必须加上适当的说明。

（2）主体

针对对方提出的观点和列举的事实进行反驳。在大多数的情况下被诉方在仲裁过程中总是处于被动的位置，因此答辩时要注意陈诉清楚自己的证据、理由和责任界限，尽可能使自己少受损失或争取不受损失。

（3）结尾

简明扼要地总结自己的观点和解决争议的意见，并用诸如"请仲裁委员会审议"或者"请仲裁机构予以公断"之类的语句作为结尾。

（4）附件

为提供对自己有利的证据，答辩方也可在答辩书后附上申诉方未曾出示的有关文件、函电及其他资料。附件应注明其名称和份数。

（5）署名和日期

（略）

仲裁答辩书在写作过程中要注意有针对性，即必须完全针对仲裁申请书中提出的事实和理由，指出对方与事实不符的地方，注意适当引用有关国际惯例和法规条文，加强自己的答辩力量；有条理性，答辩过程要分清主次，区别不同情况分别加以辩解；有说理性，答辩时必须摆事实、讲道理，不能强词夺理、无理取闹。

（三）仲裁裁决书

仲裁裁决书是由仲裁人员签发的对仲裁案的处理进行最后裁定的文书。裁决书一经下达，争议各方均应遵照执行，不得向法院起诉，因为仲裁裁决书具有终局性。

裁决书的格式比较固定，一般包括以下几个部分。

1. 标题

居中，写明仲裁机构名称和文种。如《中国国际经济贸易仲裁委员会仲裁裁决书》。

2. 编号

编号包括机构代字、年号、文件序号，如"外仲字〔1997〕第10号"。

3. 正文

正文包括①前言。写明争议各方的全称、案由、仲裁庭的组成及审理时间和地点；②主体。一般分为案情概述、分析责任、作出裁决三部分；③结尾。强调本裁决为终局裁决。

4. 署名和日期

署名应署仲裁庭和首席仲裁员的名称，最后写出完整的裁决日期。

写裁决书时要注意概述案件内容须比较全面，对争议的事实、时间、地点、原因、经过、争议焦点、申诉人的要求及被申诉人的答辩意见进行全面概述；责任分析要公正，按国际惯例和规定进行实事求是的分析，作出公正的裁决；裁决时语言要准确、严密。

例文一 接待方案。

××国××公司董事长来访接待方案

××办:

应我公司的邀请,经外贸部批准,××国××公司×××及其随员一行五人,将于×月×日来访,预定在榕逗留三天,尔后到厦门参观一日后取道香港回国。

该公司是我公司在该国的主要贸易伙伴,对发展与我国的贸易关系作出了积极的努力,态度友好。1997年与我公司的贸易额达××××万美元。此次董事长××××先生来榕,主要是与我方商谈扩大贸易业务,改进我出口商品包装技术等问题。

对×××董事长一行五人的来访,我将本着热情友好和多做工作的精神予以接待。具体安排如下:

一、外商抵离榕时,由我公司副总经理×××同志及其他的几位有关人员到机场迎送;外商在榕期间亦由他们负责与之商谈。

二、由×××总经理出面宴请一次。

三、安排参观×××、××、×××等工厂和出口商品基地,安排文娱活动2次。

四、外商在华食宿等费用自理。

以上意见妥否,请批示。

附件:1.外商名单一份。

2.××国××公司1997年与我贸易概况一份。

××进出口集团公司

××××年×月×日

例文二 出访方案。

××贸易小组赴××国工作方案

××××××:

××国是我国乌龙茶的主要出口、转口和消费国,从我国进口的乌龙茶逐年递增,1995年××吨,1996年××吨,1997年××吨,年均递增率高达15%。

经过多年的工作,我国乌龙茶××国市场已占据比较有利的地位。但自去年起,××等地乌龙茶亦开始大规模打入该国市场,他们的茶叶质量和加工水平虽然不及我们,但其采取压价倾销等方法却给我们造成很大问题。如今,××国茶叶市场价格疲软,不少买主持观望态度。除安溪铁观音等少数名牌高档茶外,一些中低档茶叶销路明显受阻,今年第一、第二季度我与××国的贸易增幅明显低于往年。

为此,此次××贸易小组出访××国的主要任务是:进行市场调研,制定继续占领原有市场和开拓新市场之对策，巩固和发展与客户的关系，为扩大乌龙茶出口做好一切工作。

为完成上述任务，此次出访拟采取如下具体做法：

1. 货单和样品的准备（略）
2. 统一报盘和签约工作（略）
3. 价格的掌握和付款条件（略）
4. 灵活贸易方式的采用（略）
5. 改进茶叶的包装问题（略）
6. 市场调研问题（略）

我们出访××国的时间预计为20天。我们将努力争取我国驻外机构的支持和配合，争取走访全部的老客户，结识一些资信好、影响大的新客户，在洽谈和参观中做好市场调研及客户工作。同时，本着勤俭办一切事业的精神，节约开支，做到花小钱办大事。

以上意见妥否，请指示。

××进出口公司

××××年×月×日

例文三 外贸函。

<h2 style="text-align:center">外 贸 函 电</h2>

××公司：

×月×日函悉。贵公司对我珠宝钻石首饰深感兴趣，要求寄样报价，对此我公司表示感谢。但由于珠宝钻石首饰品种繁多，逐件报价有困难；且此类商品我公司对客户的订购，历来不寄实样，而采取看样成交的方式，因此抱歉难以满足贵公司的要求。

现我公司随附上珠宝钻石首饰照片一组及报价单一份，以供选购。贵公司如有兴趣，可派人到我公司来看样。专此函达，希见复。

××进出口公司

××年×月×日

例文四 外贸函电。

香港××贸易有限公司与我××进出口公司以电文往来洽商成交了一笔生意，以下仅录部分正文以资参考。

（1）去电发盘

8月电悉发实盘全脂奶粉10公吨，中性包装，12.5公斤×22袋，每公吨5000港元，CIF香港2月交，即期不可撤销，信用证付款13日复到有效。

（2）来电还盘

你 10 日电全脂奶粉 10 公吨，只接受每公吨 4900 港元，佣金 2%，信用证见票 30 天见复。

（3）去电再还盘

你 14 日电每公吨最低价 4980 港元，佣金 1.5%，即期信用证 18 日复到有效。

（4）来电接受

你 15 日电接受，速寄合同电复。

例文五 商洽函电。

××国××公司：

3EER×××D 镀锌铁皮××轮装运，于×年×月×日到达××港，计×××吨。我商品检验局从中任取 20%件逐张检验，发现每张镀锌铁皮板底面，顺着轧制的方向，有贯通整张版面的划痕 10 条至 20 条，断续划痕 50 条至 60 条，深度 2 微米至 6 微米。有的还穿孔、露铁、破边或与锌块粘结等（见照片）

以上列举的该批镀锌铁皮的缺陷，实系生产过程中和发货前造成，其品质与合同规定的标准不符，应贬值 15%，合 DM×××××××，商检费 DM××××，共计应赔偿 DM××××××。

见信后请迅速处理，候复。

附：商检证书××号正副本各一份。

中国××进出口公司

×年×月×日

例文六 项目意向书。

××项目意向书

×年×月×日，×国×公司××先生与×省×公司××先生就××××等事宜进行接触，经过多次洽谈，就××××问题达成如下合作意向：

一、由×国×公司向×省×公司提供××、××，合资生产××原料，提高其品质。

二、××原料的生产技术及设备，由×国×公司提供，×省×公司负责组织经营生产，产品 20%内销，80%销往××、××、××等国家。

三、双方投资比例及利润分成（略）

四、该项目拟定于×年×月×日前正式投入生产。

五、双方准备在×年×月×日前准备好可行性报告等有关资料；×省×公司将于×年×月×日前上报有关主管部门，一经获准，立即通知×国×公司，争取尽快签订合作经营协议。

六、本意向书一式两份，双方各执一份。双方应按意向书的规定，努力履行好自己的责任，并随时通报各方工作进展情况。

甲方：×省×公司（地址、电话、传真）

代表×××（签字）

乙方：×国×公司（地址、电话、传真）

代表×××（签字）

例文七 项目建议书。

××厂和×国×公司合资生产

×××的项目建议书（目录）

主办单位：

负责人：

上报时间：

一、项目名称：

二、中外企业双方情况：

三、筹办合资企业的理由：

四、项目主要内容：

1．生产经营规模和范围

2．合资年限

3．合资企业地址

4．合资企业总人数

5．投资总额

6．投资方式和资金来源

7．产品技术性能及销售情况

8．原料、能源、配套情况

五、初步技术经济效益匡算

六、外汇平衡设想

七、项目实施进度计划安排

附件：（略）

××省××厂

×年×月×日

例文八

中外合资经营企业合同（目录）

第一章　总则

第二章　合营各方

第三章　成立合资经营公司

第四章　生产经营目的、范围和规格

第五章　投资总额与注册成本

第六章　合营各方的责任

第七章　技术转让

第八章　产品的销售

第九章　董事会

第十章　经营管理机构

第十一章　设备购买

第十二章　筹备和建设

第十三章　劳动管理

第十四章　税务、财务、审计

第十五章　合同期限

第十六章　合同期满财产处理

第十七章　保险

第十八章　合同的修改

第十九章　违约责任

第二十章　不可抗力

第二十一章　适用法律

第二十二章　争议的解决

第二十三章　文本文字

第二十四章　合同生效及其他

思考与实训

一、下面外经贸文书的表达有无错误？如有错误，请指出并加以改正。

1. 你方×月×日来信要求××货物按你方设计的新包装盒，我方可能考虑接受。

2. 上述事实使我方对你方履约的诚意不能不产生怀疑,并表示十分遗憾。

3. 在此期间还发生了为数不少的合同因贵公司不能按时开出信用证而被撤销。

4. 请接贵公司×月×日函称所到之货短缺××箱。

5. 货物品质问题或者发生在装船之前,或者发生在运输途中。自×年×月×日货轮离开××港到×月×日货轮抵达鹿特丹港,海运途中无发生任何意外事故。由此可见,货物发生品质问题,毫无疑问是发生在装船之前。

6. 该商品可按习惯,以麻袋、旧报纸或牛皮纸多层包装,总之,应适合海运需要。

二、讨论题。

1. 我某一外贸大楼共有 15 层,考虑到欧美等地外商的习惯,该大楼取消了"13"层,而把这一层改称为"12B"层。你对该外贸大楼主人的细心如何看待?

2. 我国景德镇的陶瓷器皿论品质,大大优于意大利的陶瓷,可是,一个画着圣经故事的意大利陶瓷花瓶的价格,却比一个画着异常鲜艳的仕女图的景德镇陶瓷花瓶高出十多倍。了解这一差价的我国某公司一位业务员不禁摇头叹息:"外国人也并不都那么精,他们中不少人也够蠢的了!"你认为这位业务员的看法对不对?

3. 1970 年,科威特从我国进口 700 箱北京冻鸭。合同规定:宰杀要由外向内切断气管;要出具中国伊斯兰教会的证明。但是,从外向内切断气管的宰杀方法,外观上不好看,因此,我国某进出口公司采用了先进的"钳宰杀法"(从口腔内进刀切断气管),这样一来,冻鸭的外观好看多了。试想想,这一改变将会给公司带来什么呢?

4. 某食品进出口公司出口一批猪肉罐头到日本,因为罐头上写"××牌猪肉罐头",结果一罐也没有卖出去;某服装进出口公司向美国推销大象牌休闲服装取得成功而在英国却铩羽而归;1987 年我国在开罗参加国际书展时,把《仙人岛》翻译成《神岛》、《大闹天宫》翻译成《大闹天堂》,结果引起埃及人的反感。想想看,是什么原因呢?

5. 下面的一份外贸业务函写得如何?请谈谈你的看法。

××贸易有限公司:

对于式样新颖、款式雅致、色泽和谐、做工考究的女式服装,人们总是特别喜爱的。我公司出口的女式服装正由于具备了上述特色,所以敢于向你推荐。

我公司经营的女式服装品种繁多，有优美如垂柳的长裙睡衣，有艳丽像玫瑰的旗袍裙衫，有花团锦簇、五彩缤纷的绣花大衣短衣，有富丽如牡丹淡雅如幽兰的衬衣罩衫。艳而不凡、美而不俗，无论在选用衣料、设计剪裁或是一针一线诸方面，皆可见其精湛之手艺及独特之匠心。

贵公司与我公司多年来有着极其良好的贸易关系，相信贵公司如若经营我公司出口的女式服装，一定会有极其美好的前景。

随函附寄上女式服装目录及彩照一组，请查收。

××进出口公司

×年×月×日

三、××省工业学校在校长×××的带领下一行 10 人要到你校参观，互相交流开展学校工作的经验，请你替办公室拟写一份接待方案。

四、请根据下列情况写一份接待方案，相关名称可自行虚拟。

经外经贸部批准，应我省××集团公司的邀请，××国××贸易有限公司董事长×××一行 6 人将于 9 月 7 日由泰国曼谷飞抵厦门，参加 9·8 中国对外贸易洽谈会，并与我公司参加洽谈会的副总经理×××会晤。9 月 9 日将飞抵福州进行友好访问，并将就扩大双边贸易业务问题与我公司继续进行洽谈。在榕期间外宾还将参观××××中等职业学校并参加在校举行的教师节庆祝活动，11 日回国。

五、某食品进出口公司了解到越南和泰国龙眼产量高，鲜果价格低，而且加工技术落后；而国内的龙眼鲜果价格要比越南、泰国等地价格高一倍以上，烘干后的龙眼干（即桂圆）销路好、价格高。因此公司领导拟组织一个贸易小组到越南和泰国进行实地考察，并与其有贸易往来的几家公司商洽龙眼贸易及其就地加工等事宜。请你以该公司的名义，拟写一份出访方案，报送对象为市外经贸委，贸易小组姓名、时间等未提供的材料可以虚拟。

六、××进出口公司给××贸易有限公司发函，告诉对方以下内容：①我公司可以供给对方 50 公吨干酵母粉的货物；②质量标准时酵母含量±45%；③用玻璃纤维袋装，每袋 25 公斤；④1998 年八九月装运；⑤每吨人民币 495 元，CIF 热内亚；⑥付款方式为不可撤销即期信用证；⑦6 月 15 日前复到有效。请你照上述条件写一份实盘函。

七、以下是一港商与一家进出口公司×××商品交易的装运问题的两份电文，电文表达得如何？如有不妥，应如何修改？

来电：80GP×××你 26 日电货仍未到万分失望如 8 日前不到港恐又要空运费要求你公司负担一半火速催装。

去电：约80GP×××已经装上××轮8日肯定能抵港无可奉告其余空寄款难敬请合作。

八、将下列内容写成一份电报。

1．1998年9月在厦门中国对外贸易"9·8"洽谈会上签订的第18号关于草编篮的合同。

2．现在货物已全部备妥。

3．信用证应于12月15日前开到，希望你方如期开出信用证，以便装运。

4．要求复电。

九、按照例文五的材料请你拟写一份成交确认书。

十、比较下列几组文字，选出写得较好的一句，并说明理由。

1．（1）按照并以中国人民保险公司的有关海洋运输货物保险条款为准。

（2）以中国人民保险公司的有关海洋运输货物保险条款为准。

2．（1）本协议的当事人从本协议书生效日的当日起，立即以中国法律为依据，组建合营公司，该公司名称为"中国——××电梯公司"（以后简称"新公司"）。

（2）本协议的当事人从本协议书生效日起的90天内以中国法律为依据 设立合营公司，该公司名称为"中国——××电梯公司"（以下简称"新公司"）。

3．（1）合资企业地址可设在福州市××路××号，也可设在泉州市××路××号。

（2）合资企业地址在福州市××路××号，占地面积×××××平方米，建筑面积××××平方米。

4．（1）协议当事者同意，除非通过本协议成立的合营公司，不得在中国制造与本产品类似的产品或能与之竞争的同类产品。

（2）协议当事者同意，除非通过本协议成立的合营公司，双方均不得在中国或×国与其他企业合营生产与本产品类似的产品。

十一、简答题。

1．项目意向书是否可以视作经济合作合同？为什么？

2．项目建议书是进行经济合作的双方（或各方）编写的，还是其中的一方编写的？是否可以视作为协议类涉外文书？

3．对外经济合作合同签约后，如果其中一方违约，该怎么办？是否可以向我国经济法庭提出诉讼？

十二、试着寻找项目意向书、项目建议书、经济合作合同各一份，并参照课文内容予以评析。

十三、查找一份在国际贸易往来中出现的争议纠纷事件，分析这次事件所使用的仲裁申请书、仲裁答辩书与最后的仲裁裁决书，联系课文讲授的内容予以评析。

十四、根据下列材料试写一份仲裁申请书。

××国 A 公司向我省 B 进出口公司订购福日牌彩电一万台，并于 1997 年 3 月 25 日签订了第 111 号销售确认书，支付条款为 30 天付款交单。当 6 月 30 日货运到目的港后，买方仍未去银行赎单提货。我方于 8 月 2 日、10 日、15 日三次去电催促，但买方置之不理，给我方造成了巨大的经济损失。9 月 1 日我方向对方提出索赔要求，对方却以金融危机给该国带来一定的影响为由，拒绝提货和赔偿。不得已，我方只能向中国国际经济贸易仲裁委员会提出仲裁申请。

附录一

国家行政机关公文处理办法

国办发[2000]23 号

（2000 年 8 月 24 日国务院发布）

第一章 总 则

第一条 为使国家行政机关（以下简称行政机关）的公文处理工作规范化、制度化、科学化，制定本办法。

第二条 行政机关的公文（包括电报，下同），是行政机关在行政管理过程中形成的具有法定效力和规范体式的文书，是依法行政和进行公务活动的重要工具。

第三条 公文处理指公文的办理、管理、整理（立卷）、归档等一系列相互关联、衔接有序的工作。

第四条 公文处理应当坚持实事求是、精简、高效的原则，做到及时、准确、安全。

第五条 公文处理必须严格执行国家保密法律、法规和其他有关规定，确保国家秘密的安全。

第六条 各级行政机关的负责人应当高度重视公文处理工作，模范遵守本办法并加强对本机关公文处理工作的领导和检查。

第七条 各级行政机关的办公厅（室）是公文处理的管理机构，主管本机关的公文处理工作并指导下级机关的公文处理工作。

第八条 各级行政机关的办公厅（室）应当设立文秘部门或者配备专职人员负责公文处理工作。

第二章 公 文 种 类

第九条 行政机关的公文种类主要有：

（一）命令（令）

适用于依照有关法律公布行政法规和规章；宣布施行重大强制性行政措

施；嘉奖有关单位及人员。

（二）决定

适用于对重要事项或者重大行动做出安排，奖惩有关单位及人员，变更或者撤销下级机关不适当的决定事项。

（三）公告

适用于向国内外宣布重要事项或者法定事项。

（四）通告

适用于公布社会各有关方面应当遵守或者周知的事项。

（五）通知

适用于批转下级机关的公文，转发上级机关和不相隶属机关的公文，传达要求下级机关办理和需要有关单位周知或者执行的事项，任免人员。

（六）通报

适用于表彰先进，批评错误，传达重要精神或者情况。

（七）议案

适用于各级人民政府按照法律程序向同级人民代表大会或人民代表大会常务委员会提请审议事项。

（八）报告

适用于向上级机关汇报工作，反映情况，答复上级机关的询问。

（九）请示

适用于向上级机关请求指示、批准。

（十）批复

适用于答复下级机关的请示事项。

（十一）意见

适用于对重要问题提出见解和处理办法。

（十二）函

适用于不相隶属机关之间商洽工作，询问和答复问题，请求批准和答复审批事项。

（十三）会议纪要

适用于记载、传达会议情况和议定事项。

第三章　公　文　格　式

第十条　公文一般由秘密等级和保密期限、紧急程度、发文机关标识、发文字号、签发人、标题、主送机关、正文、附件说明、成文日期、印章、附注、附件、主题词、抄送机关、印发机关和印发日期等部分组成。

（一）涉及国家秘密的公文应当标明密级和保密期限，其中，"绝密"、"机密"级公文还应当标明份数序号。

（二）紧急公文应当根据紧急程度分别标明"特急"、"急件"。其中电报应当分别标明"特提"、"特急"、"加急"、"平急"。

（三）发文机关标识应当使用发文机关全称或者规范化简称；联合行文，主办机关排列在前。

（四）发文字号应当包括机关代字、年份、序号。联合行文，只标明主办机关发文字号。

（五）上行文应当注明签发人、会签人姓名。其中，"请示"应当在附注处注明联系人的姓名和电话。

（六）公文标题应当准确简要地概括公文的主要内容并标明公文种类，一般应当标明发文机关。公文标题中除法规、规章名称加书名号外，一般不用标点符号。

（七）主送机关指公文的主要受理机关，应当使用全称或者规范化简称、统称。

（八）公文如有附件，应当注明附件顺序和名称。

（九）公文除"会议纪要"和以电报形式发出的以外，应当加盖印章。联合上报的公文，由主办机关加盖印章；联合下发的公文，发文机关都应当加盖印章。

（十）成文日期以负责人签发的日期为准，联合行文以最后签发机关负责人的签发日期为准。电报以发出日期为准。

（十一）公文如有附注（需要说明的其他事项），应当加括号标注。

（十二）公文应当标注主题词。上行文按照上级机关的要求标注主题词。

（十三）抄送机关指除主送机关外需要执行或知晓公文的其他机关，应当使用全称或者规范化简称、统称。

（十四）文字从左至右横写、横排。在民族自治地方，可以并用汉字和通用的少数民族文字（按其习惯书写、排版）。

第十一条　公文中各组成部分的标识规则，参照《国家行政机关公文格式》国家标准执行。

第十二条　公文用纸一般采用国际标准 A4 型（210mm×297mm），左侧装订。张贴的公文用纸大小，根据实际需要确定。

第四章　行　文　规　则

第十三条　行文应当确有必要，注重效用。

第十四条　行文关系根据隶属关系和职权范围确定，一般不得越级请示和报告。

第十五条　政府各部门依据部门职权可以相互行文和向下一级政府的相关业务部门行文；除以函的形式商洽工作、询问和答复问题、审批事项外，一般不得向下一级政府正式行文。

部门内设机构除办公厅（室）外不得对外正式行文。

第十六条　同级政府、同级政府各部门、上级政府部门与下一级政府可以联合行文；政府与同级党委和军队机关可以联合行文；政府部门与相应的党组织和军队机关可以联合行文；政府部门与同级人民团体和具有行政职能的事业单位也可以联合行文。

第十七条　属于部门职权范围内的事务，应当由部门自行行文或联合行文。联合行文应当明确主办部门。须经政府审批的事项，经政府同意也可以由部门行文，文中应当注明经政府同意。

第十八条　属于主管部门职务范围内的具体问题，应当直接报送主管部门处理。

第十九条　部门之间对有关问题未经协商一致，不得各自向下行文。如擅自行文，上级机关应当责令纠正或撤销。

第二十条　向下级机关或者本系统的重要行文，应当同时抄送直接上级机关。

第二十一条　"请示"应当一文一事；一般只写一个主送机关，需要同时送其他机关的，应当用抄送形式，但不得抄送其下级机关。

"报告"不得夹带请示事项。

第二十二条　除上级机关负责人直接交办的事项外，不得以机关名义向上级机关负责人报送"请示"、"意见"和"报告"。

第二十三条　受双重领导的机关向上级机关行文，应当写明主送机关和抄送机关。上级机关向受双重领导的下级机关行文，必要时应当抄送其另一上级机关。

第五章　发　文　办　理

第二十四条　发文办理指以本机关名义制发公文的过程，包括草拟、审核、签发、复核、缮印、用印、登记、分发等程序。

第二十五条　草拟公文应当做到

（一）符合国家的法律、法规及其他有关规定。如提出新的政策、规定等，要切实可行并加以说明。

（二）情况确实，观点明确，表述准确，结构严谨，条理清楚，直述不曲，字词规范，标点正确，篇幅力求简短。

（三）公文的文种应根据行文目的、发文机关的职权和与主送机关的行文关系确定。

（四）拟制紧急公文，应当体现紧急的原因，并根据实际需要确定紧急程度。

（五）人名、地名、数字、引文准确。引用公文应当先引标题，后引发文字号。引用外文应当注明中文含义。日期应当写明具体的年、月、日。

（六）结构层次序数，第一层为"一、"，第二层为"（一）"，第三层为"1."，第四层为"（1）"。

（七）应当使用国家法定计量单位。

（八）文内使用非规范化简称，应当先用全称并注明简称。使用国际组织外文名称或其缩写形式，应当在第一次出现时注明准确的中文译名。

（九）公文中的数字，除成文日期、部分结构层次序数和在词、词组、惯用语、缩略语、具有修辞色彩语句中作为词素的数字必须使用汉字外，应当使用阿拉伯数字。

第二十六条　拟制公文，对涉及其他部门职权范围内的事项，主办部门应当主动与有关部门协商，取得一致意见后方可行文；如有分歧，主办部门的主要负责人应当出面协调，仍不能取得一致时，主办部门可以列明各方理据，提出建设性意见，并与有关部门会签后报请上级机关协调或裁定。

第二十七条　公文送负责人签发前，应当由办公厅（室）进行审核，审核的重点是：是否确需行文，行文方式是否妥当，是否符合行文规则和拟制公文的有关要求，公文格式是否符合本办法的规定等。

第二十八条　以本机关名义制发的上行文，由主要负责人或者主持工作的负责人签发；以本机关名义制发的下行文或平行文，由主要负责人或者由主要负责人授权的其他负责人签发。

第二十九条　公文正式印制前，文秘部门应当进行复核，重点是：审批、签发手续是否完备，附件材料是否齐全，格式是否统一、规范等。

经复核需要对文稿进行实质性修改的，应按程序复审。

第六章 收 文 办 理

第三十条 收文办理指对收到公文的办理过程，包括签收、登记、审核、拟办、承办、催办等程序。

第三十一条 收到下级机关上报的需要办理的公文，文秘部门应当进行审核。审核的重点是：是否应由本机关办理；是否符合行文规则；内容是否符合国家法律、法规及其他有关规定；涉及其他部门或地区职权的事项是否已协商、会签；文种使用、公文格式是否规范。

第三十二条 经审核，对符合本办法规定的公文，文秘部门应当及时提出拟办意见送负责人批示或者交有关部门办理，需要两个以上部门办理的应当明确主办部门。紧急公文，应当明确办理时限。对不符合本办法规定的公文，经办公厅（室）负责人批准后，可以退回呈报单位并说明理由。

第三十三条 承办部门收到交办的公文后应当及时办理，不得延误、推诿。紧急公文应当按时限要求办理，确有困难的，应当及时予以说明。对不属于本单位职权范围或者不宜由本单位办理的，应当及时退回交办的文秘部门并说明理由。

第三十四条 收到上级机关下发或交办的公文，由文秘部门提出拟办意见，送负责人批示后办理。

第三十五条 公文办理中遇有涉及其他部门职权的事项，主办部门应当主动与有关部门协商；如有分歧，主办部门主要负责人要出面协调，如仍不能取得一致，可以报请上级机关协调或裁定。

第三十六条 审批公文时，对有具体请示事项的，主批人应当明确签署意见、姓名和审批日期，其他审批人圈阅视为同意；没有请示事项的，圈阅表示已阅知。

第三十七条 送负责人批示或者交有关部门办理的公文，文秘部门要负责催办，做到紧急公文跟踪催办，重要公文重点催办，一般公文定期催办。

第七章 公 文 归 档

第三十八条 公文办理完毕后，应当根据《中华人民共和国档案法》和其他有关规定，及时整理（立卷）、归档。

个人不得保存应当归档的公文。

第三十九条 归档范围内的公文，应当根据其相互联系、特征和保存价值等整理（立卷），要保证归档公文齐全、完整，能正确反映本机关的主要工作情况，便于保管和利用。

第四十条　联合办理的公文，原件由主办机关整理（立卷）、归档，其他机关保存复制件或其他形式的公文副本。

第四十一条　本机关负责人兼任其他机关职务，在履行所兼职务职责过程中形成的公文，由其兼职机关整理（立卷）、归档。

第四十二条　归档范围内的公文应当确定保管期限，按照有关规定定期向档案部门移交。

第四十三条　拟制、修改和签批公文，书写及所用纸张和字迹材料必须符合存档要求。

第八章　公　文　管　理

第四十四条　公文由文秘部门或专职人员统一收发、审核、用印、归档和销毁。

第四十五条　文秘部门应当建立健全本机关公文处理的有关制度。

第四十六条　上级机关的公文，除绝密级和注明不准翻印的以外，下一级机关经负责人或者办公厅（室）主任批准，可以翻印。翻印时，应当注明翻印的机关、日期、份数和印发范围。

第四十七条　公开发布行政机关公文，必须经发文机关批准。经批准公开发布的公文，同发文机关正式印发的公文具有同等效力。

第四十八条　公文复印件作为正式公文使用时，应当加盖复印机关证明章。

第四十九条　公文被撤销，视作自始不产生效力；公文被废止，视作自废止之日起不产生效力。

第五十条　不具备归档和存查价值的公文，经过鉴别并经办公厅（室）负责人批准，可以销毁。

第五十一条　销毁秘密公文应当到指定场所由二人以上监销，保证不丢失、不漏销。其中，销毁绝密公文（含密码电报）应当进行登记。

第五十二条　机关合并时，全部公文应当随之合并管理。机关撤销时，需要归档的公文整理（立卷）后按有关规定移交档案部门。

工作人员调离工作岗位时，应当将本人暂存、借用的公文按照有关规定移交、清退。

第五十三条　密码电报的使用和管理，按照有关规定执行。

第九章　附　　则

第五十四条　行政法规、规章方面的公文，依照有关规定处理。外事方面的公文，按照外交部的有关规定处理。

第五十五条　公文处理中涉及电子文件的有关规定另行制定。统一规定发布之前，各级行政机关可以制定本机关或者本地区、本系统的试行规定。

第五十六条　各级行政机关的办公厅（室）对上级机关和本机关下发公文的贯彻落实情况应当进行督促检查并建立督查制度。有关规定另行制定。

第五十七条　本办法自 2001 年 1 月 1 日起施行。1993 年 11 月 21 日国务院办公厅发布，1994 年 1 月 1 日起施行的《国家行政机关公文处理办法》同时废止。

附录二

中国共产党机关公文处理条例

第一章　总　　则

第一条　为适应中国共产党机关（以下简称党的机关）工作的需要，实现党的机关公文处理工作的科学化、制度化、规范化，制定本条例。

第二条　党的机关的公文，是党的机关实施领导、处理公务的具有特定效力的规范格式的文书，是传达贯彻党的路线、方针、政策，指导、布置和商洽工作，请示和答复问题，报告和交流情况的工具。

第三条　公文处理是包括公文拟制、办理、管理、立卷归档在内的一系列衔接有序的工作。

第四条　公文处理应当坚持实事求是、按照行文机关要求和公文处理规定进行的原则，做到准确、及时、安全、保密。

第五条　党的机关的办公厅（室）主管本机关的公文处理工作，并对下级机关的公文处理工作进行业务指导。

第六条　党的机关的办公厅（室）应当设立秘书部门或者配备秘书人员具体负责公文处理工作，并逐步改善办公手段，努力提高工作效率和质量。秘书人员应当具有较高的政治和业务素质，工作积极，作风严谨，遵守纪律，恪尽职守。

第二章　公　文　种　类

第七条　党的机关公文种类主要有：

（一）决议　用于经会议讨论通过的重要决策事项。

（二）决定　用于对重要事项作出决策和安排。

（三）指示　用于对下级机关布置工作，提出开展工作的原则和要求。

（四）意见　用于对重要问题提出见解和处理办法。

（五）通知　用于发布党内法规、任免干部、传达上级机关的指示、转发上级机关和不相隶属机关的公文、批转下级机关的公文、发布要求下级机关办理和有关单位共同执行或者周知的事项。

（六）通报　用于表彰先进、批评错误、传达重要精神、交流重要情况。

（七）公报　用于公开发布重要决定或者重大事件。

（八）报告　用于向上级机关汇报工作、反映情况、提出建议，答复上级机关的询问。

（九）请示　用于向上级机关请求指示、批准。

（十）批复　用于答复下级机关的请示。

（十一）条例　用于党的中央组织制定规范党组织的工作、活动和党员行为的规章制度。

（十二）规定　用于对特定范围内的工作和事务制定具有约束力的行为规范。

（十三）函　用于机关之间商洽工作、询问和答复问题，向无隶属关系的有关主管部门请求批准等。

（十四）会议纪要　用于记载会议主要精神和议定事项。

第三章　公　文　格　式

第八条　党的机关公文由版头、份号、密级、紧急程度、发文字号、签发人、标题、主送机关、正文、附件、发文机关署名、成文日期、印章、印发传达范围、主题词、抄送机关、印制版记组成。

（一）版头　由发文机关全称或者规范化简称加"文件"二字或者加括号标明文件组成，用套红大字居中印在公文首页上部。联合行文，版头可以用主办机关名称，也可以并用联署机关名称。在民族自治地方，发文机关名称可以并用自治民族的文字和汉字印制。

（二）份号　公文印制份数的顺序号，标注于公文首页左上角。秘密公文应当标明份号。

（三）密级　公文的秘密等级，标注于份号下方。

（四）紧急程度　对公文送达和办理的时间要求。紧急文件应当分别标明"特急"、"加急"，紧急电报应当分别标明"特提"、"特急"、"加急"、"平急"。

（五）发文字号　由发文机关代字、发文年度和发文顺序组成，标注于版头下方居中或者左下方。联合行文，一般只标明主办机关的发文字号。

（六）签发人　上报公文应当在发文字号右侧标注"签发人"、"签发人"后面标注签发人姓名。

（七）标题　由发文机关名称、公文主题和文种组成，位于发文字号下方。

（八）主送机关　主要受理公文的机关。主送机关名称应当用全称或者规范化简称或者同类型机关的统称，位于正文上方，顶格排印。

（九）正文　公文的主体，用来表述公文的内容，位于标准或者主送机关下方。

（十）附件　公文附件，应当置于主件之后，与主任装订在一起，并在正文之后、发文机关署名之前注明附件的名称。

（十一）发文机关署名　应当用全称或者规范化简称，位于正文的右下方。

（十二）成文日期　一般署会议通过或者领导人签发日期；联合行文，署最后签发机关领导人的签发日期；特殊情况署印发日期。成文日期应当写明年、月、日，位于发文机关署名右下方。决议、决定、条例、规定等不标明主送机关的公文，成文日期加括号标注于标题下方居中位置。

（十三）印章　除会议纪要和印制的有特定版头的普发性公文外，公文应当加盖发文机关印章。

（十四）印发传达范围　加括号标注于成文日期左下方。

（十五）主题词　按上级机关的要求和《公文主题词表》标注，位于抄送机关上方。

（十六）抄送机关　指除主送机关以外的其他需要告知公文内容的上级、下级和不相隶属机关。抄送机关名称标注于印制版记上方。

（十七）印制版记　由公文印发机关名称、印发日期和份数组成，位于公文末页下端。

第九条　公文的汉字从左至右横排；少数民族文字按其书写习惯排印。公文用纸幅面规格可采用16开型（长260毫米，宽184毫米），也可采用国际标准A4型（长297毫米，宽210毫米）。左侧装订。

第十条　党的机关公文版头的主要形式及适用范围：

（一）《中共××文件》　用于各级党委发布、传达贯彻党的方针、政策，作出重要工作部署，转发上级机关的文件，批转下级机关的重要报告、请示。

（二）《中国共产党××委员会（××）》　用于各级党委通知重要事项、任免干部、批复下级机关的请示，向上级机关报告、请示工作。

（三）《中共××办公厅（室）文件》、《中共××办公厅（室）××》用于各级党委办公厅（室）根据授权，传达党委的指示，答复下级党委的请示，转发上级机关的文件，批转下级机关的报告、请示，发布有关事项，向上级机关报告、请示工作。

（四）《中共××部文件》、《中共××部（××）》用于除办公厅（室）以外的党委各部门发布本部门职权范围内的事项，向上级机关报告、请示工作。

第四章 行 文 规 则

第十一条 行文应当确有需要，注重实效，坚持少而精。可发可不发的公文不发，可长可短的公文要短。

第十二条 党的机关的行文关系，根据各自的隶属关系和职权范围确定。

（一）向上级机关行文，应当主送一个上级机关；如需其他相关的上级机关阅知，可以抄送。不得越级向上级机关行文，尤其不得越级请示问题；因特殊情况必须越级行文时，应当同时抄送被越过的上级机关。

（二）向下级机关的重要行文，应当同时抄送发文机关的直接上级机关。

（三）党委各部门在各自职权范围内可以向下级党委的相关部门行文。党委办公厅（室）根据党委授权，可以向下级党委行文；党委的其他部门，不得对下级党委发布指示性公文。部门之间对有关问题未经协商一致，不得各自向下行文。

（四）同级党的机关、党的机关与其他同级机关之间必要时可以联合行文。

（五）不相隶属机关之间，一般用函行文。

第十三条 受双重领导的机关向上级机关行文，应当写明主送机关和抄送机关，由主送机关负责答复其请示事项。上级机关向受双重领导的下级机关行文，应当抄送其另一上级机关。

第十四条 向上级机关请示问题，应当一文一事，不应当在非请示公文中夹带请示事项。

请示事项涉及其他部门业务范围时，应当经过协商并取得一致意见后上报；经过协商未能取得一致意见时，应当在请示中写明。除特殊情况外，请示应当送上级机关的办公厅（室）按规定程序处理，不应直接送领导者个人。

党委各部门应当向本级党委请示问题。未经本级党委同意或授权，不得越过本级党委向上级党委主管部门请示重大问题。

第十五条 对不符合行文规则的上报公文，上级机关的秘书部门可退回下级呈报机关。

第五章　公 文 起 草

第十六条　起草公文应当做到

（一）符合党的路线、方针、政策和国家的法律、法规及上级机关的指示，完整、准确地体现发文机关的意图，并同现行有关公文相衔接。

（二）全面、准确地反映客观实际情况，提出的政策、措施切实可行。

（三）观点明确，条理清晰，内容充实，结构严谨，表述准确。

（四）开门见山，文字精练，用语准确，篇幅简短，文风端正。

（五）人名、地名、时间、数字、引文准确。公文中汉字和标点符号的用法符合国家发布的标准方案，计量单位和数字用法符合国家主管部门的规定。

（六）文种、格式使用正确。

（七）杜绝形式主义和繁琐哲学。

第十七条　起草重要公文应当由领导人亲自动手或亲自主持、指导，进行调查研究和充分论证，征求有关部门意见。

第六章　公 文 校 核

第十八条　公文文稿送领导人审批之前，应当由办公厅（室）进行校核。公文校核的基本任务是协助机关领导人保证公文的质量。公文校核的内容是：

（一）报批程序是否符合规定；

（二）是否确需行文；

（三）内容是否符合党的路线、方针、政策和国家的法律、法规及上级机关的指示精神，是否完整、准确地体现发文机关的意图，并同现行有关公文相衔接；

（四）涉及有关部门业务的事项是否经过协调并取得一致意见；

（五）所提措施和办法是否切实可行；

（六）人名、地名、时间、数字、引文和文字表述、密级、印发传达范围、主题词是否准确、恰当，汉字、标点符号、计量单位、数字的用法及文种使用、公文格式是否符合本条例的规定。

第十九条　文稿如需作较大修改，应当与原起草部门协商或请其修改。

第二十条　已经领导人审批过的文稿，在印发之前应再作校核。校核的内容同第十八条（六）款。经校核如需作涉及内容的实质性修改，须报原审批领导人复审。

第七章 公 文 签 发

第二十一条 公文须经本机关领导人审批签发。重要公文应当由机关主要领导人签发。联合发文，须经所有联署机关的领导人会签。党委办公厅（室）根据党委授权发布的公文，由被授权者签发或者按照有关规定签发。领导人签发公文，应当明确签署意见，并写上姓名和时间。若圈阅，则视为同意。

第八章 公文办理的传递

第二十二条 公文办理分为收文办理和发文办理。收文办理包括公文的签收、登记、拟办、请办、分发、传阅、承办和催办等程序。公文经起草、校核和领导审批签发后转入发文办理，发文办理包括公文的核发、登记、印制和分发等程序。

（一）签发 收到有关公文并以签字或盖章的方式给发文方以凭据。签收公文应当逐件清点，如发现问题，应当及时向发文机关查询，并采取相应的处理措施。急件应当注明签收的具体时间。

（二）登记 公文办理过程中就公文的特征和办理情况进行记载。登记应当将公文标题、密级、发文字号、发文机关、成文日期、主送机关、份数、收发文日期及办理情况逐项填写清楚。

（三）拟办 秘书部门对需要办理的公文提出办理意见，并提供必要的背景材料，送领导人批示。

（四）请办 办公厅（室）根据授权或有关规定将需要办理的公文注清楚主管领导人批示或者主管部门研办。对需要两个以上部门办理的，应当指明主办部门。

（五）分发 秘书部门根据有关规定或者领导人批示将公文分送有关领导人和部门。

（六）传阅 秘书部门根据领导人批示或者授权，按照一定的程序将公文送有关领导人阅知或者指示。处理公文传阅应当随时掌握公文去向，避免漏传、误传和延误。

（七）承办 主管部门对需要办理的公文进行办理。凡属承办部门职权范围内可以答复的事项，承办部门应当直接答复呈文机关；凡涉及其他部门业务范围的事项，承办部门应当主动与有关部门协商办理；凡须报请上级机关审批的事项，承办部门应当提出处理意见并代拟文稿，一并送请上级机关审批。

（八）催办 秘书部门对公文的承办情况进行督促检查。催办贯穿于公文处理的各个环节。对紧急或者重要公文应当及时催办，对一般公文应当定期催办，并随时或者定期向领导人反馈办理情况。

（九）核发　秘书部门在公文正式印发前，对公文的审批手续、文种、格式等进行复核，确定发文字号、分送单位和印制份数。

（十）印制　应当做到准确、及时、规范、安全、保密。秘密公文应当在机要印刷厂（或一般印刷厂的保密车间）印制。

第二十三条　公文处理过程中，应当使用符合存档要求的书写材料。需要送请领导人阅批的传真件，应当复制后办理。

第二十四条　秘密公文应当通过机要交通（或机要通信）传递、密电传输或者计算机网络加密传输，不得密电明传、明电密电混用。

第九章　公　文　管　理

第二十五条　党的机关公文应当发给组织，由秘书部门统一管理，一般不发给个人。秘书部门应当切实做好公文的管理工作，既发挥公文效用，又有利于公文保密。

第二十六条　党的机关秘密公文的印发传达范围应当按照发文机关的要求执行，下级机关、不相隶属机关如需变更，须经发文机关批准。

第二十七条　公开发布党的机关公文，须经发文机关批准。经批准公开发布的公文，同发文机关正式印发的公文具有同等效力。

第二十八条　复制上级党的机关的秘密公文，须经发文机关批准或者授权。翻印件应当注明翻印机关名称、翻印日期和份数；复印件应当加盖复印机关戳记。复制的公文应当与正式印发的公文同样管理。

第二十九条　汇编上级党的机关的秘密公文，须经发文机关批准或者授权。公文汇编本的密级按照编入公文的最高密级标注并进行管理。

第三十条　绝密级公文应当由秘书部门指定专人管理，并采取严格的保密措施。

第三十一条　秘书部门应当按照规定对秘密公文进行清理、清退和销毁，并向主管机关报告公文管理情况。

销毁秘密公文，必须严格履行登记手续，经主管领导人批准后，由二人监销，保证不丢失、不漏销。个人不得擅自销毁公文。

第三十二条　机关合并时，全部公文应当随之合并管理。机关撤销时，需要归档的公文立卷后按照有关规定移交档案部门，其他公文按照有关规定登记销毁。工作人员调离工作岗位时，应当将本人保管、借用的公文按照有关规定移交、清退。

第十章　公文立卷归档

第三十三条　公文办理完毕后，秘书部门应当按照有关规定将公文的定稿、正本和有关材料收集齐全，进行立卷归档。个人不得保存应当归档的公文。

第三十四条　两个以上机关联合办理的公文，原件由主办机关立卷归档，相关机关保存复制件。机关领导人兼任其他机关职务的，在履行其所兼职务过程中形成的公文，由其兼职的机关立卷归档。

第十一章　公 文 保 密

第三十五条　公文处理必须严格遵守《中华人民共和国保守国家秘密法》及有关保密法规，遵守党的保密纪律，确保党和国家秘密的安全。

凡泄露或出卖党和国家秘密公文的，依照有关法律、法规的规定进行处理。

第三十六条　党内秘密公文的密级按其内容及如泄露可能对党和国家利益造成危害的程序划分为"绝密"、"机密"、"秘密"。不公开发布又未标注密级的公文，按内部公文管理。

第三十七条　发文机关在拟制公文时，应当根据公文的内容和工作需要，严格划分密与非密的界限；对于需要保密的公文，要准确标注其密级。公文密级的变更和解除由发文机关或其上级机关决定。

第十二章　附　　则

第三十八条　本条例适用于中国共产党各级机关。

第三十九条　本条例由中共中央办公厅负责解释。

第四十条　本条例自发布之日起施行。

附录三

国家机关公文格式①
（中华人民共和国国家标准）

　　为了适应现代化管理需要，提高公文处理效率，建立和健全我国国家机关公文格式系统，简化和统一公文格式，准确、有效地撰制、收集、传递和存储公文信息，特制定本标准。

　　1．主题内容与适用范围

　　本标准规定了机关公文通用的纸张尺寸、规格、书写形式和公文各组成部门的排列顺序、区域划分、字体字号等。

　　本标准适用于我国各级党、政、军机关正式发布的公文，包括命令、指令、决定、决议、指示、布告、公告、通告、通知、通报、报告、请示、批复、函及会议纪要。其人公文可参照执行。

　　2．引用标准

　　GB7156 文献保密等级代码

　　3．公文用纸幅面尺寸与图文区尺寸

　　3.1　公文用纸幅面尺寸

　　国家机关公文用纸幅面尺寸当前国内一般用 16 开型 260mm×184mm（长×宽），有条件的机关和涉外部门，可推荐采用国际标准 A4 型 297mm×210mm（长×宽）。

　　布告、公告、通告等公布性的公文用纸幅面尺寸，可根据实际需要确定。本标准推荐使用国际标准 A 系列或国内通用的以 2 的几何级数裁切开本的纸张幅面尺寸。

　　3.2　页边与图文区尺寸

　　公文用纸上白边（天头）宽 200mm±0.5mm；

---

　　① 本附录没提供文中提及的图示例，需要了解的读者可查阅原文件。

公文用纸下白边（地脚）宽 7mm±0.5mm；

公文用纸左白边（订田）宽 20mm±0.5mm；

公文用纸右白边（翻口）宽 15mm±0.5mm；

国内通用 16 开型纸图文区尺寸为：233mm×149mm（长×宽）（见图 1）。

国际标准 A4 型纸图文区尺寸为：270mm×175mm（长×宽）（见图 2）。

4．公文图文区的划分

4.1　纵向与横向划分

为了确定并便于说明各项目区域的位置，对公文图文区作纵向与横向的划分，构成坐标网络（见图 1、图 2）。

4.1.1　纵向划分

图文区纵向划分为行，每行的基本行距为 2.5mm。16 开型纸图文区长为 233mm，可分为 93 行，A4 型纸图文区长为 270mm，可分为 108 行。

4.1.2　横向划分

图文区横向划分为列，每列距离为 2.5mm。16 开型纸图文区宽为 149mm 可分为 60 列，A4 型纸图文区宽 175mm 可分为 70 列。

4.2　项目区域划分

公文图文区的数据项目区域分指定项目区域与选择项目域两种。

4.2.1　指定项目

用于规定必须填写的数据项目。它由公文管理、发文机关、发文字号、公文标题、正文、生效标识和页码等项组成（见图 3A、图 3B）。

4.2.2　选择项目

用于规定供选择填写的数据项目，可根据需要选择填写。它由批示、签发、主送机关、无正文说明、附件说明、注释及特殊要求说明、主题检索、抄送机关和印发说明等项组成（见图 3A、图 3B）。

5．数据项目区域及数据项目表达规则

5.1　公文管理标识域

本区域位于公文首页图文区端往下 1－12 行的位置。具体表达项目包括：公文格式代码、公文份号、秘密等级、缓急时限和收文处理等。分别标识于左右两侧（见图 3A、图 4A）。

5.1.1　公文格式代码为九位阿拉伯数字码，标识于公文首页图文区 1－3 行，1－18 列范围内。

5.1.2　份号是依据同一文稿印制若干份的顺序编号，用阿拉伯数字标识于 4－6 行，1－18 列范围内用六位阿拉伯数字标识。

5.1.3　秘密等级是指公文秘密程度的等级。按照 GB7156 的规定，用汉字标识于公文首页 7－9 行，1－18 列范围内。

5.1.4　缓急时限是对公文送达和办理的时间限度。可用汉字标识于公文首页 10－12 行，1－18 列范围内。

5.1.5　收文处理标识包括：收文机关名称、收文编号、收文时间、档号等项目。由收文部门在公文首页图文区右上侧 1－12 行，40－60 列范围内盖章。对 A4 型纸则在公文首页图文区右上侧 1－12 行，48－70 列范围内盖章（见图 3A）。

5.2　发文机关标识域

本区域位于公文首页公文管理标识域以下，占 10 行。发文机关标识由发文机关全称或规范化简称后加"文件"二字组成，用大字居中标识于公文首页 13－22 行或 37－46 行范围内。

5.3　发文字号标识域

本区域位于公文首页发文机关标识域以下，占 4 行（即 23－26 或 47－50 行的位置）。发文字号由发文机关代字、发文年度（用方括弧括入）和发文顺序号组成，依以上次序标识于居中位置。

紧贴 26 行线或 50 行线居中位置划一条不长于 140mm 的细实线作为该标识域与下一区域的界线。

5.4　签发标识域

本区域为选择项目域。供上行文用，紧靠发文字号标识域右侧，空 4 例（两个字）书字"签发人"和签发者姓名。

5.5　批示域

本区为选择项目域。占 24 行（即 13－36 行的位置），位于公文管理标识域以下发文机关标识域之上，供上行文选用。

5.6　标题表达域

本区域位于公文首页发文字号标识域以下，占 16 行（即 27－42 行或 51－66 行的位置）。一般应标明发文机关名称、公文主题（事由）及文种（公文种类）三部分。标题可分一行或多行居中书写。公文标题应当准确、简要、概括。

5.7　题注域

本区域为选择项目域。位于标题域以下，主送机关标识域以上，占 4 行（即 43－46 行或 67－70 行的位置）。居中书写用以注明法规性文件或经会议讨论通过的文件产生的法定程序和文件产生的时间、地点。标以：××××年×月×日××××会议通过或××××年×月×日××××会议上批准。

5.8　主送机关标识域

本区域为选择项目域。位于公文标题表达域或题注域以下占 8 行靠左顶格标识。用于标识公文的主要收受机关（即发文机关要求对公文予以办理或答复的对方机关）的全称、规范化简称或同类型机关的统称。

上行文一般只标识一个主送机关，如果需同时报送几个上级机关，可以用并报和抄报形式。其排列应按机关性质、职权和其他隶属关系顺序排列。

5.9　正文表达域

本区域的公文标题表达域或主送机关标识域以下，生效标识域或附件说明域以上。正文是公文的主体部分，用来表达公文的内容。每一段落的首行一律空 4 列（两个字）开始书写，回行时要顶格书写。

5.10　无正文说明域

本区域为选择项目域。在公文末页图文区 1－4 行，1－22 列范围内标识。无正文是指由于篇幅所限使生效标识与正文不能同处一页纸上而出现的分离情况，为维护公文的完整，应对其加以说明。标作："此而无正文"，外用圆括弧括入（见图 3B、图 4C）。

5.11　附件说明域

本区域为选择项目域。位于正文表达域或无正文说明域以下，公文生效标识域之上，用于说明公文正件所附材料的名称及件数（见图 3B、图 4C）。

5.12　生效标识域

本区域位于附件说明域或正文表达域以下偏右位置，具体内容包括：发文机关印章或签署及成文日期（见图 3B、图 4C）。

联合行文时，按各联合行文机关印章的大小留出空行。

印章是公文制发机关对公文生效负责的凭证，要端正盖在成文日期的上方，并做到上不压正文，下压成文日期年、月、日 4-7 个字（视印章的大小而定）。

签署是由签发公文的领导人在文件正本上的签字或盖章，用以证实公文的效用。签署处在规定的发文机关位置上，在本人职务名称后空 2 列（一个字）书写。

成文日期位于发文机关名称以下的位置，由于成文日期直接关系到公文的时效，因此需完整写出年、月、日。一般情况下，成文日期以领导人签发日期为准；经会议讨论通过的公文，以通过日期为准；法规性公文以批准日期为准。

5.13 注释或特殊要求说明域

本区域为选择项目域。位于公文生效标识域以下，主题检索标识域之上，用以说明公文中在其他区域不便说明的各种事项，如：需要加以解释的名词术语，或用于表示公文的传达范围、使用方法等。

5.14 主题检索标识域

本区域为选择项目域。位于公文注释或特殊要求说明域以下，抄送机关标识域之上，作公文主题检索使用。印刷时按公文主题内容，用主题词顺序标识，每个主题词之间空 2 列（一个字）。

5.15 抄送机关标识域

本区域为选择项目域。在主题检索标识域以下，印发说明域之上位置，用于标识需要了解公文内容的机关的名称。整个区域用两条等宽的平行细实线作为界线。第一第界线下首行空 2 列（一个字）标注"抄送"二字，后面依机关性质、职权、隶属关系及其他逻辑关系依次标注抄送机关的全称或规范化简称。移行时与上一行平行书写（见图 3B、图 4C）。

5.16 印发说明域

本区域为选择项目域。用于标识公文印发部门名称、印发日期等。印刷时，行首和行尾均应空 2 列（一个字）。本区域位于公文末页码域上端，并由一条与图文区等宽的细实线作为两个区域的分界线（见图 3B、图 4C）。

5.17 页码域

本区域用于标识公文张页的顺序编号。位于每一页公文图区最下端，占 4 行位置。用阿拉伯数字标识于公文纸正面图文区右下角倒数第一行、倒数第 4-6 列的位置上或公文纸背面图文区左下角倒数第一行、正数第 4-6 列。没有图文区的页面不编号（见图 3B）。

6. 排版形式与字体字号的选用

6.1 公文排版形式（见图 4A、图 4B）

文字符号一律采用从左向右编排（少数民族文字除外），正文文字的每行长度与图文区宽度相等。

本标准对字距、行距不作具体规定，各单位可根据文种需要和印刷要求，掌握选用。

6.2 字体字号的选用

6.2.1 公文印刷中字号的选用一般按发文机关名称、大标题、小标题、标识字符、正文及注释说明文字等顺序依次从大到小地选用。

6.2.2 发文机关标识推荐用 22mm×15mm（高×宽）黑变体字或初号宋

体字体字，联合行文时，推荐使用小初号宋体字。

6.2.3 公文大标题推荐使用二号宋体字，小标题推荐使用三号宋体字。

6.2.4 秘密等级、缓急时限和各标记字符或其他重点字句推荐使用三号黑体字；主题词推荐使用三号宋体字。

6.2.5 一般公文正文、主送机关、抄送机关、无正文说明、附件说明、发文机关、发文字号、成文日期、印发说明、注释、特殊情况说明等，采用三号或四号仿宋体字。

6.2.6 数字，除发文字号、统计表、计划表、序号、百分比和其他必须用阿拉伯数字者外，一般用汉字标识。在同一公文中数字的使用应前后一致。

7. 标点符号的使用

国家机关公文中的标点符号，应符合1951年中央人民政府出版总署公布的《标点符号使用法》的规定。

附录四

关于出版物上数字用法的试行规定

（1987年1月1日国家语文文字工作委员会、国家出版局、国家标准局、国家计量局、国务院办公厅秘书局、中共中央宣传部新闻局、出版局公布）

为使出版物在涉及数字（如表示时间、长度、重量、面积、容积和其他量值）时使用汉字和阿拉伯数字体例统一，特制定本规定。

1．总的原则

凡是可以使用阿拉伯数字而且又很得体的地方，均应使用阿拉伯数字。遇特殊情形，可以灵活变通，但应力求保持相对统一。重排古籍、出版文字书刊等，仍依照传统体例。

2．应当使用阿拉伯数字的两种主要情况

2.1　公历世纪、年代、年、月、日和时刻

例：公元前8世纪、20世纪80年代、公元前1440年、公元7年、1986年10月1日、4时20分、4时3刻、下午3点、屈原（约公元前340—前278）、扬雄（公元前53—公元18）、鲁迅（1881.9.25—1936.10.19）。

① 年份不能简写，如1980年不能写作80年，1950—1980年不能写作1950—80年。

② 星期几一律用汉字，如星期六。

③ 夏历和中国清代以前历史纪年用汉字，如正月初五　丙寅年十月十五日　秦文公四十四年（公元前722年）、太平天国庚申十年九月二十四日（清咸丰十年九月二十日，公元1860年11月2日）。

④ 中华民国纪年和日本年号纪年使用阿拉伯数字，如民国38年（1949年）昭和16年（1941年）。

2.2　计数与计量（包括正负整数、分数、小数、百分比、约数等）

例：41302—125081、161/1000、4.5 倍、34.05%、4.5‰、1736.8 公里、4000 克、12.5 平方米、21.35 元、45.6 万元、279 美元、48 岁、10 个月、−17℃、059 安〔培〕东经 128° 50″维生素 B1、2500 多种、60 多万公斤、Hp−3000 型计算机、21/22 次特别快车、国家标准 GB2312、8084602 部队。

① 一个数值的书写形式要照顾到上下文。不是出现在一组表示科学计量和具有统计意义数字中的一位数（一、二……九）可以用汉字，如一个人、三本书、四种产品、六条意见、读了九遍。

② 4 位和 4 位以上的数字，采用国际通行的三位分节法。节与节之间空半个阿拉伯数字的位置。非科技专业书刊目前可不分节。但用"，"号分节的办法不符合国际标准和国家标准，应该废止。

③ 5 位以上的数字，尾数零多的，可改写为以万、亿作单位的数。一般情况下，不得以十、百、千、十万、百万、千万、十亿、百亿、千亿作单位（千克、千米、千瓦、兆赫等法定计量单位中的词头不在此列）。如：345 000 000 公里可改写为 3.45 亿公里或 34 500 万公里，不能写作 3 亿 4500 万公里或 3 亿 4 千 5 百万公里。

④ 一个用阿拉伯数字书写的多位数不能移行。

3．应当使用汉字的两种主要情况

3.1 数字作为词素构成定型的词、词组、惯用语、缩略语或具有修辞色彩的语句

例：一律 十滴水 二倍体 三叶虫 八国联军 四氧化三铁 二万五千里长征 第三世界 "一二·九"运动 十月革命 "七五"计划 五省一市 中国工农红军第二方面军上海二商局 第一书记 路易十六某部五连二排六班 白发三千丈 相差十万八千里

3.2 邻近的两个数字（一、二……九）并列连用，表示概数（连用的两个数字之间不应用顿号隔开）

例：二三米、三五天、十三四吨、四十五六岁、七八十种、一千七八百元、五六万套、十之八九。

4．引文标注中版次、卷次、页码、除古籍应与所据版本一致外，一般均使用阿拉伯数字。例如，

① 许慎：《说文解字》四部丛刊本卷六上，第七页。

② 许慎：《说文解字》中华书局 1963 年影印陈昌治本，第 126 页。

③ 马克思、恩格斯：《共产党宣言》，《马克思恩格斯全集》第 4 卷，人民出版社 1958 年第 1 版，第 493 页。

5．横排标题涉及数字时，可以根据版面实际需要和可能灵活处理。

6．提倡横排。确需竖排时，文中所涉及的数字除必须保留的阿拉伯数字外，应一律用汉字。确需保留的阿拉伯数字以顶右底左的方向横置。

7．本规定自 1987 年 2 月 1 日起试行。在试用过程中可随时提出意见，以便进一步修订。